田中仁 編

21世紀の東アジアと歴史問題
思索と対話のための政治史論

法律文化社

まえがき

　21世紀の東アジアでは，中国のグローバル大国化を背景に政府間の対立と排外主義的感情が顕著となっている．歴史問題は，今後の東アジア地域政治の安定と共同体創成を語るうえで避けて通れない課題である．

　本書は，21世紀の東アジアと歴史問題について，東アジアに通用する「歴史の語り」を構想する思索と対話のために，「政治史」の立ち位置からその条件や素材を提供することを目的とし，「第Ⅰ篇　20世紀中国政治の軌跡」「第Ⅱ篇　アジアを『想像』する」「第Ⅲ篇　韓国・台湾・中国の歴史認識」の3部構成とした．グローバル大国・中国の出現による21世紀東アジアの構造変動を基調として，その内実を通時的・共時的に再構成するとともに，東アジアを構成する4地域（日本と中国・台湾・韓国，東亜四地）の関係性を照射したいと考えたからである．

　各篇所収の文章の最初にリード文をおき，筆者が東アジアに通用する「歴史の語り」のためにどのような（あるいはどのように）思索と対話に読者を誘おうとするのかを述べた．本書を最初から順番に読む必要はない．「総論」のあと，リード文に沿って興味のある章から順に読み進んでほしい．本書が，それぞれの立ち位置や関心に沿いながら有意な処方を紡ぐ気づきとなればと思う．

2017年2月

編　者

目　　次

まえがき

総　論

21世紀の東アジアと歴史問題 …………………………………田中　仁　3
　　はじめに　3
　　1　東アジア歴史問題の発生と展開　4
　　2　歴史認識と「歴史の語り」　5
　　3　「国民の語り」と東アジア　7
　　4　東アジアに通用する「歴史の語り」のために　11
　　まとめ　14

第Ⅰ篇　20世紀中国政治の軌跡

中華民国史と「歴史の語り」……………………………………金子　肇　21
　　はじめに──「歴史を語る」ことと歴史学，中国近代史　21
　　1　中国近代史とは？　23
　　2　中国近代史と中国共産党の「歴史の語り」　25
　　3　中華民国史研究の登場と相対化される「語り」　29
　　まとめ──日本と民国史研究の視座　33

中華民国における「民主」をめぐる「歴史の語り」………水羽信男　36
　　1　問題の所在　36
　　2　中華民国における「民主」　39
　　3　「民主」の語りの隘路　44
　　まとめ──我々にとっての「民主」とは　46

人民共和国の成立と「歴史の語り」……………………丸山鋼二　51
- 1　中国共産党による政権担当の５つの正統性　51
- 2　中共党史による「歴史の語り」——人民共和国の成立は「歴史的必然」なり　53
- 3　あるべき「歴史叙述」①——人民政協による人民共和国成立は民意の承諾か？　55
- 4　あるべき「歴史叙述」②——人民政協による「正統性」獲得　59
- まとめ——人民政協「共同綱領」と中国共産党の統治　65

中国外交における「平和共存」と「歴史の語り」………吉田豊子　69
- はじめに　69
- 1　戦術から戦略への「平和共存」　71
- 2　「平和共存」のもとでの緊張緩和の動き　74
- 3　バンドン会議と「平和共存」　78
- まとめ　82

第Ⅱ篇　アジアを「想像」する

戦後日本のアジア主義論……………………………瀧口　剛　89
■竹内好を中心に
- はじめに　89
- 1　戦後日本とアジア　90
- 2　竹内好のアジア主義論　93
- 3　アジア主義とトランスナショナルな国際関係論　101
- まとめ　103

第一次世界大戦後の大連日本人社会における中国認識………松重充浩　106
■総合雑誌『満蒙』を事例として
- はじめに　106
- 1　『満蒙』の刊行と新たな日中関係構築をめぐる論調　108
- 2　日本人の中国人認識と中国人の日本人認識　111

3　中国ナショナリズムへの対応と新たな日中関係の挫折　*115*
　　まとめ　*119*

「越境アジア」と地域ガバナンス ……………………… 劉　　宏　*123*
■東アジアにおける歴史・政治経済の発展の新たな分析
　1　問題の所在　*123*
　2　「越境アジア」とその歴史的基礎　*126*
　3　今日的アジェンダへの省察　*128*
　　　――「アジア問題を解決するアジア的視角」
　　まとめ　*131*

原爆投下と日米の歴史認識 ……………………………… 高橋慶吉　*135*
■オバマ米大統領の広島訪問を踏まえて
　はじめに　*135*
　1　アメリカの学界の歴史認識　*137*
　2　アメリカの世論の歴史認識　*140*
　3　日本の学界・世論の歴史認識　*146*
　　まとめ　*149*

第Ⅲ篇　韓国・台湾・中国の歴史認識

自国史の帝国性を問う ……………………………………… 柳　鏞泰　*155*
■韓中日3国の東アジア地域史比較
　はじめに　*155*
　1　東アジア地域史出版の経緯と現況　*156*
　2　認識体系における2つの軸――東西対比と対応的防御　*159*
　3　帝国，帝国の夢，帝国化　*162*
　4　自省史観の可能性と限界　*166*
　　まとめ　*170*

東アジア共同研究と台湾の歴史認識……………… 許　育銘　*174*
　　1　歴史認識論争における教科書問題　*174*
　　2　台湾における日本の歴史教科書問題の研究状況　*177*
　　3　東アジアが歴史教科書を共同編纂することに対する台湾の注目点　*180*
　　ま と め　*183*

東アジア共同研究と中国の歴史認識……………… 江　　沛　*186*
　　1　問題の所在　*186*
　　2　中国の歴史認識の特徴と苦境　*189*
　　3　東アジア関係史・日中関係史に対する認識形態　*193*
　　ま と め　*199*

あとがき
年　　表
索　　引（事項・人名）

【執筆・翻訳者紹介】　執筆順（＊は編者），①所属〈専門分野〉，②主要著書

＊田中　仁（たなか　ひとし）
① 大阪大学大学院法学研究科教授〈20世紀中国政治，中国地域研究〉
② 『共進化する現代中国研究―地域研究の新たなプラットフォーム』編著，大阪大学出版会，2012年
『新・図説中国近現代史―日中新時代の見取図』共著，法律文化社，2012年
『1930年代中国政治史研究―中国共産党の危機と再生』勁草書房，2002年

金子　肇（かねこ　はじめ）
① 広島大学大学院文学研究科教授〈中国近現代史〉
② 「民意に服さぬ代表」深町英夫編『中国議会100年史―誰が誰を代表してきたのか』東京大学出版会，2015年
「民国初期の改革と政治的統合の隘路」辛亥革命百周年記念論集編集委員会編『総合研究　辛亥革命』岩波書店，2012年
『近代中国の中央と地方―民国前期の国家統合と行財政』汲古書院，2008年

水羽信男（みずは　のぶお）
① 広島大学大学院総合科学研究科教授〈中国近現代史〉
② 「一九三〇～四〇年代中国のリベラリズム」石井知章編『現代中国のリベラリズム思潮―1920年代から2015年まで』藤原書店，2015年
『中国の愛国と民主―章乃器とその時代』汲古書院，2012年
『中国近代のリベラリズム』東方書店，2007年

丸山鋼二（まるやま　こうじ）
① 文教大学国際学部准教授〈戦後「満洲」史研究，中国共産党史，中華人民共和国史〉
② 「共和国成立期の軍事戦略と軍需産業」久保亨編著『1949年前後の中国』汲古書院，2006年
「戦後満洲における中共軍の武器調達―ソ連軍の『暗黙の協力』をめぐって」江夏由樹・中見立夫ほか編『近代中国東北地域史研究の新視角』山川出版社，2005年
「中国共産党『満州戦略』の第一次転換―満州における『大都市奪取』戦略の復活」『アジア研究』39巻1号，1992年

吉田豊子（よしだ　とよこ）
① 京都産業大学外国語学部准教授〈中国近現代政治外交史，東アジア国際関係史，アジア冷戦史〉
② 「ソ連と中国―同盟，対立，そして戦略的パートナーシップへ」下斗米伸夫編著『ロシアの歴史を知るための50章』明石書店，2016年
「試析建国初期中国的"和平共処"政策与蘇聯」徐藍主編『近現代国際関係史研究』第9輯，世界知識出版社，2016年
「民族主義与現実主義之間的権衡与抉択―再議1945年中蘇条約締結過程中国民政府之因応」張俊義・陳紅民主編『近代中外関係史研究』第6輯，社会科学文献社，2015年

瀧口　剛（たきぐち　つよし）
① 大阪大学大学院法学研究科教授〈日本政治史〉
② 「平生釟三郎と政財界」安西敏三編『現代日本と平生釟三郎』晃洋書房，2015年
「自由通商運動と満州事変」『阪大法学』64巻3・4号，2014年
「日英通商航海条約改定交渉と第1次世界大戦後の通商政策―自由通商と保護関税・特恵関税・満洲問題の交錯」『阪大法学』63巻3・4号，2013年

松重充浩（まつしげ　みつひろ）
① 日本大学文理学部教授〈中国近代史〉
② 『二〇世紀満洲歴史事典』共著，吉川弘文館，2012年
「営口」安富歩・深尾葉子編『「満洲」の成立―森林の消尽と近代空間の形成』名古屋大学出版会，2009年
「戦前・戦中期高等商業学校のアジア調査」末廣昭編『地域研究としてのアジア』[「帝国」日本の学知　第6巻]岩波書店，2006年

劉　宏（LIU　Hong）
① シンガポール・南洋理工大学人文社会科学学院長〈東アジア政治史〉
② 『跨界亜洲的理念與実践―中国模式，華人網絡，国際関係』南京大学出版社，2013年
「近代中国の南洋観と越境するアジア像―『南洋群島商業研究会雑誌』を中心に」松浦正孝編著『アジア主義は何を語るのか―記憶・権力・価値』ミネルヴァ書房，2013年
China and the Shaping of Indonesia, 1959-1965, National University of Singapore Press and Kyoto University Press, 2011

〈翻　訳〉
和田英男（わだ　ひでお，大阪大学法学研究科・博士後期課程）
林礼釗（LI　Lizhao，大阪大学法学研究科・博士後期課程）

高橋慶吉（たかはし　けいきち）
① 大阪大学大学院法学研究科准教授〈アメリカ外交史〉
② 「G・F・ケナンと台湾防衛政策の起源」『阪大法学』63巻3・4号，2013年
「占領期米国の対日経済援助政策の形成―対日占領政策の転換過程に見る中国要因」『阪大法学』58巻5号，2009年
「米国外交における中国大国化構想の挫折――九四八年対外援助法を中心に」『阪大法学』56巻3号，2006年

柳　鏞泰（YU　Yongtae）
① 韓国・ソウル大学校師範大学教授〈中国近現代史〉
② 「韓国のベトナム戦争認識と歴史和解への道」（韓国語），『東北アジアと東南アジアの歴史和解』UNESCO韓国委員会，2010年
『歓声のなかの警鐘―東アジアの歴史認識と歴史教育の省察』明石書店，2009年
「民族大一統論和内在化了的帝国性在近代中国」江蘇省社会科学院『学海』第5期，2008年

〈翻　訳〉
李香淑（LEE　Hyangsuk，大阪外国語大学言語文化研究科・博士前期課程修了）
金銀英（KIM　Eunyoung，ソウル大学校歴史教育科・博士課程修了）

許　育銘（HSU　Yu-ming）
① 台湾・東華大学歴史学系副教授〈中国近現代史〉
② 「近代の台湾と日本」土田哲夫編『近現代東アジアと日本―交流・相剋・共同体』中央大学出版部，2016年
「戦後台琉関係の再構築―1957年前後を中心に」田中仁ほか編『共進化する現代中国研究』大阪大学出版会，2012年
『汪兆銘與国民政府　1931至1936年―対日問題下的政治変動』国史館，1999年
〈翻　訳〉
　和田英男
　周　姸（ZHOU　Yan，大阪大学国際公共政策研究科・博士後期課程修了）

江　沛（JIANG　Pei）
① 中国・南開大学歴史学院教授〈中国近現代史〉
② 「交通システムと近代山東における経済貿易中心の転移」田中仁ほか編『共進化する現代中国研究』大阪大学出版会，2012年
『日偽"治安強化運動"研究』南開大学出版社，2006年
『戦国策派思潮研究』天津人民出版社，2001年
〈翻　訳〉
　鄒　燦（ZOU　Can，大阪大学国際公共政策研究科助教）
　根岸智代（ねぎし　ともよ，京都外国語大学非常勤講師）

〈年表作成〉鄒　燦

〈索引作成〉和田英男・林礼釗・鄒　燦

総　論

総　論
21世紀の東アジアと歴史問題

田中　仁

はじめに

　20世紀後半，東アジア地域秩序に以下に示す再編と変容が招来した。経済面では，世界経済の中心がアメリカ大陸とヨーロッパを跨ぐ環大西洋圏から，アメリカ大陸と東アジアを跨ぐ環太平洋圏に移行した。これを支えたのが，第1に日本の高度成長，第2にアジアNIEsの出現とASEANの発展，そして第3に1980年代以降，改革・開放政策に転じた中国である。政治面では，1980年代までの東アジアの多くの国々は開発主義・権威主義体制のもとにあったが，1990年代以降，台湾・韓国などの民主化によって東アジア地域政治の変容がみられた。また安全保障と国際関係では，東西冷戦体制を具現する米国と東アジア諸国とのいわゆるHub-Spoke条約網とともに，1990年代以降，ASEANを中心に多面的・重層的秩序の創出をみた。

　2000年代，WTO加盟を契機として，中国はグローバル経済に本格的に参入した。2010年代，中国のグローバル大国化は，国際政治・経済に対する大きな

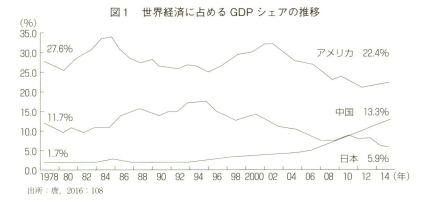

図1　世界経済に占めるGDPシェアの推移

出所：唐，2016：108

インパクトとなった[1]（図1）。その一方で，中国政府が関与しうるガバナンスの領域は限定的なものに留まっており，また鄧小平が遺した国際協調の基調（韜光養晦方針）が変更されたことによって，国内的・国際的緊張が高まった。

1　東アジア歴史問題の発生と展開

● 発生は1980年代

今日の東アジアの歴史問題は，1980年代にまで遡ることができる。

1982年，日本の歴史教科書において「侵略」の「進出」への書きかえを求める検定意見が出されたとする新聞報道を契機に，中国と韓国が批判を展開，教科書問題は国際問題化した。これに対して日本政府は，検定における「近隣諸国条項」を作成し，事態を収拾した。A級戦犯の靖国合祀は1978年に行われていたが，1980年代，首相の靖国公式参拝に対して中韓の批判が行われるようになった。

1990年代，中国における愛国主義教育の展開は，天安門事件と冷戦崩壊のあと，社会主義イデオロギーに代替する統治の正当性を調達するために「中華の復興」が謳われ，ナショナリズムの発揚を企図したことによる。また韓国では慰安婦問題が注目を集め，日本政府は1993年に慰安所・慰安婦の存在と旧日本軍の関与を認める「河野談話」を発表した。戦争終結50周年にあたる1995年，日本では自民・社会・さきがけ連立の村山内閣のもと衆議院で「50年決議」を採択，「村山談話」が発表された。歴史認識問題への関心が高まり，「新しい教科書をつくる会」運動（1997年設立）のように，中国や韓国など周辺諸国の動向に積極的に対抗しようとする新たな動きが生まれた。

● 21世紀の新たな展開

2000年代，中国各地で反日デモが発生，また首相・閣僚の靖国参拝によって日中・日韓関係は悪化した。東アジアにおける歴史問題は，中国における抗戦勝利・南京虐殺の国家祭日化，韓国における歴史教科書の国定化など国内政治における制度化が進み，また世界遺産をめぐる日韓の，世界記憶遺産をめぐる日中の対立，慰安婦少女像の拡散などにより国際問題化した。

2014年2月27日，全国人民代表大会常務委員会は，9月3日を中国人民抗日戦争勝利記念日として毎年9月3日に国家が記念行事を行うこと，12月13日を南京大虐殺殉難者国家追悼日として毎年12月13日に国家が追悼行事を行うことを決定した（人民日報，2014年2月28日）。

　2015年7月，「明治日本の産業革命遺産：製鉄・製鋼，造船，石炭産業」がUNESCOの世界遺産リストに登録された。登録勧告当初，韓国政府は同産業革命遺産のうち長崎市などの7施設に強制徴用された朝鮮人約5万7900人が動員されたと主張し，「人類の普遍的な価値を持つ遺産を保護するという世界遺産条約の基本精神に違反している」として登録に反対，最終的に日本が韓国側の要望を一部受け入れることで合意に至った。

　世界遺産が「世界の文化遺産及び自然遺産の保護に関する条約」に基づいて選定されるのに対して，1992年にUNESCOが創設した世界記憶遺産は国際条約に基づかず，個人や団体でも申請できる。2015年10月，「舞鶴への生還：1945～1956シベリア抑留等日本人の本国への引き揚げの記録」と「南京大虐殺の記録」が登録されたが，前者に対してはロシア政府が，後者に対しては日本政府がUNESCOの政治利用であるとそれぞれ批判した。

　韓国挺身隊問題対策協議会（挺対協）は，1990年11月に結成された市民団体である。日本政府に対して公式な謝罪と賠償金を求め，在韓日本大使館前での定期的なデモ活動（水曜デモ）や各地への慰安婦像設置運動などを行っている。2011年12月，同会はソウルにある在韓日本大使館の前に従軍慰安婦問題を訴える少女の座像を設置した。この後，韓国各地で約40体が，海外ではアメリカ・カナダ・オーストラリア・中国で設置された。

2　歴史認識と「歴史の語り」

　21世紀の歴史問題について，服部龍二は「冷戦後に様々な形で表面化しており，日本だけに起こっているわけではない」とし，主体と媒体によって，政策，イメージ，知識，教育，記憶，感情という6つの次元に区分する（表1）[服部, 2015：2-3]。

　歴史問題に関わる6つの次元については，異なる主体による様々な所見がそ

表1 歴史問題の6次元と主体・媒体

	主 体	媒 体
政　策	政治家, 官僚	国会, 外交, 広報
イメージ	記者, ジャーナリスト	新聞・雑誌, テレビ, ラジオ
知　識	言論人	著作
教　育	教員, 学生	教科書
記　憶	当事者, 関係者, 遺族	体験, 伝聞, 展示
感　情	市民	集会, インターネット

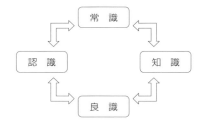

図2 「歴史の語り」と歴史認識の関係

れぞれの媒体を介して表明されるが，ここではそれらを「歴史の語り」と一括する。この「歴史の語り」と歴史認識は，「常識」「知識」「良識」「認識」の相互的関係として理解される（図2，許育銘氏の教示による）。

　歴史問題に関わる社会の「常識」は，主に歴史教育によって国民に滋養される。歴史教育は，学習指導要領などの行政文書に依拠して編纂され認可を受けた教科書を用いて行われるが，生徒・学生たちは学習参考書などの教育図書や一般啓蒙書を参照しながら多様な「知識」を習得する。また，政治（外交と内政）の領域における「歴史の語り」と社会の領域での「歴史の語り」は，「良識」すなわち多様な「知識」に対するある種の判断を前提とする。この「良識」の背景には，体系化された「知識」としての「認識」（歴史認識）があるが，「歴史の語り」には，当事者の記憶（体験）やSNSなどでの感情の吐露のように体系化されないものもある。

3 「国民の語り」と東アジア

1989〜91年,天安門事件から東欧革命を経てソ連邦解体に至る東西冷戦終結は,東アジア地域秩序の変容を促したが,同時にそれは,東亜四地(中国,台湾,韓国,日本)それぞれの新たな質を有する「国民の語り」を生み出すことになった。

● 中　　国

1970年代,中国は国連に復帰して安保理常任理事国となり,またNPT核兵器国の地位を獲得したことによって,すでに東アジア地域政治において突出的存在であった。1980年代,毛沢東没後中国政治の指導権を獲得した鄧小平によって国家戦略の転換が行われ,「改革・開放」の時代が始まった。1990年代,東欧革命・ソ連邦崩壊を契機に政治・経済体制の転換がなされ,全面的市場化と中共一党統治の堅持がめざされた。また社会主義イデオロギーによる社会的凝集性の減価を補うため,ナショナリズム(愛国主義)が強調されるようになる。

1991年8月,青年層を主たる対象とし全国民を巻き込んだ愛国主義教育キャンペーンは,中共中央「関於充分運用文物進行愛国主義和革命伝統教育通知」と国家教育委員会「中小学加強中国近代現代史及国情教育的総体綱要」によって開始された。このキャンペーンは,国家の屈辱的な近現代史を学び,共産主義革命がいかに大きく国の姿を変えたのかを学ぶよう全国民に呼びかけた。また,この計画を促進するために,中共傘下の宣伝機関が総動員された。結果,愛国主義の内容は中国の政治機構に深く根を下ろし,共産党の新たなイデオロギー上のツールとなった。中共中央「愛国主義教育実施綱要」(1994年)は,愛国主義教育キャンペーンの最も重要な要素のひとつとして「愛国主義教育基地」の設置を地方政府に求めた。1995年3月,民政部が選定した国家レベルの愛国主義教育基地100が公表された。その内訳は対外戦争40,国共内戦24,神話21,英雄15であったが,対外戦争40のうち,1931年から45年の抗日戦争に関わるものが半数の20に上った。[ワン,2014：144,149,155-157]。こうして中国

図3 台湾人／中国人アイデンティティの変化

出所:台湾・政治大学選挙研究センターホームページ。

の「国恥」に関する言説は,家族の物語(原初主義),歴史教科書(構築主義)に加えてエリート主導のイデオロギー教育(道具主義)が並行して推進され,結果様々な解釈が生み出されることとなった[ワン,2014:204]。

● 台　　湾

　台湾では,1988年蔣経国の死去によって総統となった李登輝により民主化が進行した。戒厳令解除と憲法内乱時期条款廃止,万年議員引退と実効統治地域における地域代表選出をふまえて96年に総統直接選挙が実施され,李登輝が当選した。2000年の選挙では民進党の陳水扁が当選,平和裏に政権交代が行われた。以後,2008年には国民党の馬英九が,2016年には民進党の蔡英文が当選,競合的政党政治の定着をみた。

　この間,1990年代以降の民主化が台湾政治の「本土化」をめぐるエスノ・ポリティックスとして展開し,1990年代半ばから2010年代にかけて台湾社会のアイデンティティには明らかな質的変化があった(図3)。同時にそれは,半世紀の日本統治は台湾社会に近代化と日本化を強制したのに対して,台湾は前者を摂取し後者を拒否するという主体的選択を行ったとする理解が定着することになった。

　台湾政治の「本土化」は,教育制度の再編を招来した。1997年,台湾史を扱う中学教科書『認識台湾』(歴史篇)が採用され,中国大陸と中華民国の歴史が教えられてきた従来の歴史教育に大きな変化をもたらした。これを契機に,台

湾社会において歴史観の規範，例えば，「日治」と「日拠」，「終戦」と「光復」についての論争が社会の各レベルに拡大した。また台湾史を高等学校における単独の科目として認可した2006年教育綱要（九五暫綱）が，台湾政治の民主化を推進するという理解が定着した［許育銘，本書第Ⅲ篇］。

さらに，中華民国の歴史と日本統治下の台湾の歴史が1945年に合流し，台湾の中華民国が発展したとする呂芳上・前国史館長の「Ｙ字形の歴史」（『朝日新聞』2011年9月30日），あるいは旧石器時代から日本植民地時代までを通観することによって台湾の歴史における漢族要因の相対化を提示する周婉窈『図説台湾の歴史』など，近四半世紀の台湾政治社会の変容をふまえた新たな台湾史像が提起された。

● 韓　　国

1990年代初めの朝鮮半島情勢は，韓国・北朝鮮の国連同時加盟（1991年9月），中韓国交樹立（1992年8月）および北朝鮮核問題（1993年3月 NPT 脱退表明）など東西冷戦後の再編が進んだ。また，1970年代以降急速な工業化と経済成長を遂げた韓国は，1987年の大統領選挙を契機に権威主義体制から民主化への転換が始まった。

これに対して，1965年6月に結ばれた日韓基本条約によって両国の国家間関係は正常化したが，1910年から45年に至る35年間の植民地支配をどのように捉えるのかについては，当時の国際法から有効であったとする日本側と無効であるとする韓国側が，双方それぞれに解釈しうる余地を残していた。1990年代初め，この問題は新たな展開をみることになる。

1991年8月，元従軍慰安婦の金学順が実名でカミングアウトして証言を始め，翌月東京地裁に訴状を提出した。韓国政府は，日本政府に対してこの問題に対する対処を要請，従軍慰安婦問題は公式の外交問題となった。以降の展開過程について，木村幹は以下のように概括する。

第1に，従軍慰安婦問題がにわかに注目されるようになった背景には，日本人男性をはじめとする外国人男性による韓国人女性を対象とする「買春観光」を批判する韓国の女性問題運動家の活動があり，「外国人により韓国人女性の人権が踏みにじられた先行事例」としての意味合いを付与された。第2に，当

時の日韓間の歴史認識問題における最重要のイシューは，総力戦期の労働者動員の強制性をめぐる問題であり，従軍慰安婦問題もその一環として議論された。第3に，このようにして「再発見」された従軍慰安婦問題に対する日本政府の混乱した対応——宮沢政権による政府の「関与」の否定から歴史的事実の究明をふまえない「反省」表明，村山政権の歴史認識問題に対する公式見解表明の試みが政府内の様々な発言を生み，その一部が韓国側に「妄言」とみなされ，結果日韓関係が悪化したこと——が，この問題を日韓の歴史認識問題の重要イシューに浮上させた。第4に，日本政府の混乱した対応の背景には，両国政府やそれを支える両国の統治エリートが，世代交代によって社会や世論等へのグリップを失っていた。さらに木村は，こうした変化をもたらしたのは韓国の民主化による必然的結果でもあったと述べる。民主化以降の韓国政府は常に世論との緊張関係におかれるようになり，ゆえに従軍慰安婦問題への対処においても世論を考慮して行わざるをえなくなったのである［木村, 2014：209-213］。

韓国における「国民の語り」に関して，高句麗史の帰属をめぐる中韓の論争がある。2002〜07年，中国社会科学院と東北地区の学術機関による国家プロジェクト「東北辺疆歴史與現状系列研究工程」は，中国東北地区の歴史と国境問題を巨視的に考察することがめざされた。2004年，中国と北朝鮮が別個に申請していた高句麗遺跡群が世界文化遺産として同時登録が承認された。この間，中国の「高句麗は中国古代の辺境にあった少数民族政権である」とする見方に対して，韓国では高句麗史の中国編入であるとの批判が起こった。両国の外交協議によって，これを政治問題化させないという了解に達した［金, 2008］。

● 日　　本

日本では1993年に55年体制が崩壊，連立政権時代となった。細川政権のあと村山富市・日本社会党委員長を首班とする自社さ連立政権が成立した。1995年，終戦50周年として世界大戦を総括する動きが活発となるなかで，まず社会党が国会決議案を作成した。同案は当時連立内閣を組んでいた自由民主党などの反発にあい，表現の大幅な修正を余儀なくされた。6月9日，村山内閣の与党三派によって共同提出された衆議院決議案は，約半数が欠席するなかで起立

可決によって採択された。この国会決議と8月15日の首相談話は，冷戦後の新たな環境のもとで，日本が戦後50年をどのように総括し将来をどのように展望するのかについての国家の意志を集約しようとするものであった。

　1990年代初頭における冷戦の終焉は，日本においてもそれまである程度自明の存在であった「左右」の対立軸を打ち壊した。冷戦下の二大政党のひとつであった社民党（1996年社会党から改称）が小政党に転落し，「進歩派」知識人の発言力の衰退が顕著となった。同時にそれは，「保守派」にも大きな影響を与えた。このことは，1997年に設立された「新しい教科書をつくる会」初期の幹部の多くが，自民党に近い「親米保守」的な思想よりも，「反米保守」的な思想と強い親和性を有していたことによく示されている。彼らは，第二次世界大戦後の日本の体制，すなわち「戦後レジーム」を否定的に理解し，それまで論壇において大きな影響力を有してきた保守進歩双方の主流勢力を，「戦後レジーム」を作り上げてきた共犯者であり，打倒されるべき「古い腐敗したエリート」とみなし，自らをその批判者と位置づけた［木村, 2014：221-223］。

4　東アジアに通用する「歴史の語り」のために

　2015年8月14日に公表された安倍首相の70年談話は，①アジアで最初に立憲政治を打ち立て独立を守りぬいた日本は，世界恐慌後「新しい国際秩序」への「挑戦者」となり，進むべき針路を誤り戦争への道を進んでいった；②事変・侵略・戦争といういかなる武力の威嚇や行使も，国際紛争を解決する手段としてはもう二度と用いてはならない；③あの戦争には何ら関わりのない私たちの子孫に謝罪を続ける宿命を背負わせてはならない；④わが国は，自由・民主主義・人権という基本的価値を堅持し，その価値を共有する国々と手を携えて「積極的平和主義」の旗を高く掲げ，世界の平和と繁栄に貢献する，とした。翌8月15日，『日経』『毎日』『読売』の各新聞の社説は，安倍談話が河野・村山談話など従来の内閣の見解を継承し，その延長線上に今回の談話をおくことによって東アジアの将来を展望した，と述べた[4]。

　9月3日，中国は「中国人民抗日戦争・世界反ファシズム戦争勝利70周年記念大会」を天安門広場で開催，軍事パレードが行われた。大会にはプーチン・

ロシア大統領，朴槿恵・韓国大統領，潘基文・国連事務総長らが出席した。習近平・中国国家主席は，この軍事パレードに先立ち講話を行った。習は，この戦争を1931年満洲事変に始まる中国人民戦争と規定し，それは世界反ファシズム戦争を構成する重要な一環であったとし，国連憲章に基づく国際秩序をふまえつつ，21世紀における中国のグローバル大国化を背景に米国と新たな二国間関係の構築を求めた。この「14年の長きにわたる中国人民抗日戦争」という理解は，馬英九・台湾総統が9月2日に提示した「戦争の語り」と明らかに異なる。台北で開かれた抗戦勝利70周年・中華民国104年軍人節慶祝活動において[5]，彼は，1937年の盧溝橋事件に始まる8年の対日抗戦は蔣介石・国民政府のもとで戦われたこと，そしてそれを第二次世界大戦勝利から戦後に至る国際情勢の展開の重要な一環として，史実として位置づけなければならないと述べた。

　8月15日の光復節演説において朴槿恵・韓国大統領は，安倍談話に遺憾な部分が少なくないが，それにもかかわらず，談話が「日本の侵略と植民地支配がアジアの多くの国の国民に多くの損害と苦痛を与えた点と，慰安婦被害者に苦痛を与えたことに対する謝罪と反省を根幹とした歴代内閣の立場が，今後も揺るがないと国際社会に明確に明らかにした点に注目する」と述べ，さらに，今後日本政府は「歴代内閣の歴史認識を継承するという公言を一貫して誠意ある行動で裏づけ，隣国と共に国際社会の信頼を得なければならない」とした。安倍談話を歴代内閣の歴史認識の継承という文脈で理解することによって，日韓両政府において，今後見解をすり合わせる余地があることを示した。また，天安門軍事パレードに出席した朴大統領と習国家主席とによって日中韓首脳会談が提起され，日本政府もこれに応じる姿勢を示したことは，政治の領域において，70年談話と軍事パレードが東アジアの不安定要因を増加させないような双方向的な妥協が図られたことが示されている。

　その後，政治の領域において歴史問題の解決と緩和を求める試みが現実化した。2015年12月，日韓両国外相は，「慰安婦問題が最終的かつ不可逆的に」解決されたこと，韓国政府が元慰安婦を支援するために設立する財団に日本政府が10億円を拠出し両国が協力していくことを確認した。翌2016年5月，オバマ米大統領が現職大統領として初めて広島平和祈念公園を訪問し，「私自身の国と同様，核を保有する国々は，恐怖の論理から逃れ，核兵器のない世界を追求

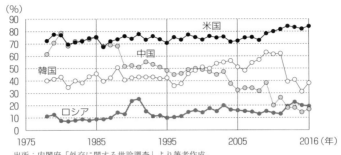

図4　4国に対する親近感の変化

出所：内閣府「外交に関する世論調査」より筆者作成。
＊　親しみを感じるとする割合。

する勇気を持たなければならない」と訴えた。8月6日，松井一實・広島市長は平和宣言でオバマ演説に言及しつつ核兵器廃絶を訴えた。

　21世紀に入って日本社会における反中嫌韓傾向が顕著になったことは，内閣府「外交に関する世論調査」を見ても明らかである（図4）。これらは，中国各地で反日デモが発生，また首相・閣僚の靖国参拝による日中・日韓関係の悪化によるものであろう。

　これに比して，米国に対する親近感は1980年代から21世紀まで一貫して高い。日米の関係は，例えば，広島・長崎への原爆投下に対する評価にみられるような深刻な歴史認識上の相違（相互に相容れない「戦争の語り」）と良好な国家間関係とが両立しうることを示している。このことは，良好な国家関係（国際秩序）の構築という現実的な政治課題の追求（相互の妥協，関係を悪化・緊張させない工夫）が必須であり，そうした前提のもとで（諸々の政治的要請と一定の距離を保ちながら）歴史認識問題についての思索と対話が可能であることを示している［高橋慶吉，本書第Ⅱ篇］。換言すれば，歴史認識の不一致が必然的に国家関係の緊張や悪化をもたらすわけではないということである。

　すでに記したように，東アジアで歴史問題が発生したのは1980年代で，日本における歴史教科書問題と首相・閣僚の靖国参拝が発端である。1990年代，それは愛国主義教育の推進（中国），慰安婦カミングアウト（韓国），村山談話と歴史修正主義（日本）へと展開する。さらに21世紀には，国内政治における制度化（抗戦勝利・南京事件の国家祭日化）と国際問題化（世界遺産・記憶遺産指定を

めぐる対立，慰安婦少女像の拡散）という新たな展開をみせる。中国のグローバル大国化に起因する現状変更と制度創設の試み，日中韓政府間関係の対立と調整，SNSなどにおける排外主義的感情の顕在化が，今日の東アジアにおける歴史認識を政治問題化させたといえるであろう。

　ここで留意すべきことは，あらゆる歴史的事象が政治問題化したのではなく，いくつかの特定の事象が個別の契機と経緯のもとで問題化されたということである（東アジアの歴史的・地勢的環境のなかで，今日，歴史認識問題として政治化した事象は限られている）。とすれば，すでに政治化してしまった事象については，政治的な解決（双方向的な妥協）を図るとともに，別の事象を歴史問題として新たに政治化させないための英知が求められる。そのためには，何故にそれぞれの事象が歴史認識問題として政治化したのかについての冷静な検討・考察とともに，後者の課題については，国境を越えた思索と対話，学知（歴史研究）の役割がきわめて重要である。

ま と め

　21世紀東アジアの「歴史の語り」は，「国家」の境界（台湾海峡，38度線を含む）および「国家」内部の諸領域（政治，論壇，メディアなど）によって，幾重にも絡まり引き裂かれている。こうした状況下において，学知に求められるものは，「外」と「内」それぞれの境界を架橋し，東アジアに通用する「歴史の語り」を構想する思索と対話にほかならない[6]。

　21世紀東アジアの特徴として，日本・中国・台湾・韓国のそれぞれにおいて，程度の差はあれ，政府と社会，メディアとネット空間など各領域で様々な意見の表出があることが挙げられる[7]。民間の交流と対話，思索が求められる所以である。

　東アジアに通用する「歴史の語り」は，必ずしもすべての人々が共有するものである必要はない（図5）。「同意はできないが理解はできる」というような寛容性，包容力が求められる。

図5 政治の主体と戦争の記憶

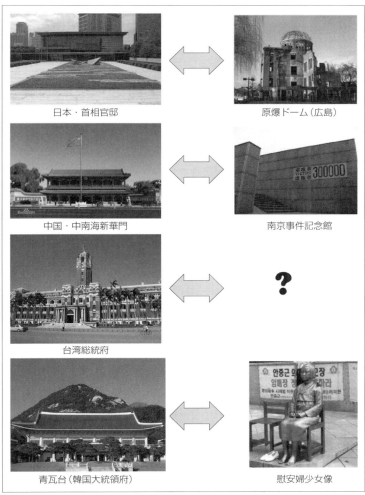

[説明]
(1) すでに政治問題化した歴史認識問題については，双方向的な妥協による政治的処方が求められる（日本・首相官邸，中国・中南海新華門，台湾・総統府，韓国・青瓦台）。
(2) それぞれの「戦争の記憶」を象徴するモニュメントとして，広島・原爆ドーム（日本），南京事件記念館（中国），慰安婦少女像（韓国）を置いたとき，これらを統合するような「歴史の語り」を求めることはおそらく不可能である。
(3) 台湾における「戦争の語り」を象徴するモニュメントは何か？

● 注
1） 2010年，中国の名目GDPは日本を抜いて世界第2位となった。この結果，日本は42年間保ってきた世界第2位の経済大国の地位を中国に譲った。日本の経済規模を1とすると，中国のそれは，2000年4分の1，2005年2分の1，2010年1，2015年2である（概算）。
2） 模範基地に指定された多くの施設は，その後，建設・改築・拡張などのために政府の財政支援を受けた。また模範基地の認定を受けたことにより，学校・軍・官公庁などから多くの団体が見学に訪れるようになった。例えば，盧溝橋付近にある「中国人民抗日戦争記念館」（1987年開館，95年拡張）や「日本軍の侵略による南京大虐殺で殺害された同胞の記念館」（いわゆる南京大虐殺記念館，1985年開館，95年拡張）には，これまで900～1000万人が訪れている［ワン，2014：157-158］。
3） 台湾・政治大学選挙研究センターは，台湾社会における台湾人／中国人アイデンティティの動向について1992年から調査を行っている。最初の総統直接選挙が実施された1990年代半ば，「中国人でも台湾人でもある」が約半数，「台湾人である」「中国人である」が20～30ポイントであった。20年後の2016年，「台湾人である」が約60ポイント，「中国人でも台湾人でもある」が約30ポイント，「中国人である」が数ポイントとなった。
4） 朝日新聞の8月15日付社説は，「この談話は出す必要がなかったし，出すべきではなかった」と全面否定する。一方，産経新聞の主張は，中国や韓国に対する「『歴史戦』に備える時だ」と述べる。
5） 1955年，中華民国国防部は，各種の記念日を統一するために9月3日を三軍の「軍人節」として各種の慶祝活動を行うことを決定した。こうして台湾では，9月3日が「軍人節」として定着する。
6） 梶谷（2015）は，東アジアにおける「公共性」の欠如が，東アジア情勢をめぐる言論全般に閉塞感をもたらしているとし，「民主」「人権」あるいは「公共性」に関する問題意識の共有とともに，社会の病根を「外部」に求める思考を徹底的に批判していくことの重要性を提起する。
7） 1990年代以降，台湾と韓国は権威主義体制から民主制に移行した。中国では，1992年の全面的市場化に起因する社会の変容が現れた。21世紀の中国における三大民間力量として，銭（2012）は，権利保護運動，ネット上の監督，NGOを掲げている［407-417］。

◆参考文献
梶谷懐（2015）『日本と中国，"脱近代"の誘惑―アジア的なものを再考する』太田出版
木村幹（2014）『日韓歴史認識問題とは何か―歴史教科書・「慰安婦」・ポピュリズム』ミネルヴァ書房
金光林（2008）「中韓両国の歴史・文化摩擦に対する文明史的考察」『新潟産業大学人文学部紀要』第20号
周婉窈（濱島敦俊監訳）（2013）『増補版 図説台湾の歴史』平凡社

銭理群（2012）『毛沢東と中国―ある知識人による中華人民共和国史（下）』青土社
唐亮（2016）「中国の経済成長」家近亮子ほか編著『新版 5分野から読み解く現代中国―歴史・政治・経済・社会・外交』晃洋書房
服部龍二（2015）『外交ドキュメント歴史認識』岩波書店
ワン・ジョン（伊藤真訳）（2014）『中国の歴史認識はどう作られたのか』東洋経済
田中仁（2016）「戦後70年と21世紀の東アジア―"戦争の語り"と歴史認識」秋田茂・桃木至朗編『グローバルヒストリーと戦争』大阪大学出版会
内閣府（2016）「外交に関する世論調査」
　//www.survey.gov-online.go.jp/index-gai.html
台湾・政治大学選挙研究中心（2016）「台湾民衆台湾人／中国人認同趨勢分佈」
　//www.esc.nccu.edu.tw/app/news.php?Sn=166

第Ⅰ篇

20世紀中国政治の軌跡

20世紀中国政治の軌跡

中華民国史と「歴史の語り」

金子　肇

　「革命史観」という言葉をご存じだろうか。本稿は，もっぱらこれを中国共産党の政治的正当性を説明する歴史観として用いるのだが，実は戦後日本の中国近代史研究は，この「革命史観」に強く影響された時代があった。しかし，1970年代から80年代に中国共産党の革命神話が崩壊するなかで，この歴史観は神通力を失い，それに代わって「民国史観」という新たな歴史認識の枠組みが登場した。本稿では，「歴史の語り」という問題を，この2つの歴史観と日本の中国近代史研究との関係から読み解いていく。
　それでは「革命史観」は，いったいどのような内容と特色をもっていたのだろう。それに取って代わったという「民国史観」の特徴とは何か？……。こうした論点を1つ1つ解きほぐしながら，日本（人）が近代中国の歴史を認識し，語る方法について，読者の皆さんといっしょに考えてみたい。

はじめに——「歴史を語る」ことと歴史学，中国近代史

　本書の「歴史の語り」というキーワードに，歴史学の立場からどのように切り込むことができるのだろう。また，中国近代史という研究分野から，どのようにアプローチすることが可能なのだろうか。本稿では，この問題に分け入っていくため，まず「歴史」とは何かという問いかけから始めたい。
　歴史学にとって「歴史」とは過去の「事実」そのものではない。では，過去の「事実」と「歴史」とは何が違うのだろうか。過去の「事実」は，人間が一定の目的や視角をもって「事実」を取捨選択し，その因果連関を再構成したとき初めて「歴史」になる，と私は考える。つまり，その時代その時代に生きた人々，または現在に生きる私たちが，過去の「事実」に働きかける作業を通じて「歴史」は形成されるのである。
　ところで，歴史学が1つの「学」たりうるのは，史料批判に基づく因果連関の解析・検証という方法（実証）を有しているからだろう。それによって，歴

表1　中国近代史の流れと時期区分

革命史観区分	国名区分			重要事件	日本
旧民主主義革命期	半植民地半封建社会	清朝		1840　アヘン戦争 1851　拝上帝会，太平天国樹立（太平天国の乱 1851〜64） 1856　アロー戦争（第二次アヘン戦争） 1860年代前半　洋務運動の開始（〜1894） 1894　日清戦争 1895　変法運動の開始（〜1898） 1899　義和団の蜂起（〜1900） 1901　光緒新政の開始（〜1911） 1911　辛亥革命	江戸／明治
		中華民国	前期	1912　中華民国の成立 1915　日本の21か条要求 1919　五・四運動 1920　中国共産党の結成 1924　中国国民党の改組，第一次国共合作の成立（国民革命の開始） 1925　五・三〇運動 1926　北伐の開始 1927　国共分裂 1927　南京国民政府の成立（1928に北伐を完了し全国政権化）	大正
新民主主義革命期			後期	1931　共産党，中華ソビエト共和国臨時政府を樹立 　　　満洲事変（九・一八事変） 1937　第二次国共合作の成立（抗日民族統一戦線の形成） 　　　日中戦争（抗日戦争）始まる 1941　アジア太平洋戦争始まる 1945　第二次世界大戦終結，抗日戦争勝利（日本の敗北） 1946　国共内戦始まる	昭和
				1949　中華民国の台湾移転 　　　中華人民共和国の成立	

　史学は恣意的な「事実」の選択を可能な限り排除することができるし，「事実」を「歴史」へと再構成する作業も説得力をもつことができる。つまり，歴史学が自分に都合よく「歴史を語る」ことは許されないのである。もちろん，構造主義に立脚する「歴史は物語だ」という主張は承知している。[1] しかし，それとは別の次元で，都合のよい「事実」を抜き出し耳ざわりのよい「歴史」に再構成して，「歴史は物語だ」とうそぶくことは許されない。
　しかし，史料批判に基づく実証という方法によって「歴史の語り」を律する

としても，歴史学にはその方法を制約しかねない厄介な問題が潜んでいる。それは「歴史観」の問題である。ここでは「歴史観」を，過去の「事実」を取捨選択し，結びつけ，再構成する指針と定義しておこう。先に述べた表現では，「歴史」を再構成する「一定の目的や視角」が，ここでいう「歴史観」に相当する。歴史学にとって厄介なのは，この「歴史観」が時にイデオロギー性や政治性を帯びて立ち現れてくることである。人間が社会的な存在である以上，「歴史観」が時代の社会的・政治的条件や思想的・文化的環境に影響を被ることは避けがたい。だが，「歴史観」がイデオロギー性や政治性を強く帯びると，極端な場合，特定の国家・国民・階級・政党等に都合のよい「歴史の語り」になりかねない。また，史料批判に基づく実証も「歴史観」に制約されて，「歴史」の再構成は独善に陥る危険性が出てくる。

　本稿が扱う「歴史の語り」の問題とは，この「歴史観」と日本の中国近代史研究との関わりについてである。1970年代まで中国近代史研究は，革命政党の政治的正当性を弁証する「革命史観」の影響下にあった。ここでいう革命政党とは中国国民党と中国共産党をさすが，とりわけ中国共産党の正しさを弁証する毛沢東の「革命史観」の影響力は圧倒的だった。ところが，1980年代以降になると「中華民国史」という研究の枠組みが形成され，新たに「民国史観」が提唱されるようになる。振り返れば，この「民国史観」の登場は，日本における中国近代史認識のパラダイム転換ともいうべき画期的な意義をもっていたのである。そこで本稿では，中国共産党の「革命史観」と，その「歴史の語り」を相対化した「民国史観」について紹介し，近代中国の歴史を認識し「語る」日本（人）の立場から，「中華民国史」研究の意義を考えてみたい。

1　中国近代史とは？

　まず本題に入る前に，対象となる「中国近代史」の歴史的な展開と内容を大づかみに説明しておこう。中国近代史の概略を押さえることで，「革命史観」の問題点や「民国史観」の特徴もより理解しやすくなるはずである。以下，表1を見ながら読み進めていただきたい。

　通常，中国近代史といえば，1840年のアヘン戦争から1949年の中華人民共和

国成立までの時期をさす。この100年余りに及ぶ歴史を国家の変遷から眺めると，清朝が1912年まで存続し，次いで共和制の国家として誕生した中華民国が1912年から49年まで続き，中国共産党が支配する現在の中華人民共和国の成立に至る。清朝は，アヘン戦争，アロー戦争（第二次アヘン戦争），清仏戦争，日清戦争等の対外戦争に相次いで敗れ，対内的には太平天国や義和団などの民衆反乱によって動揺を来した。そのため，存亡をかけて洋務運動，変法運動，光緒新政といった近代化（西欧化）改革を進めたものの，1911年の辛亥革命によって脆くも崩壊し専制王朝の歴史に幕を閉じた。

　辛亥革命によって成立した中華民国は，前期（1912～28年）と後期（1928～49年）に時期区分されることが多い。北京を首都とする中華民国前期は，孫文から大総統職を引き継いだ袁世凱が全国の統一を推進した時代から，袁が帝政復活に失敗して各地に有力な「軍閥」が割拠する時代へと推移する。だが，この時期は同時に五・四運動（1919年）等の民族運動を通じて，資本家・労働者，学生・知識人らが国民意識を高めていく時代でもあった。こうした趨勢を受けて，1920年代になると中国国民党と中国共産党という2つの革命政党が登場する。国民革命は，1924年に両党が提携した第一次国共合作のもとで開始され，五・三〇運動（1925年）等の民族運動や労農運動の激化，蔣介石を総司令とする北伐戦争によって発展した。国共合作は，1927年に蔣が共産党を弾圧した後に瓦解したが，その後も継続された北伐は1928年に北京を占領し，この結果，南京に首都をおく国民党政権（南京国民政府）が中華民国を代表する政権となった。

　中華民国後期の歴史は，国民党の国家建設，日中戦争（抗日戦争），戦後の国共内戦によって特徴づけられる。蔣介石の国民党政権は，将来における民主体制の実現を標榜しつつ，当面は一党独裁体制のもとで党内の反対勢力と農村に割拠する共産党を弱体化させ，国内の統一と近代国家の建設を進めていった。だが，満洲事変（1931年）以降に激化した日本の侵略を前に，国民党は毛沢東が指導する共産党と第二次国共合作を結び，1937年から8年に及ぶ抗日戦争を戦わねばならなかった。戦後の中国で政治的発言権を強めたのは，共産党と西欧的民主政治を主張する民主諸党派だった。当初，蔣介石は毛沢東との合意に基づき，共産党・民主党派と協調して平和的な国家の再建と民主化を進めよう

としたが，1946年夏に圧倒的な軍事力に頼んで共産党との内戦に踏み切った。しかし，国民の信頼を失いつつあった国民党は次第に劣勢に立たされ，1949年に蔣介石は中華民国の台湾移転を余儀なくされた。そして同年10月，毛沢東が北京で新たな国家，中華人民共和国の樹立を宣言する。

　以上のように起伏に富む中国近代史を，国家の変遷（清朝―中華民国前期―中華民国後期―中華人民共和国）によって時期区分したとき，何よりも気づかされるのは，国家体制（支配者）の交代がいずれも「革命」によって実現したという事実だろう。こうした歴史的特徴は，前体制（支配者）との断絶性を強調し，自己を正当化する「歴史の語り」を助長してしまう危険性をもっている。そして，中国近代史を最後の「革命」の地平から「語る」枠組みが，中国共産党の「革命史観」なのである。

2　中国近代史と中国共産党の「歴史の語り」

　1980年代に至るまで，中国共産党（毛沢東）の「革命史観」が日本で強い影響力をもった。それは，1949年革命への共感，革命を成功に導いた中国共産党に対する信頼，階級闘争・人民闘争史の重視，歴史が共産主義に向かう必然性（世界史の基本法則）に対する確信等々の要因が，多くの研究者を引きつけた結果だったと思われる。しかし，上に整理した中国近代史の概観からわかるように，中国共産党はつねに歴史の中心に居続けたわけではなかった。それでは，毛沢東はどのような枠組みで中国近代史を「語り」，共産党による1949年革命の成功を弁証しようとしたのだろうか。

● 革命の性格を基準にした時期区分

　毛沢東は，表1に示しておいたように，100年余りの中国近代史を「旧民主主義革命期」（1840～1919年）と「新民主主義革命期」（1919～49年）の2つに区分した。つまり，革命の性格によって時期を分けるのだが，2つの革命期を画するのが1919年の五・四運動だった。毛沢東は，五・四運動で区分する理由を次のように述べる。

> 1919年の五・四運動までは（五・四運動は1914年の第一次帝国主義大戦および1917年のロシア十月革命ののちにおきた），中国におけるブルジョア民主主義革命の政治的指導者は，中国の小ブルジョアジーとブルジョアジー（彼らの知識人）であった。……五・四運動以後になっても，中国の民族ブルジョアジーは，ひきつづき革命に参加していたが，中国のブルジョア民主主義革命の政治的指導者は，もはや中国のブルジョアジーではなくて，中国のプロレタリアートとなった。（毛沢東〔1940〕「新民主主義論」同『新民主主義論』大月文庫版，89頁）

　学生を中心とする民族運動として有名な五・四運動を境に，中国の「ブルジョア民主主義革命」は「旧」と「新」とに分けられ，革命の政治的指導者も「ブルジョアジー」から「プロレタリアート」に移行したと毛沢東は捉える。ちなみに，ブルジョア民主主義革命とは封建制に代表される前近代社会を近代資本主義社会に転換する変革（過程）を意味するが，フランス革命がその典型だろう。通常，その革命を指導する階級がブルジョアジー（世界史の教科書では市民階級と表現されることが多い）である。
　旧民主主義革命とは，この西欧に典型的な，ブルジョアジーが指導するブルジョア民主主義革命をさす。毛沢東によれば，孫文を政治的代表とする中国のブルジョアジーは西欧のブルジョアジーに比べ徹底して革命を指導する力に欠けていた。そして，軟弱なブルジョアジーに代わって中国のブルジョア民主主義革命を指導する役割を担うのが，共産党の基盤となるプロレタリアート（労働者階級）だった。毛沢東は，プロレタリアートが指導する新しいタイプのブルジョア民主主義革命，すなわち新民主主義革命の起点を五・四運動に見出し，中国共産党がその革命を指導する必然性を説明したのだった。

● **人民闘争の強調**
　以上の新旧2つの民主主義革命期に一貫していたとして強調されるのが，人民闘争の歴史的伝統である。毛沢東は次のように述べている。

> 帝国主義と中国の封建主義とがたがいにむすびつき，中国を半植民地と植民地にかえた過程は，中国の人民が帝国主義とその手先に反抗した過程である。アヘン戦争，太平天国運動，中仏戦争，中日戦争，戊戌政変，義和団運動，辛亥革命，五・四運動，五・三〇運動，北伐戦争，土地革命戦争から現在の抗日戦争にいたるすべ

ては，帝国主義とその手先に屈服するに甘んじない中国人民の頑強な反抗精神をあらわしている。（毛沢東〔1939〕「中国革命と中国共産党」同『新民主主義論』大月文庫版，40頁）

　「帝国主義と中国の封建主義」に対する「人民の反抗」として引用文に羅列されているアヘン戦争以下の諸事件が，この文章を書いた1939年当時の毛沢東にとって，旧民主主義革命と新民主主義革命の具体的な内容ということになるのだろう。文中の「中日戦争」とは日清戦争のことだが，清朝の対外戦争さえ人民の「帝国主義」と「封建主義」に対する抵抗として数え上げるところに，毛沢東の新旧民主主義革命というカテゴリーの曖昧さが表れている。しかし，彼の目的は学術的な厳密さより，そうした「人民の反抗」の歴史を，中国共産党が指導する新民主主義革命に向けて整序し収斂させていくことにあったと思われる。それによって，共産党は人民闘争の歴史的伝統の継承者・体現者として，自身の革命の正当性をアピールすることが可能になるからである。
　また，同じ文章で毛沢東は，「中国封建社会では，こうした農民の階級闘争，農民の蜂起および農民の戦争こそが，歴史を発展させた真の動力である」と語っている［毛, 1939：32］。中国共産党は国民党の弾圧によって都市での活動を著しく制約され，農村・農民を基盤に勢力を拡大していかなければならなかった。「農民革命戦争史観」と評すべきこの主張も，共産党が中国農民の「革命」的伝統を継承し体現する存在であることを弁証するため強調される必要があったのである。

● 「半植民地半封建社会」論と1949年革命

　「革命史観」を形作る枠組みとして最後に指摘すべきは，中国共産党による革命を合理化する近代中国社会論，すなわち「半植民地半封建社会」論である。まずは関連する毛沢東の言説を引こう。

　帝国主義列強の中国侵略は，一方で中国の封建社会の解体をうながし，中国に資本主義的要素を発生させ，封建社会を半封建社会にかえてしまったが，他の一方では帝国主義列強は中国を残酷に支配し，独立の中国を半植民地と植民地の中国にかえたのである。（毛沢東〔1939〕「中国革命と中国共産党」同『新民主主義論』大月文庫版，38頁）

この主張では,「帝国主義列強」は中国社会の進化(封建社会から半封建社会へ)という点で積極的な役割を果たしているようにみえる。だが,毛沢東は同じ文章の別の箇所で,

> 資本主義の発生と発展という新しい変化は,帝国主義が中国に侵入してきたのちに発生した変化の一面にすぎない。このほかになお,こうした変化と同時に存在し,この変化をさまたげる他の一面がある。それは,帝国主義が中国の封建勢力と結託して中国の資本主義の発展を抑圧していることである。(毛沢東〔1939〕「中国革命と中国共産党」同『新民主主義論』大月文庫版,35頁)

と述べ,むしろ「帝国主義列強」が中国の「封建勢力」と結び,資本主義化を妨げている点を強調する。

注意すべきは,以上のような論理によって説明される「半植民地半封建社会」は,「帝国主義」と「封建勢力」とのブロックのもとで,その内部に自らの構造を止揚・変革する契機を欠き,発展なき固定した「社会」としか捉えられない点である。この「半植民地半封建社会」では,自立した正常な資本主義化はありえない。毛沢東によれば,自立的な資本主義化の担い手であるべき「民族資本」は没落し,「帝国主義」や「封建勢力」と結びつく「官僚資本」・「買弁資本」の奇形的発展は,むしろ中国経済の全面的な崩壊を促すのである。また,清朝・「軍閥」・国民党に至る支配勢力は,いずれも「帝国主義」に従属し地主階級等の「封建勢力」を基盤とするため,「半植民地半封建社会」を克服することができない〔久保,1982;奥村,1990〕。したがって,この停滞した「社会」を覆すことができるのは,「帝国主義と中国の封建主義」に頑強に抵抗する人民闘争と,それを指導する中国共産党以外にはありえない。かくして,新民主主義革命としての1949年革命は,「半植民地半封建社会」論によって歴史的な必然性が弁証される。

大雑把にではあるが,時期区分の仕方,人民闘争の強調,中国社会論の3点から,毛沢東が中国近代史を「語る」際の枠組み,すなわち中国共産党の「革命史観」の特徴を整理した。毛沢東と中国共産党にとって,中国近代史,なかんずく次節において対象とする中華民国期(1912～49年)は,「帝国主義」と「封建勢力」およびそれらと結託した「官僚買弁勢力」から中国人民を「解放」

する時代であり，それは自身の革命の成功と政権獲得の必然性・正当性・正義性を弁証するための時代にほかならなかった。

3 中華民国史研究の登場と相対化される「語り」

● 民国史研究の背景

ところが，1980年代に入ると，中国において「中華民国史研究」（以下，民国史研究）という枠組みのもとで中国近代史を研究する動きが本格化するようになった。中国の民国史研究は，「中国最後の搾取制度をもって支配した政権の興亡史」を解明することに課題をおくものだった。しかし，人民闘争や共産党など革命勢力に偏りイデオロギー色が濃厚だった従来の研究に比して，「軍閥」や国民党政権など「革命史観」が打倒の対象とした素材まで，客観的・実証的に考察しようとするところに新しさがあった。1976年のプロレタリア文化大革命の終了[3]，1978年末の中国共産党第11期3中全会を起点とする「改革・開放」政策の開始という政治的変化が[4]，学術面における一定の自由化を可能にし，歴史学における民国史研究の発展を後押ししたといえるだろう［張,1989］。

こうした中国の動向は，文化大革命の終了後，やはり「革命史観」の影響から脱しつつあった日本の中国近代史学界とも共鳴するものだった。日本の中国近代史研究に大きな足跡を残した故野澤豊が主宰する雑誌『近きに在りて』[5]は，1989年刊行の第15号と第16号において「中華民国史研究の成果と課題」という特集を組み，中国・台湾・香港・韓国・アメリカ等の学者の民国史研究に関する整理や見解を掲載している。さらに，その後同誌に掲載された論考を中心に，民国期の各研究テーマに関する動向整理をまとめた『日本の中華民国史研究』（汲古書院）が1995年に野澤の編で刊行され，民国史研究は中国近代史研究のメインストリームとなっていった。

ただし，1980年代において民国史研究が強調され始めた当初，当面は民国期を対象とした個別実証研究の積み重ねが重視され，民国史研究の独自な視点や方法を意識的に追求する姿勢は希薄だったように思われる。ところが，中国共産党が民主化を求める学生・市民を弾圧した1989年の天安門事件は，研究者の間にくすぶっていた同党に対する幻想を完膚なきまで吹き飛ばし，同時に「革

命史観」に代わる新たな歴史認識の枠組みとして「民国史観」の重要性が叫ばれるきっかけとなった。

◉ 民国史研究の独自な視角

　天安門事件の観察を通して，「民国史観」の重要性を強く訴えたのは山田辰雄だった。中国近代政治史を専門とする山田にとって，天安門事件に対する見方も，かつての「革命史観」のような政治的論理に従属するものであってはならず，「多様な学問的認識の可能性」を内在させる「民国史観」のような見方でなければならなかった。それでは，「革命史観」に対して，「民国史観」にはどのような長所があるのだろうか。山田の強調するところは，以下の2点に集約できるように思われる。

　まず，民国史における中国共産党の役割を相対化し，多様な政治勢力の可能性を追求するという視角である。「これまで中国における中国現代史あるいは革命史の基本的視角は，中国共産党を主軸とし，その運動に有利か不利かを基準としてその他の政治勢力の役割を評価する傾向をもっていた」。だが，「それは，中共支配の正当性を歴史的に跡付けるために役立ったとしても，中国現代史の多様な可能性を解明することができなかった」。山田は，「革命史観」の特徴と問題点をこう指摘しながら，それとの対比で「民国史観」の視角を以下のように説明する。

> それ（「革命史観」のこと―筆者注）に代わって登場した民国史観は，民国期に活躍した多様な政治勢力を並置し，それらの相互関係を解明するなかで特定の運動・政党の役割を評価しようとするものである。その根底には，多様な政治勢力が共通の政治・社会構造のなかで権力を争っているという認識がある。特定の政治勢力に依拠し，権力対立を先行させる視角においては，多様な政治勢力の相違を明らかにすることができるとしても，共通性を明らかにすることができない。このような視角は，正義と不正義という道徳的判断，あるいは革命と反革命という実践的価値と結びついて，歴史を一面的に描き出すことになる。民国史観はこのような一面性を克服しようとするものである。（山田辰雄〔1990〕「今こそ民国史観を」『近きに在りて』第17号，汲古書院，87頁）

　ここで表明されているのは，「特定の政治勢力」を――共産党だけでなく国民

党など他の勢力も含めて──絶対視せず,各勢力の独自性や共通点をふまえつつ,それらの相互関係の検討を通じて中国近代史の多様な可能性を探っていくという立場である。

山田が強調する「民国史観」の第2の特徴は,現代中国(共産党の中国)を20世紀中国からの歴史的連続性のなかで相対化する視座である。

> われわれは民国史の研究者として,民国史だけに留まることはできません。民国史の中でわれわれが研究してきた,歴史的に引き継がれてきた20世紀中国の構造的特徴を歴史的連続性としてとらえ,それによって現代中国を考えてみる必要があります。現代の中国を考えるということは,現代だけに留まるのではなく,少なくとも現在の中国の21世紀に向けての発展を考えることです。その場合,現代中国自体を20世紀の中国全体の中において相対化し,客観的に見なければならないと思います。(山田辰雄〔1996〕「中華民国と現代」『近きに在りて』第30号,汲古書院,10頁)

1949年革命の衝撃は,日本の中国近代史研究者に「革命史観」の受容とともに,革命前後の歴史的断絶を過度に強調する認識を植えつけてきた。つまり,中国共産党の人民共和国は,民国期の「半植民地半封建社会」の呪縛を一掃した「新中国」と捉えられてきたのである。山田が上の文章を書いた1996年当時,そうした歴史認識は影を潜めていく方向にあった。しかしながら,民国史研究が明らかにした「20世紀中国の構造的特徴」との連続性において,共産党中国を相対化する視座をもつべきだという山田の提言は,「民国史観」の歴史認識の枠組みと射程を考えるうえできわめて重要だった。

● 実証的研究成果の蓄積

さて,1980年代以降の中国近代史研究において民国史研究が主流となって以降,今日まで実に多彩な研究成果が蓄積されてきた。山田が強調した「民国史観」の2つの視角に即してみると,多様な政治勢力(中国近代史)の可能性を追求するという点については,国民党や民主党派,「軍閥」など共産党と対峙しつつ中国の近代化を担った政治勢力,資本家・労働者・知識人や地域エリート(郷紳層)等の政治的・社会的・経済的営為に関する研究が飛躍的に発展した。また,20世紀の連続性についても,国民国家建設,憲政史,リベラリズ

ム，工業化・企業経営史等々のテーマを，清末・民国期から人民共和国期へ至る連続性に着目して追求する研究が登場するようになった。紙幅の関係上，これらの研究の詳細を逐一紹介する余裕はないが，ここでは歴史的連続性に着目した一例として，行財政構造の連続性を検討した私の研究に触れておこう。

私見によれば，清朝の財政システムは国家財政と地方財政が制度的に分離されず，しかも税の徴収を地方官府が担うため，中央財政は地方政府の税収送金に依存していた。もともと清朝は，中央上納分を含む全国の税収の動きを統一的に管理した。ところが，太平天国以後はそれが困難となり，中央の収入を確保するため，各省政府に一定の上納額を請け負わせる方針に転換せざるをえなかった。清朝は，こうした財政構造から脱却するため，20世紀初頭の光緒新政期になると，国家財政と地方財政を区分し国税による固有の中央財源を獲得しようと試み始める。この政策を「国地財政画分」といった。

「国地財政画分」は，西欧的な財政システムの導入によって専制王朝の財政システムを変革するものだったが，この政策は辛亥革命で清朝が滅んだ後も中華民国の歴代政府によって継承されていった。そして，袁世凱政権以降，断続的にではあるが執拗に追求されたこの課題は，国民党政権の時代になって本格的に実施され，中央政府財源の強化と中国財政の近代化に大きく貢献することになる。ところが，国民党を台湾に追いやった共産党の政権は，こうした民国期の歴代政府とは志向が全く異なっていた。

人民共和国成立後の「社会主義」的財政は，かつての清朝のシステムへ先祖返りしたかのように，国税と地方税が未分離で徴税業務は地方政府に委ねられていた。当初，共産党政権もやはり全国の財政を統一的に管理していた。しかし，その後は中央と地方で税収を分割する方式を経て，「改革開放」後の1988年から各省に税収上納を請け負わせるようになり，清朝と同じ軌跡をたどっていく。この状況が変化するのは，1994年に分税制（「国地財政画分」の共産党版！）が実施されて以降だった。

こうしてみると，分税制導入以前の「社会主義」的な財政システムは，実は清代の伝統的構造との連続性において捉えることが可能である。これに対し清朝と人民共和国の狭間に位置した民国期は，西欧的な「国地財政画分」の実施により専制王朝の構造を掘り崩そうとした点で，きわめて個性的な時代だっ

た。だが，他方において共産党政権による分税制の実施は，西欧的制度化をめざした民国期への回帰を意味するものにほかならず，この点で現代中国は民国期との連続性も有している［金子，2008；2009］。共産党中国は，20世紀中国の二重の連続性のなかに定位されるのである。

　以上の説明は，その当否はともかく，私なりの行財政史的観点から「20世紀中国の構造的特徴」をつかみ出し，その歴史的連続性のなかに現代中国を位置づけたものだが，おそらく多くの研究テーマについて同様の試みが可能だろう。

まとめ——日本と民国史研究の視座

　最後に，以上に述べた点をふまえながら，近代中国の歴史を認識し「語る」日本（人）の立場から，民国史研究の意義を考えておこう。

　戦後の国共内戦を経て，台湾の中華民国・国民党と大陸の中華人民共和国・共産党という政治的構図が固定化していった。そのため，両者の中国近代史，とりわけ中華民国期の歴史に対する捉え方は，互いに自らの革命的正当性を競い合い弁証しようとする傾向が強まったといえるだろう。本稿で繰り返し指摘したように，日本の中国近代史研究が大きな影響を受けたのは，そのうち中国共産党の「革命史観」だった。ただし，その「歴史の語り」の影響は，次の久保亨の簡潔な指摘が示唆するように，歴史研究者という狭い枠に留まらず日本人の歴史認識にまで及ぶものだったように思われる。

> 中国の20世紀の歴史を全体的，客観的に捉えることは，実はいまもなお難しい。革命によって政権が3回変わった結果，自分たちが打倒した前政権の悪いところ，遅れた点を新政権が強調したためです。／日本が侵略した国民党時代の欠陥を共産党政権は批判し続けました。侵略した日本は悪かったけれど，当時の中国もひどい状態だったという歴史観が日本で根強いのは，その影響かもしれません。侵略を合理化する歴史観からまだ脱しきれていないのです。（久保亨〔2015〕「『内向き』脱し広い視野を」『朝日新聞』2015年10月10日）

　中国共産党の「革命史観」が，日本人の歴史観にも深刻な影響を与えたとす

るなら,「革命史観」を相対化する「民国史観」の意義は非常に大きかったことになる。だが,その1980年代になってからの登場は,あまりに遅すぎたというべきかもしれない。かつて野澤豊が,敗戦直後の日本で中華民国再認識・再評価の動きがあったものの,共産党の国共内戦勝利によって人民共和国・毛沢東礼讃の声に取って代わられたと指摘しつつ,この時期に「中華民国の全貌を把握し,その歴史的意義を問い質す作業が疎かにされたことは,日本人のアジア認識において1つの大きな歴史的欠落が生まれたことを意味する」〔野澤,1995：ⅲ〕と述べたことは,この点と関連して重要である。

現在,民主的な政権交代が可能となった台湾で,国民党の「革命史観」は影響力を失っている。だが中国では,実証的な歴史研究が進展する一方,「中華民族の偉大な復興」を掲げ支配の正当性を確保しようとする共産党が,「革命史観」を放棄する可能性はきわめて低い。こうしたなかで,中国近代史の多様な可能性を追求し現代中国を歴史的に捉える民国史研究は,私たち日本(人)の中国認識を掘り下げ,中国・台湾と対話する「歴史の語り」の枠組みとして有効な「方法」たりえないだろうか。

ただ私の個人的な印象だが,近年では「中華民国史」という枠組みが研究者の間で自明化してしまい,「中華民国史」という総体を意識しないまま個別実証研究に沈潜する傾向が強まっているような気がする。現在,民国史研究を「方法」として改めて意識しなおすべき時期に差しかかっているのかもしれない。以前,私は,

> 「中華民国史」という研究の枠組みは,かつてのイデオロギー偏重の「革命史」研究を克服することに大きな役割を果たしたが,近年における実証研究の個別分散化のなかで,その分析枠組みを方法的に鍛え上げ吟味していこうとする姿勢はいささか希薄となっている。(金子肇〔2008〕『近代中国の中央と地方―民国前期の国家統合と行財政』汲古書院,18頁)

と述べたことがある。この想いは今もさして変わらない。個別実証の単純な集積だけでなく,その成果の上に中華民国の歴史をトータルに把握する方法を構想することが,近代中国の歴史を「語る」うえで今まで以上に必要とされているのではないか。

●注
1）「構造主義の父」といわれた言語学者ソシュールは，言語を媒介として成立する認識は真実に到達することができないと主張した。この考えに立つと，言語によって残された史料を用いて正しい「事実」を認識することは不可能になり，したがって「歴史は物語だ」と主張することも可能となる。
2）「買弁」は，もともと外国商社・銀行に雇用され商取引を仲介した中国商をさす。蓄積した資金で近代産業の発展にも貢献したが，「革命史観」では外国の手先として非難の対象となった。
3） 毛沢東が，資本主義の復活を阻止し封建的文化・思想を破壊する目的で1966年に発動した政治闘争。粛清や破壊活動の嵐が吹き荒れ，毛沢東が死ぬ1976年まで中国に多くの混乱をもたらした。
4） 鄧小平によって開始された国内改革と対外開放の政策。市場原理と外国資本の積極的導入，農業における生産請負制の採用など大胆な改革が打ち出され，現在に至る中国経済発展の起点となった。
5） 野澤によって1981年に第1号が発刊され，2011年の第60号まで続いた。内外の中国近現代史研究者による研究成果の公表や自由で活発な議論が展開される場として，学界に大きく貢献した。

◆参考文献
奥村哲（1990）「旧中国資本主義論の基礎概念について」中国史研究会編『中国専制国家と社会統合―中国史像の再構成Ⅱ』文理閣
金子肇（2008）『近代中国の中央と地方―民国前期の国家統合と行財政』汲古書院
金子肇（2009）「政治制度の変遷と中央・地方関係」飯島渉・久保亨・村田雄二郎編『シリーズ20世紀中国史2 近代性の構造』東京大学出版会
久保亨（1982）「戦間期中国経済史の研究視角をめぐって―『半植民地半封建』概念の再検討」『歴史学研究』506号
久保亨（2015）「「内向き」脱し広い視野を」『朝日新聞』2015年10月10日
張玉法（1989）「台湾における中華民国史研究」『近きに在りて』15号，汲古書院
張憲文（1989）「中華民国史研究の現状と展望」『近きに在りて』15号，汲古書院
西村成雄（1996）「『現代中国論』と『中華民国論』の対話の試み」『近きに在りて』30号，汲古書院
野澤豊編（1995）『日本の中華民国史研究』汲古書院
毛沢東（1939）「中国革命と中国共産党」同『新民主主義論』大月文庫版
毛沢東（1940）「新民主主義論」同上
山田辰雄（1990）「今こそ民国史観を」『近きに在りて』17号，汲古書院
山田辰雄（1996）「中華民国と現代」『近きに在りて』30号，汲古書院
横山宏章（1996）「民国政治史の分析視角―政治学の側からの一つの試論」『近きに在りて』30号，汲古書院

20世紀中国政治の軌跡

中華民国における「民主」をめぐる「歴史の語り」

水羽信男

　　中国の近現代史は中国国民党と中国共産党との連携と対立の歴史であり，まず国民党により（1928～49年），次いで共産党により（1949年～），一党独裁のもとでの強国化がめざされ，今，その「夢」が実現されつつある，と理解される。いわば独裁をゴールとした「歴史の語り」である。しかし冷戦が終結した今こそ，中国は民主化に向かって歩み始めるべきであり，そのための思想は20世紀に蓄積されたとの意見もある。実際，自由と民主を求める人々の努力が中国でも営々と続けられ，今日でもその努力は，困難のなかでも継続されている。今後，中国がどうなってゆくのかを理解しようとすれば，独裁を強化しようとする権力の上層部に関心をそそぐだけでは不十分である。さらにいえば民主主義をめぐる「歴史の語り」は，今日のアジアの，そして日本の政治が抱える問題を明瞭に示してくれるだろう。

1　問題の所在

　本稿では中華民国時期（1912～49年），とりわけ1930～40年代の中国における「民主」をめぐる言説を取り上げる。この時期は日本との緊張が高まり，1937年からは全面戦争が始まる「総力戦」の時代となった。［山之内，2015］が説くように「総力戦」を遂行するために，時の政府は戦時統制を強化するだけでなく，国民の主体的な戦争協力を得るために，人々の利益・権利を保護することにも心を砕いた（あるいはそうしたポーズをとった）。中国でも総力戦の時代に，民主をめぐる諸問題が急浮上していく。この時期を含む期間を考察の対象としたゆえんである。
　また「民主」としたのは，中国ではこの語彙はもともと「君主」との対比で使用されたことから，西洋起源のデモクラシーを意味するだけではなかったからである。例えば毛沢東はプロレタリア文化大革命（文革）のさなか，自らの

政敵たちへの民衆による人権無視のリンチを「大民主」、すなわち人民による直接的な権力行使として合理化・正当化した。ここにデモクラシーとは全く異質な中国の「民主」が象徴的に示されている。

とはいえ本稿では、デモクラシーの訳語としての「民主」の面に限定して論じる。先にも述べたように、20世紀の初頭から、デモクラシーの中国における定着を求めた人々の知的営為は、1989年の民主化運動の弾圧以後も連綿と続き、今日に至っているからである。しかしデモクラシーそのものも、もともと多義的である。まずはこの点について、筆者の立場を整理しておきたい。例えば日本の代表的な国語辞典は民主主義を次のように説明している。

> 語源はギリシア語の demokratia で、demos（人民）と kratia（権力）とを結合したもの。権力は人民に由来し、権力を人民が行使するという考えとその政治形態。……基本的人権・自由権・平等権あるいは多数決原理・法治主義などがその主たる属性であり、また、その実現が要請される。（『広辞苑〔第六版 DVD-ROM 版〕』2012年）

ここでは福祉国家への志向性が「平等権」として示唆され、「多数決原理」と「基本的人権」とがともに強調されているが、後二者は歴史上何度も衝突してきた。だからこそ、「法治」に関しても rule by law と rule of law の区別が必要となる。基本的な人権を抑圧する法による支配は rule by law（「悪法も法は法」）ではあっても、rule of law ではないからである。rule of law における法とは、「個の尊厳」を何よりも重視する立憲主義に基づくリベラルな価値を守る役目を担うものでしかありえない。

だからこそ日本国憲法の前文は、国政の「権威は国民に由来し、その権力は国民の代表者がこれを行使し、その福利は国民がこれを享受する」と規定している。つまり日本国憲法は government for the people を強調し、さらに government by the people を重視したが、この2つだけでは民主主義ではなく、government of the people を政治の第1におくべきだという立場にたつのである。

国民に選挙権が与えられ、政府が福祉政策を執行していても、一人一人の個人が主権者である、という立憲主義の原則が曖昧ならば、リベラルな価値だけ

でなく，民主的な制度も守ることができない。周知のように，1933年当時，世界で最も民主的だともいわれたワイマール憲法下のドイツ議会は，「全権委任法」を可決しヒトラーの独裁に法的な根拠を与えた。同様に，1930年代の日本も，普通選挙制度が確立し，二大政党政治が機能していた民主国家でありながら，対外戦争を拡大し，なし崩し的に自由を抑圧する政治体制へと移行した。現行の日本国憲法は「国民に由来」する統治（government of the people）の重要さと，それを堅持することの困難さに対する歴史的な総括を前提としている。

この民主主義と自由主義が孕む緊張関係について，20世紀最大の悲劇のひとつともいわれる文革を経た中国人は，日本人よりも敏感であるように筆者にはみえる。例えば胡偉希など今日の中国のリベラルな研究者たちは，目的としてのリベラリズムと，手段としての民主主義とを区分し，民主主義の危険性を直視しようとしている[1][胡, 1996：239]。以下，如上の問題意識に基づき私見を示してゆくが，紙幅の関係もあり，本稿では羅隆基と王造時を中心として取り上げ，胡適や民盟などに簡単に論及することしかできない[2]。

羅隆基は，1898年生まれ。清華大学在学中の1919年に五・四運動に参加し，21年に渡米，その後，英国へ渡り労働党の理論的指導者ハロルド・ラスキの指導を受ける。帰国後は政治学者として積極的に発言し，1930年代の初めに雑誌『新月』に拠り人権派といわれたが，1930年代半ばから胡適とは異なる「容共」派リベラルの道を歩む。中国民主同盟（民盟）の理論的指導者として，1949年以後も大陸に留まり，国務院森林工業部長などに任じたが，1957年の反右派闘争で政治的生命を絶たれ，65年に死去した。

王造時は1903年生まれ，羅とは清華大学の学生時代からの知人である。彼もまた政治学を米国で学び，1929年にウィスコンシン大学で博士号を取得した。帰国後は大学人として，また言論人として活躍し，1936年には救国会を組織して反日運動に従事したため，国民政府により逮捕された。1949年以後も大陸に留まったが，ソ連を批判したことなどがたたり，政治的に冷遇され，反右派闘争では右派とされ文革中の71年に獄死した。

羅と王の教師の世代にあたる胡適は1891年生まれ。1910年から米国へ渡りジョン・デューイにプラグマティズムを学んだ。1917年に帰国し北京大学で教

鞭をとりながら,新文化運動を進め,『新月』などのメディアを通じて国民党の一党独裁を批判した。同時に共産主義者とも論争を繰り広げつつ,中国におけるリベラリズムの定着をめざす。1938年には駐米国中国大使となり,49年の革命に際しては大陸を離れ米国へ行く。1958年に台湾へ戻り,中央研究院の院長に就いたが,62年に死去した。

中国民主同盟（民盟）は,1920年代から国民党の一党独裁に抵抗してきた諸党派が組織した民主政団同盟を,1944年に改組して成立した。1946年からの「平和と民主主義の新段階」を担う一勢力であったが,反共的な知識人が離脱し容共的傾向を強めて,国民党により非合法化された（1947年）。1949年に共産党を支えて中華人民共和国を成立させ,現在も存続している。

2　中華民国における「民主」

● 「政治民主主義」と「経済民主主義」

フェアバンクがSino-Liberalismと呼んだ,個人ではなく民族をより重視する,西洋の本来的なリベラリズムとは異なる中国の政治風土のなかで,羅隆基は類いまれな「個の尊厳」を重視する真正のリベラリストとして,まず米国の学界において再評価され,筆者もかかる立場から論じてきた［水羽,2007］。羅隆基の議論の真骨頂は,「国家は道具であり,国家はわれわれ人類の生活上の多くの道具のうちの一つで,唯一の道具ではない」と指摘したことであった［羅,1931：9］。彼は人々が生きる目的は,Be myself at my bestであると強調した［羅,1929：6-7］。だからこそ「自分だけが己の権利の審判者,そして忠実な衛兵となることができるのであり,これがわれわれの独裁制に反対する理由である」と国民党への厳しい批判を行った［羅,1930：11］。

こうした彼の立場は,1945年に彼が執筆したといわれる文献のなかで,次のように定式化された。

> 人びとが自分の主人となり,人びとが人になる［Be myself at my best］という目的に到達し,人びとをして最大の発展を遂げさせる,これが民主である。社会のなかで人びとが人となり,人びとが自己の主人となり,一切の政治経済の組織がこ

の目標の道具となる，これが民主である。(「中国民主同盟臨時全国代表大会政治報告」中国民主同盟中央文史資料委員会編〔1983〕『中国民主同盟歴史文献 1941-49』文史資料出版社，5頁)

羅隆基そして民盟は，国民党の一党独裁と厳しく対峙したが，その独裁を正当化する論理を敷衍すれば，中国が多民族によって構成され，その国土はロシアを除く欧州よりも広大であり，安定した政治を実施するにはきわめて困難な状況があるにもかかわらず，民衆があまりにも低い政治レベルにあることだった。こうした民衆への不信感は，国民党だけでなく，日本の侵略が強まる1934年に「新式の独裁」を求めた，丁文江の次のような議論にも示されている。北京原人の発掘責任者となった丁は，英国で地質学を学びリベラルな思想の持ち主だと評価されている。

大多数の人びとは政治に対して根本的に興味を持っていない。文字を知っているということは，スポーツニュースと，探偵小説を読むということである。政治上の問題で直接的に利害関係があること以外は敢えて問題にしようとは願わない。……もし四億の阿斗が自らを指導しても，新国家の建設などは永遠に不可能である。(丁文江〔1934〕「民主政治与独裁政治」『独立評論』133号，5-6頁)

独裁擁護論を生み出したのが，日本の侵略の強化であったことを我々は無視することはできない。丁文江らは救国のために，専制を求めたのであった。だが羅隆基らはあくまで民主主義の実現を求めた。その論拠は，胡適の次のような議論に象徴的に示されている。

「三人よれば文殊の知恵」というように普通の人々がじっくりと話し合えば，人々はそう間違った選択はしない。民主主義を実行するのには大学院レベルの知識は不要で，幼稚園レベルで構わない［横山，1996：148-149］。民主主義の発達した国と考えられている米国でも，人々の知的レベルは決して高いわけでなく，ここで胡適らが強調しているのは，All Correct を間違えて OK と省略するような人々によっても，民主主義は運用できる，という事実であった。

しかし日中戦争の末期に羅隆基は，「法律上の自由・平等を獲得すれば，この［国家を人民の道具とするという］目的は達成できる」という考えを批判し，次のように「経済民主主義」の重要性を強調している。

経済民主主義とは，財産と富の分配が比較的平均化された社会であり，それは人民の生活権と労働権が保障され，人民が経済的に自由・平等の権利を持つものである。これらの自由・平等があってこそ，政治上の自由・平等はようやく実質と意義をもつのである。このような人民こそが国家を本当に管理できるのであり，国家が初めて大多数の人民の本当の道具になるのである。（羅隆基（水羽信男訳）〔2011〕「政治民主主義と経済民主主義」〔1944年12月〕〔野村ほか編, 2011：210〕）

　羅隆基は両者の関係について，本史料では「まず政治民主主義があり，そこから経済民主主義に進むということである。つまり政治民主主義を用いて，経済民主主義を保障するのである」〔野村ほか編, 2011：212〕と指摘している。また1945年の「中国民主同盟臨時全国代表大会政治報告」では，英米の政治民主主義そのものに制度的な問題があるのではないと指摘し，ソ連の経済民主主義によって英米の政治民主主義を充実する，との構想が示されている。羅隆基は政治民主主義と経済民主主義をともに重視したといえよう。

　だが彼は前者を後者の実現手段として重視したにすぎなかった，というべきだと筆者は考えている。1944年段階での政治民主主義の優先は，論文執筆時の政治情勢の反映であったとはいえないだろうか。すなわち羅らは国民党の一党独裁を議論の前提とする必要があり，政府を民主的に変革し，諸党派が政権に参画すること＝政治民主主義を実現して，経済民主主義をめざすという手順を想定しなければならなかったのである。国民党の一党独裁を（羅にとっては平和的な方法が最善である）変革しなければ，現実問題として経済民主主義は展望できない，ということである。

　1945年の文献では政治民主主義の現実に欠陥があるのは，経済民主主義が欠けていることに起因するとされている。とすれば，ここでも政治制度としての議会政治・政党政治にプライオリティがおかれているのではない。羅隆基は経済民主主義の実現をより重視しており，中国において何よりも重要なのは，それを現実化しうる権力の樹立であった。

　ここに当時の「民主」の語りに内在する宿痾があったし，胡適と羅隆基との分岐を生み出す要因の１つがあったように思われる。羅隆基にとって政治民主主義は論理的にいえば，目的ではないのである。経済民主主義を実現する政権は，一時的に強権的であったとしても，最終的には政治民主主義を実質化する

はずであった。この点について，羅隆基の思想的な遍歴を概観しながら，以下，検討してみよう。

● 「政治民主主義」批判と「経済民主主義」との関係

　羅隆基にとって政治民主主義はどのようなものとして理解されていたのであろうか。ここではまず時間を遡って，羅隆基が1928年にコロンビア大学へ提出した博士論文「英国における議会選挙の運営」の内容を紹介しておこう。第1部「選挙の法的手続き」は，羅がウィスコンシン大学へ1925年に提出した修士論文の対応部分を部分的に改稿したもの，第2部「選挙キャンペーン」は1926年夏から27年の夏まで英国へ留学し，ラスキに指導を受けた時期に追加した部分，第3部「選挙における腐敗・違法行為および請願」は，英国滞在時の補欠選挙の観察に基づき，修士論文の同一テーマを扱った部分を再構成したものという。こうした本書の成り立ちから，留学中，彼は一貫して英国の議会選挙を研究テーマとしていたことが理解される。

　内容上の特徴として第1に指摘すべき点は，英国議会選挙の現実に対する相対的に低い評価である。羅隆基は自身の博士論文のいたるところで，選挙に関する不正の事実を指摘し，その不正を糾すべき法廷も厳格な対応を取りえないと指摘し，さらに，当時の選挙において各候補者が掲げる政策には表面的な差異しかなく，彼らは選挙運動を通じて政見を訴えているのではなく，自分たちの顔を売っているにすぎない，とまで非難している。

　同時に羅隆基は一貫して労働者の参政権を公正に保障する手立てを追究しつつも，英国の地方選挙区（local constituencies）の議員候補の無教養を揶揄した後に，「凡庸さこそ正に地方の選挙区において近代的政治綱領を擁護するために必要なものであった。本当の知識人は通常それを回避している」と指摘している［Lo, 1928：78］。羅においては知識人の高い倫理性・論理性こそ政治発展のうえで重視されるべきものであったが，英国の現実はそのようなものではなかった。

　羅隆基はすでに1920年代末の段階で，英国の議会選挙を理想視してはいないのである。それが1940年代において，羅が既存の議会制度を批判的に捉える理論的な根拠となっていたことに留意しておく必要があろう。そしてこうした西

洋の民主主義諸制度に対する不信感は，決して羅一人のものではなかった。当時の中国の知識人のなかには，欧米流の議会主義への懐疑は深かったといえよう。

その要因は，羅隆基らが留学を通じて欧米の議会制民主主義の限界を肌で感じていたことと，近代中国における議会制度の定着の失敗という歴史的事実であった。羅において民衆の政治参加の権利を擁護する姿勢は明らかであったが，しかし議会の未成熟を導いた一因を国民の政治的能力の低さだと理解していたことは否定できないように思われる。

とはいえ，例えば王造時は，中国の民衆の政治的レベルの低さは，社会の基礎である農業の生産性の低さに起因すると考えた。王は中国人が公共性を担えない根本的要因とは，国民性・民族性にあるのではなく，貧困の問題にこそ求められるべきだと主張したのである［王, 1935b：51］。中国のリベラリストの多くは，民衆の政治的能力の低さの根本的な原因を経済的な落後に求めたのである。

こうした認識が生産力の向上を必須の課題としてゆくのは当然で，「経済民主主義」の実現が要求されることになる。そしてその実現の方法として王造時は統制経済を行う強力な行政府による「社会主義」の実現を求めた。それは「生産力第一主義」に起因したと考えて差し支えなかろう。貧困問題に苦しむ中国にとって，工業化の課題はきわめて重要であり，それゆえに「社会主義」や「計画経済」もまた重要視されていったのである。こうした議論に当時のリベラリストの変革論の発想法の1つのパターンを見出すことも可能だと筆者は考えている［水羽, 2007；2011］。

なお王造時らの言う「社会主義」とは，これまでの行論からも理解されるように，「科学的社会主義」＝マルクス・レーニン主義ではなく，イギリス労働党をも包摂する広義の概念であった。むしろ王はソ連式の一党独裁を超えることを「社会主義」の理想と目し，ソ連は「人民のための政治」を実現したとはいえ，「民治」すなわち「人民の人民による」政治は実現しておらず，彼の理想からいえばいまだ課題を残すものとの評価を下したのである［王, 1935a：226］。

いずれにしても，「経済民主主義」を重視する観点は，例えば民盟の政治綱

領にも継承され，私有財産制度の承認と同時に，国家による統一的経済計画の実施が求められた。民盟は農民の所得を拡大することで，国内市場を拡大し資本主義の発展の基盤を築くことになる土地改革，つまり自作農の創出を求めた。が，それだけでなく，土地国有や公営農場を展望し，独占性をもつ企業の公営化や，公営および大私企業での労働者の管理権の保障まで，あるべき政府の政策として要求したのである。そしてこうした「大きな政府」を求める議論は，毛沢東の「連合政府について」や1946年の政治協商会議で国民党・共産党，そして民盟などによって一致して決議された戦後中国の再建策とも共通している［水羽,1992］。

　筆者は羅隆基や王造時だけでなく，多くの知識人が国民党を見限り，共産党を支持するに至る要因には，中国の経済民主主義を実現しうる政策を共産党が是認したこと（逆にいえば国民党はそうした政策を徹底できなかったこと）だと考えてきた。また羅隆基や王造時らは，民衆の現実の政治的能力を低く評価するがゆえに，原則として民衆の参政権を承認しつつも，当面の中国における変革は，修練を積み自己犠牲の精神によって精神的に純化され，徹底的に覚醒した指導者に担われざるをえないと考えていた［水羽,2011］。このエリートによる上からの変革という基本的な立場も，共産党による変革の実現へ期待をかけさせる一因となったといえよう。

3　「民主」の語りの隘路

　毛里和子は民主主義の「多義性」を強調したうえで，具体的な最低要件として，「①政治体系において公民の政治参加が保障されるシステム，②政治的選択が保障される複数主義のシステム，③権力を監督しチェックするシステム」の3つをあげた［毛里,2012：311］。筆者の観点と関連させれば，「人民の」政治を保障する制度的な問題として，「人民による」政治の精緻化を論じたといえよう。また「人民のための」を民主主義の最低要件にしない点に，毛里の議論の特性があるともいえる。

　この点に関して，1945年の民盟などによって示された政権形態をめぐる議論は，興味深い。民盟の綱領は人民の主権の最高機関として，普通選挙により選

出された衆議院と，省議会および少数民族の自治単位から選出される参議院の二院制による国会を想定しており，諸権力機関の関係については，三権分立・責任内閣制，そして司法の独立を掲げた。中央・地方関係については，省憲法の制定を容認し，省長・県長の直接選挙による選出を規定していた。政治協商会議の決議でも，同様な政権構想が示されている。たしかに国民党に配慮して，国民大会と立法院を並立させ，三権分立にかえて五権分立が掲げられたが，民盟の綱領の基本的な精神は政治協商会議にも引き継がれたといえよう［水羽，1992］。

またこうした政策を遂行する新たな政府の設立のプロセスについては，その権力の正統性を担保するために，各政治勢力が自らのプランを掲げた。民盟では羅隆基が日中戦争の終わりに，次の4段階論を提示している。①諸党派の連席会議→②各党派の臨時連合政府→③正式の民意機関→④正式政府。さらに内戦の帰趨が次第に明確になり，共産党を中心とする新たな権力が中国に誕生する可能性が高まった1948年には，上記の①と②の間に臨時の民意機関を加えるという5段階論が，言論界で活動していた共産党員によっても認められていた。当時は共産党員も含めて権力の正統性を担保するためには，各政治勢力の合議でなく，選挙に基づく民意機関を設置することが必要だと考えていた。臨時政府から正式の政府に至る節目ごとに，選挙に基づく議会の開設が想定されたのである［水羽，2015］。

こうした制度設計の背後には，羅隆基の次のような考えが潜んでいたといえよう。

> 悲観的な人は，あるいは現在の中国の政治上，人心の改造が制度の建設に比べてさらに重要だと考える。……［しかしながら］われわれは国家に堕落した人が多ければ多いほど，制度が重要になると信じている。制度の功用は堕落した人が悪事を為す機会を最低限度までに減少させることにある。［羅，1930：24］

少なくとも羅隆基は1930〜40年代を通じて，中国に民主的な憲法を根づかせる運動に関わってゆくのであった。

だが1949年の「中華人民共和国中央人民政府組織法」では，こうした制度構想は損なわれた。すなわち共産党の統制下での普通選挙に基づく人民代表大会

制度が想定され（当面は選挙を経ず共産党が招聘した職能別代表などからなる政治協商会議が人民代表大会を代行し，人大代表の普選は1953年から始まるが，今日に至るまで基層に限定され），民主集中制が強調された。それは権力の分立による均衡を否定するものであった。さらに中央・地方関係においても，省憲法の制定は言及されず，地方長官の民選の機会も失われた［日本国際問題研究所中国部会編，1986：585-588］。

　共産党を中心とする権力の樹立の過程の詳細については［杜崎，2015］に譲るが，1949年における新政権の樹立の5段階論は結局否定され，人民政治協商会議から直接，人民政府が組織されたのである。だがこの連合政府は，羅隆基や王造時の求めた経済民主主義を実行する主体として，積極的に支持されることとなった。

まとめ──我々にとっての「民主」とは

　民盟とその指導者・羅隆基，そして王造時らは，国共内戦の結果として誕生した人民共和国を支持し，そして国際的な冷戦の本格化のなかで祖国の工業化をめざしたため，人民に由来する政治を実現する手立てとして，人民による政治を制度的に保障することに精力を注がなくなった。彼らは経済民主主義，あるいは人民のための政治の実現が可能となったと判断したとき，その政策を実施する権力を擁護することを第1として，政治民主主義を第二義的に考えたのである。

　とはいえ，こうした考え方を同時代において批判したハイエク（1899〜1992年）の経済理論も，1940年代の中国で広く学ばれた［久保，2011］。市場原理主義といわれ，「小さな政府」と結びつけられるハイエクについて，羅らが知らなかったわけではないのである。1948年9月の胡適の次のよう議論は，ハイエクの政治思想も受け入れられていたことを示している。

　　徹底した改革を主張した人で政治上絶対的な専制の道を歩まなかった人は1人もいない，ということを［世界の近代史は］明白に示しているのです。……絶対的な専制政治だけが，手段を選ばず，代価を惜しまず，最も残酷な方法で彼らが根本改革

だと考える目的を達成できるからです。彼らは彼らの見解に誤りがありえることを認めません。彼らは反対する人に考えるに値する理由があることも認めません。それゆえに彼らは自分と異なるものを，そして自由な思想と言論も，絶対に容認することができないのです。(胡適（水羽信男訳）〔2011〕「自由主義」〔砂山編，2011：133-134〕)

　胡適の立場は，やがてバーリン（1909～97年）によって「消極的自由」と呼ばれることになるものといえようが，こうした立場を筆者は，近代中国において得がたいきわめて重要な議論だと考えている〔水羽, 2013〕。大陸の共産党政権を拒否し，台湾の国民政府のもとで民主化を求めた胡適や，国民党内部の，そして台湾の民主主義者の困難に満ちた人生を，筆者もリスペクトしているのである。しかし同時に羅隆基や王造時たちを，共産主義に惑わされた哀れな「容共」知識人とのみ評価する立場には与しない。それは胡適もまた羅隆基たちと同様に，共産党とは別の独裁権力＝国民党と闘わざるをえず，またその闘いに勝利したわけではない，という事実のみに起因するのではない。むしろ，より本質的には羅隆基や王造時たちの思想的営為に，今日にまで続く民主主義が内包する問題点が明確に示されている点に，著者はより着目するからである。

　ローズベルトが1941年の年頭教書で4つの自由の実現を謳い，そのなかに欠乏（want）からの自由が入っていることは有名だが，本稿との関連でいえば，それは経済民主主義を米国政府なりに追求した結果とも理解できる。周知のように米国の民主主義思想の根底には結果の平等ではなく機会の平等がおかれ，格差社会の形成に対しても，競争こそが社会の活性化に資するとの考えから是認していた。貧困は本人の問題であり，不満があれば，さらなる努力を試みればよい。機会は万人に開かれているのである。しかし1930年代には資本主義国家のなかで，既得権益者を厳しく批判した全体主義者が，貧しい人々の支持を得て勢力を伸ばし，民主主義を破壊していった。こうした状況を米国の指導者も無視することはできなくなったのである。ただし，米国政府がこの問題を適切に処理できたのか否かは，また別の問題である。

　では，いかにして経済民主主義を実現するのか，ローズベルト大統領の直面した困難はさておき，羅隆基たちの経験に鑑みれば，彼らの原点に戻り，政治

民主主義を通じた工業化の進展，そして富の再配分政策の執行が必要だということになろう。その意味では人民のための政治以上に，人民に由来する政治であることを，人民による政治を制度化することで実行しなければならなかった。

　だがそうできなかった。その要因は共産党に対する期待であり，その期待に答えうる可能性を当時の共産党が有していたことがあったろう。またそのことと表裏一体であるが，政治民主主義を担う主体として，彼らは民衆を想定しながらも，民衆の当時の政治的能力をきわめて低く評価していたことも関連している。彼らからみれば，民衆の思いを正しく，かつ有力に代行する勢力が中国には必要だったのである。それは彼らからみれば，実質的には「人民の」権力であるはずだった。こうした思い込みが間違いであることは，すでに歴史によって証明されたといえよう。

　だがそのほかにも，メッツガーが指摘する民主主義に対する中国知識人の向き合い方にも，注目する必要があろう［Metzger, 1995など］。メッツガーは本来，民主主義は人類の最善の政治を実現する手段ではなく，最悪を避けるための道具だと指摘する。彼によれば，西洋において民主主義の背後にあるのは，悲観主義的な人間観であるという。人は利己的で，自分の利益のためには他人の権利を犯すこともいとわない。だから個別具体的に人々の活動を統制するルールを幾重にも作る必要があり，そのルールを守らせる仕組みを機能させることが必要となる。

　しかし中国の知識人は民主主義を，中国の複雑な諸問題を一挙に解決できる「魔法の杖」と理解した。あるいは民主主義を道徳的な政治姿勢の問題に還元（あるいは矮小化）した。中国人は抽象的な楽観的な立場にたったのである。メッツガーの議論を敷衍すれば，その結果として，性悪説に基づき，社会的公正を実現するために，権力の分立を含む制度化を精緻に考えるよりも，ときとして空虚な正義や公正さの喧伝に自己満足し，ひとたび困難にあうと一転して民主主義に失望してしまう傾向があったといえようか。

　とはいえ，中国にふさわしい民主的な制度を構築することは，いまだに困難な問題を抱えている。中国は広大な国土を有する多民族国家である。いかなる中央・地方関係を樹立すべきなのか，米国的な連邦制度が適合的なのか，ある

いはそうではないのか。また複数政党制に基づく議会制度を実現するとして，少数民族の権利を守り，効果的な議論をなしうる議会制度は，具体的にはいかなるものなのか。この問題は，日本における熟議民主主義の議論や既存の議会制への批判などとも関連しながら，簡単に答えが出るわけではない。さらにいえば圧倒的な貧富の格差の是正の問題も，相変わらず重要課題であり続けている。あくまで個の尊厳にこだわり，リベラルな価値を守ろうとした民国時代の中国知識人の知的営為には，紙幅の関係で十分に論じることができなかったが，「民主」に関わる上記の問題に真摯に取り組んだものも少なくない。歴史に学ぶ意味が存在するゆえんである。

● 注
1） こうした立場は中国の民主主義運動のなかでも示された。例えば魏京生は文革を積極的に支持しながらも，やがてその理念と現実のギャップに苦しみ，共産党を厳しく批判して現在は米国に滞在しているが，彼は1979年３月に次のように述べている。民主主義は「第一に，自由な社会制度を保障し，自由を基礎にして自発的に協力し，相対的に一致する利益にもとづいた統一を形成しなければならない。……民主主義は自由を保障する手段」である。「理想主義は，本質の点からいって，反民主主義であり，独裁・専制に傾いている」（魏京生「人権・平等および民主主義」尾崎庄太郎訳『中国民主活動家の証言：魏京生裁判の記録』日中出版，1980年，167頁，170頁）。
2） 本稿は参考文献にあげた拙稿をもとに，新たな知見を加えて再構成したものである。個々の論点の詳細については，注記した拙稿を参照されたい。
3） 筆者による抄訳が歴史学研究会編『第二次世界大戦後 冷戦と開発』（『世界史史料』11巻，岩波書店，2012年）に掲載されている。
4） 小さな政府を強調する新自由主義者としてハイエクを位置づけ，そうした彼の思想的立場を示すものとしてバーリンのいう「消極的自由」という単語を筆者は使用してきた。しかし両者の「冷戦時代の勇者」としての共通点だけでなく，相違点――例えばハイエクはバーリンのいう「negative freedom」はなく，「individual liberty」を重視している――も，政治哲学の分野では問題となる。より厳密な議論については，渡辺幹雄『ハイエクと現代リベラリズム――「アンチ合理主義リベラリズム」の諸相』春秋社，2006年などを参照されたい。

◆参考文献
石井知章編（2015）『現代中国のリベラリズム思潮――1920年代から2015年まで』藤原書店
石井知章・緒形康編（2015）『中国リベラリズムの政治空間』勉誠出版

久保亨（2011）「戦後中国の経済自由主義」村田雄二郎編『リベラリズムの中国』有志舎
砂山幸雄編（2011）『世界冷戦のなかの選択―内戦から社会主義建設へ』〔新編 原典中国近代思想史 第7巻〕岩波書店
日本国際問題研究所中国部会編（1986）『新中国資料集成』2巻（第3版），日本国際問題研究所
野村浩一・近藤邦康・砂山幸雄編（2011）『救国と民主―抗日戦争から第二次世界大戦へ』〔新編 原典中国近代思想史 第6巻〕岩波書店
水羽信男（1992）「1940年代後半期における中国民主派知識人の国家統合をめぐる論調」横山英・曽田三郎編『中国の近代化と政治的統合』渓水社
水羽信男（2007）『中国近代のリベラリズム』東方書店
水羽信男（2011）「1930年代中国における政治変動と政治学者―王造時を素材として」村田雄二郎編『リベラリズムの中国』有志舎
水羽信男（2012）『中国の愛国と民主―章乃器とその時代』汲古書院
水羽信男（鄭暁琳訳）（2013）「中国自由主義者的分岐―1930年代的胡適和羅隆基」潘光哲主編『胡適与現代中国的理想追尋―紀念胡適先生120歳誕辰国際学術研討会論文集』秀威資訊科技股份有限公司
水羽信男（2015）「実業界と政治参加」深町英夫編『中国議会100年史―誰が誰を代表してきたのか』東京大学出版会
毛里和子（2012）『現代中国政治―グローバル・パワーの肖像』名古屋大学出版会
杜崎群傑（2015）『中国共産党による「人民代表会議」制度の創成と政治過程―権力と正統性をめぐって』御茶の水書房
山之内靖（2015）『総力戦体制』（ちくま学芸文庫）筑摩書房
横山宏章（1996）『中華民国史―専制と民主の相剋』三一書房
胡偉希（1996）「理性与烏托邦―二十世紀中国的自由主義思潮」高瑞泉主編『中国近代社会思潮』華東師範大学出版社
羅隆基 [Lo, Lung-chi]（1928）*The Conduct of Parliamentary Election in England,* NewYork: Julius Lewin & Son.
羅隆基（1929）「論人権」『新月』2巻5号
羅隆基（1930）「我們要什麼樣的政治制度」『新月』2巻12号
羅隆基（1931）「署名は努生」「『人権』釈義」『新月』3巻10号
王造時（1935a）「実行統制経済的先決問題」（原載は1933年9月）同前『荒謬集』自由言論社
王造時（1935b）『中国問題的分析』商務印書館
Thomas Metzger（1995）"Modern Chinese Utopianism and the Western Concept of Civil socty", 陳三井主編『郭廷以先生九秩誕辰紀念論文集』中央研究院近代史研究所

20世紀中国政治の軌跡

人民共和国の成立と「歴史の語り」

丸山鋼二

　　　　中国では現在も中国共産党による政権が続いている。何故，民主化は進まないのか。何故，中共は政権を維持できているのであろうか。その政治支配の正統性根拠は何であろうか。そして，中国革命の勝利と中華人民共和国成立の要因および中共政権担当の正統性について，現代中国ではいかなる「歴史の語り」がなされているのであろうか。中共政権樹立の正統性の根拠としてよく主張される，「中国人民政治協商会議による人民共和国の成立」は「民意を得た承諾」だったといえるのだろうか。これらの点について歴史資料に基づいて批判的検討を行い，「歴史の書物は客観的な歴史をありのままに書くべきである」（胡喬木）という言葉どおりに，歴史の本来の姿を取り戻し，あるべき「歴史叙述」を提示する。

1　中国共産党による政権担当の5つの正統性

　1949年10月に中華人民共和国（以下，人民共和国）が成立してから今日まで中国共産党（以下，中共）が一貫して政権を担当している。その政権担当の正統性（Legitimacy）の根拠は何であろうか。通常は次の3点が指摘される。[1]

　第1に，外国政府からの外交承認による国家正統性の獲得である。これは特にクーデターや革命によって樹立された「臨時革命政府」等の正統性をめぐって重要な根拠となる。人民共和国は1949年10月1日の成立宣言の2時間後にはソ連が承認し，翌日（10月2日）外交関係の樹立が発表され，それに東欧など社会主義圏の諸国が続いた。「臨時革命政府」の樹立については，1948年から中ソ両党間で積極的な議論・意見交換がなされていた。

　第2に，選挙による正統性の獲得である。通常は立憲体制下での普通選挙による議会や大統領の選出が法的正当性あるいは合法性の根拠とされる。人民共和国は1949年6月に，46の党派と団体の代表，計610名が参加する中国人民政治協商会議（以下，人民政協）第1回全体会議を開いて，臨時憲法となる「共同綱領」を採択して「建国」された。その後，1954年に，形式的地域代表制（直

接普通選挙でなく制限差額選挙・重層的間接選挙（「複選」），別に解放軍と華僑代表の職能代表枠も存在）によって国会に相当する全国人民代表大会（以下，全人代）が開催され，最初の人民共和国憲法が採択された。全人代はその後，第12期（2013年より5年任期）まで継続して開催されており，中共が「(社会主義)民主」を主張する根拠とされている。全人代は憲法において各級の国家最高権力と位置づけられ，これによって党が国家を領導することの正当性が制度的に保障されている［加茂，2006：25-69］。

第3に，政権担当時の実績が正統性根拠として利用されることが多い[2]。今日の中国では，経済成長による国民生活の豊かさの実現が実績としてしばしば利用されている。中共政権の正統性が「老朽化の危機」，あるいは政策目標の実現能力の喪失という「実効性の危機」にさらされており，「実効性」のある市場主義的経済政策によって「正統性」回復をめざさざるをえなくなっているともいえる。

以上の3つの正統性根拠以外に，中共の「正統性」に関しては，次の2点にも注意しなければならない。

第4に，人民共和国の「建国」そのものが中共の統治の根拠として今日も機能していることである[3]。つまり，革命成功・新政府樹立という功績・実績が中共の「輝かしい歴史」「不朽の中国革命史」として「語られ」続けている。そもそも1949年10月1日の人民共和国の成立を「建国」と表現すること自体が中国人に共通する「歴史の語り」であることを理解しなければならない（10月1日は中国の国慶節［建国記念日］とされている）。日本は神話（「日本書紀」による初代の神武天皇の即位日）に基づく2月11日が建国記念日（明治期には「紀元節」）とされているように，日本人の歴史観念では日本という国家は興亡があっても国は永遠に続くと無意識のうちに意識されている。これに対して，中国人は中国文明・中華世界は永遠に不滅であるが，国家は永遠でなく興亡を繰り返すものと考えている。したがって，中国人の歴史観念および中共の「輝かしい歴史」からして，中共自身の歴史認識それ自体がまさに問われるべき問題としてあることを指摘しておきたい。

第5に，思想的イデオロギー的正統性の問題である。それはカトリック（原義は普遍的）やイスラム教による「宗教国家」，あるいはマルクス・レーニン主

義に基づいてそのイデオロギー的正統性が問われた「共産主義国家」はその典型であった。当時はコミンフォルム（欧州共産党・労働者党情報局，1947年10月結成）が存在し，そこからの除籍・除名問題はかつてのコミンテルン（世界共産党）の時代と同じように死活問題であった。実際に1948年6月にチトーの指導するユーゴスラビア（以下，ユーゴ）共産党がコミンフォルムから除名されると，東欧・西欧の共産党はもちろん，中共もスターリンに忠実に服属しユーゴ共産党の批判を公開で行った。除名の判定や理論の解釈権は国際共産主義運動のなかでは「唯一無二の権威」であるスターリン一人が握っていた。したがって，当時の中共や毛沢東としてはスターリンに絶対服従で，スターリンからの承認や黙認がなければ毛沢東自身の党内での政治的地位も制約される関係・状況にあった。まさに，人民共和国の共産党国家としての国際的正統性および毛沢東の国内・党内における正統性に直結していたのである。

2　中共党史による「歴史の語り」
――人民共和国の成立は「歴史的必然」なり

では，現代中国では人民共和国の成立および政権担当の正統性についてはどのように叙述されているのか，その「歴史の語り」をまず中共党史の最高の経典とされる書籍[4]の中から確認しておこう。

そこでは，「中国共産党の指導的地位は，誰かれが望んだからとか，あるいは誰かれの恣意によってきずかれたものではない」，「共産党の指導の下に人民共和国を樹立し，新民主主義社会から社会主義社会に向かおうとすることは，中国人民がおこなった厳粛な歴史的選択であり，歴史の必然のおもむくところである」と叙述されている。つまり，中国革命の勝利と人民共和国の成立，そして社会主義への移行は「歴史的必然」であったと主張されているのである。

本節では，中国革命勝利の要因（「歴史的必然」論のもとでは「神話」とも表現できる）を，「中国革命の独自性」，「中共の自立性」，「人民政協による人民共和国成立の承諾」の3点にまとめ，それぞれの要因（神話）の「語り」について説明する。次節で国共内戦と人民共和国の成立過程を追いつつ，①新旧政協，②臨時政府の樹立，③人民政協に対する国民の合意について，第4節では①中

ソ両党間の最大の分岐問題となった民主党派との合作政策，②民族ブルジョア階級をめぐる中共党内の葛藤，③人民政協路線の正統性について，資料に基づいた歴史学的批判的検討を行う。こうした作業を通じて，中共支配の「正統性」（強靱性）と虚構性（脆弱性）についても分析しつつ，歴史の本来の姿，あるべき「歴史叙述」を取り戻したい。それこそが歴史学本来の目的・役割であるからである。

◉ 中国革命の独自性：「毛沢東思想」，農村革命方式

独自性として挙げられるのは，まず「マルクス・レーニン主義の基本的原理と中国革命の具体的実践とを結びつけた所産」と定義される「毛沢東思想」という用語法に典型的に示されているように，中国革命の独自性やオリジナリティ（「中国化された」という民族性）が強調されていることである。特に「農村によって都市を包囲する」という農村革命方式は，都市プロレタリア革命としてのロシア革命とは対照的な革命として叙述されてきた。

では，本当に中共や毛沢東にプロレタリア革命の指向性はなかったのであろうか。本稿では，中共が当初からもっていたプロレタリア独裁志向とその対極にある民族ブルジョア階級政策について検討する。

◉ 中共・毛沢東の自立性：中ソ両党関係

次に，中国革命の独自性主張とともに，中共の自立性・自主性が強調されていることである。特にスターリンやソ連共産党（以下，ソ共）からの自立性はことさら強調されるか，外国からの援助や指示に服属したような事実は無視される傾向にある。中国革命の自力革命性はユーゴ共産党の勝利と同じように事実であるが，内戦末期から顕著となるソ連からの経済・軍事援助およびスターリンの指示・勧告についての言及は同書には一切ない。

では，人民共和国成立前後の中ソ両党関係あるいは毛沢東とスターリンとの関係はいかなるものであったのか。毛沢東および中共はソ連・スターリンから国際共産主義者としての正統性付与を強く希求し，自ら服属する姿勢を見せていたことは本稿では文章中で触れるに留める。

● **人民政協（党派・団体の推薦代表）による人民共和国の承諾：「人民解放戦争史観」**

　第3の中国革命勝利の要因は、「大衆の中から大衆の中へ」という大衆路線、その大衆に依拠した人民革命的性格の強調、および他党派との統一戦線の重要性である。それは国共内戦（中国では「人民解放戦争」と呼ぶ）における勝利を経て人民共和国が成立したことから「人民解放戦争史観」とも表現できる。その革命成功の「功績」により、1949年9月に愛国民族統一戦線組織「人民政協」という選挙を経ていない党派・団体による推薦代表の会議によって人民共和国政府は設立された。さらに、人民政協は「全国人民を代表する性質を備え、それは全国人民の信任と擁護を得ている」という非民主的な飛躍した論理が突如持ち出され、これこそが新たな政治支配の正統性であると主張された。

　その論理は「臨時革命政府」としての正統性を当面は主張しうるものであった。それゆえ、国内的正統性の法的公的な創出のためには、人民代表（議員）の選出という政治過程が不可欠であった。そのために、1953年にようやく全国的に基層普通選挙が不完全とはいえ実施され、翌1954年第1回全人代が開催された。

　では、こうした政治的委任＝代表関係の創出あるいは不完全な普通選挙の継続が大衆からの支持・同意を獲得したと本当に主張しうるのであろうか、検討したい。

3　あるべき「歴史叙述」①
　　——人民政協による人民共和国成立は民意の承諾か？

● **旧・新政治協商会議**

　そもそも人民政協という名称は人民共和国成立直前の1949年9月17日に新政協準備会第2回全体会議が開かれて急遽、「人民」が追加されて変更されたものである（準備会第1回全体会議は3カ月前の6月）。

　政治協商会議は、戦後初期の国共重慶交渉（1945年8月28日～10月10日）における双十協定に基づいて1946年1月に開催された、国民党・共産党・中間派（民主党派）三者の代表38名による政治会議をさす。協議の結果、新政府組織案・和平建国綱領・軍事問題案・国民大会案・憲法草案の五大決議が採択さ

れ,「蒋介石の指導」を認めたうえでの多党派による連合政府の方向がめざされた(「政協路線」[5])。しかし,国民党はこの政協決議を無視する形で,1946年11月憲法制定国民大会の開催を強行して,中華民国憲法を採択した。翌年の選挙を経て,国民党は1948年憲法施行国民大会を開催して,蒋介石を総統(国家元首・大統領)に選出し,「法統」(法的正統性・合法性)を主張した。が,国民党の憲政実施が民意に背く独裁や抑圧を有しているとの批判をかわしきれず,「正統性(法統)の流失」(非正統化 Delegitimation)現象を食い止めることができなかった。

　1946年6月に国共内戦が勃発していたが,毛は1947年10月10日(辛亥革命勃発記念日の双十節)の人民解放軍総司令部の名義で公然と「蒋介石打倒」のスローガンを掲げ,幅広い民意の獲得をめざし,民主党派や愛国人士たちと協力して民族統一戦線を結成し,民主連合政府を樹立することを呼びかけた。しかし,そこでは新政府樹立は政治綱領に留まり,具体的政治課題とは認識されていなかった。

　ところが,その3カ月後の十二月会議(1947年12月,陝西省米脂県楊家溝)は「新中国の建国」を行動綱領として明確に提起した。会議では中央人民政府の即時樹立を主張する者もおり,真剣な議論が交わされたが,いまだその時機は熟していない。よって中華民国憲法に対抗させるべく準備してきた憲法の公布もさらに将来の問題と判断された。

　新政府の樹立が中共の議事日程にあがったのは,4カ月後の1948年4月30日のことであった。中共書記処拡大会議が採択したメーデー・スローガンは民主党派・人民団体・社会賢達(有識者)で,速やかに「新しい政協」を開催して「人民代表大会の招集について討論し民主連合政府を樹立しよう」と打ち出した。「社会賢達」は旧政協開催時の代表の一分類であったが,国民党系の人士をも含むため,のち無党派の愛国民主人士と呼び変えられた。

　ここで中共は初めて新政協の開催を呼びかけたが,それまでは地方レベルでの「臨時参議会」の開催を指示していた。参議員の多くは公民の選挙で選ぶが,行政機関などによる招聘や団体選出という方法もあったので,新政協と同じような性格の諮問会議であった。しかし,参議会は「容易に国民党時代の参議会の悪印象を与える」などの理由から次第に開催を避けられ,1948年半ばか

ら人民代表会議や各界代表会が開催される方向に変化した［杜崎, 2015：199］。ただ1948年に晋冀魯豫辺区と晋察冀辺区の合併によって華北人民政府（のちに中央人民政府の「雛形」と称される）を樹立させたときには，「両区の参議会代表の連席会議」という手続きをふんだ［杜崎, 2015：171］。

　1946年1月の政協路線は，抗戦期の諮問・民意機関「国民参政会」という国民党による一党訓政システムそのものを批判し，中共や民主党派の存在・活動を許容する政治的民主主義運動のシンボル的機能を果たし，新たな権力創出の正統性を担保する可能性と役割を担っていた。中共は，国民党がうまく使えなかった民主主義運動のシンボル「政協」を1948年4月から，自らの政治支配の拡大，国民政府打倒にうまく再利用しようとして担ぎ出した（あるいは中共も当時の時代潮流の制約のためそれを前面に掲げざるをえなかった）。

● **臨時政府樹立問題：九月会議（1948年）**

　1948年9月8日～13日の中共政治局会議（九月会議）が初めて臨時政府樹立問題を会議の主要議題とした。このときも，かなりの時間を費やして資本家やブルジョアジーとの関係について討論が交わされた。のちに「天津講話」（1949年4～5月[6]）で資本家に融和・迎合の姿勢を示すことになる劉少奇も「ブルジョアジーに対しては頭脳を冷静に保っていなければならない」，ブルジョアジーの謀反や政権の変質，再度の流血の革命を覚悟せよと警戒心を隠さなかった。ただ，国民党政権の転覆にはまだ5年かかる（1946年7月より）と見込まれていたため，新政府樹立後に直面するブルジョアジーとの闘争について集中的に討論したとはいえ，それはまだ目前の切迫したものとは実感されていなかった［楊, 2006：108-109］。

　九月会議後の9月28日，毛は4度目となる11月の秘密訪ソ[7]を決定し，「一連の問題についてソ共とご主人様に直接ご報告し，心より指示を与えてくださる」よう熱望した（結局この訪ソは延期となる）［沈, 2015a：283］。九月会議はソ連との連携および社会主義の人民政権樹立という目標を確定し，「ある国家に傾くのではなく，社会主義に傾くのである」と，中共の対ソ接近の方針を再度明言した［許, 2011：116］。すでに1948年4月，2度目の訪ソの準備をしていた毛は中ソ関係をきわめて重視しており，新中国の対外関係の首位に位置づけて

いた［胡, 1994：547-548］。

　ところが，1948年秋，中共軍が遼瀋・淮海・平津の三大戦役で勝利し，49年1月までに国民政府の軍事力が長江以北からは基本的に消滅し，政府から講和を求められ，また多くの中間派の民主人士たちが次々と中共支配地域に入るようになると，中共が提唱する連合政府の樹立が急転直下，まさに切迫した問題となった。九月会議のわずか2カ月後には，国民党打倒に「3年も必要でない。あと1年程度」という認識になった［中共中央文献研究室, 1996b：194；外文出版社, 1968：379］。

　また，中共と民主党派の協力関係も，1948年11月，延安に代わる新たな赤都ハルビン（東北解放区の首都）で新政協の協議が行われて，中共と民主党派の協議書（23の参加団体や新政協準備会のハルビン開催などで合意）が締結されるほどにまで，両者の協力関係は進展していた[8]。

● 「間接的な政治委任」は「国民の合意形成」か？

　人民共和国は非選挙による党派・団体代表が招集されて人民政協が開催されて成立した。中共はこの人民政協は本質上「全国人民の代表大会」（本来の選挙による議会。傍点は筆者）であるがゆえに，「普通選挙による全人代開催までは政協全体会議が全人代の職権を行使できる」（「中国人民政治協商会議共同綱領」〔1949年9月29日〕，［日本国際問題研究所中国部会, 1964：591］）と強弁し，推薦代表を選挙代表とすり替えて，「全国人民の信任と擁護を得ている」と，新たな政治的支配の正統性を主張した。

　では，そうした「人民の信任・擁護による代表性の獲得」の論理，非選挙という「間接的な政治的委任＝代表関係」［西村, 2011：164］は，どこまで新たな政治的支配の正統性を担保しうるのであろうか。

　すでに当時から「人民の選挙により生み出されていないのに，どのようにして全国人民代表会議（ここでは議会のこと）の職権を執行して政府を設立するのか」とか「これらの代表は人民の選挙によって生み出されていないので，人民政協は全国人民の意志を代表できないのでは」と懐疑を抱く者がいた。また，「何故急に人民民主独裁を樹立しようとするのか」といぶかる声も上がり，上海の産業界を中心に，その対米英政策や対ソ一辺倒の方針に疑問を呈する者も

いた。

　これに対して，華崗（中共上海工作委員会書記）は「人民政協は全国各民主党派や各人民団体の代表を含んでおり，各代表はそれぞれの団体で選出されたものである」ので，「全国人民の意志を代表できないというのはまったく根拠のないものである」と一蹴した。華崗は人民政協は「全国人民の意志を代表できる」と主張することによって正統性を付与し，直接選挙を経なくとも全国人民によって承認された代議・立法機関であると位置づけ直して理論的には直接中央政府を組織することが可能であると強弁した。

4　あるべき「歴史叙述」②——人民政協による「正統性」獲得

● 民主党派との合作：中ソ両党間の最大の「分岐」問題（1949年1～2月）

　1949年1月の政治局会議で，毛は現在は民主党派にどう対処するかが「重大な課題になっている」と明言し，警戒を示していた。ブルジョア階級の代表人物たちとの関係をうまく処理するのは当面の重大事であるが，都市に入ってからが最大の政治的課題ともなる。この問題を処理する基本的な原則は階級分析と階級的立場を堅持することであると，高級幹部たちに訓戒を与えた［楊，2006：110］。

　毛はスターリンに対して中ソ両党が現在，議論すべき問題として政協，連合政府，外交政策，経済政策の4つを挙げているように，中共は民族ブルジョア階級の政治代表である民主党派の参加する政協・連合政府の問題や経済政策が中ソ両党間の懸案事項であったことがわかる［沈，2015a：359］。ブルジョア階級の取扱い方は民主党派に直結する問題であった。内戦勝利目前で，中共は都市経済政策について，党のイデオロギーに基づく根拠地の経験を活かした貧民路線による均分政策を採用すべきか（中共党内ではこれこそ「プロレタリア革命」路線と主張するものが依然として多かった），あるいは企業経営者の逃亡や企業の倒産，労働者の失業を招かないような市場主義的であるべきか，決断を迫られていた。

　1949年1～2月ソ連政治局員ミコヤンが秘密裏に訪中したときには，この民族ブルジョア階級や民主党派との合作問題はすでに中共側がソ共・スターリン

の意見を受け入れる形で解決済みであったはずであった。それゆえに，毛はミコヤンに対して，過去の民族資本没収政策の誤りや「知識分子の反発」を理由に「ソビエト政権と異なる新民主主義体制」を主張し，2月6日の会談でも「民族ブルジョアジーの反発を買わないためにも，私的工業資本とその企業の没収はしない」と言及したのみであった［杜崎, 2015：111-112］。

　しかし，実際には，1947年11月の石家荘占領（当時は「石門」）から1949年1月の天津奪取まで，階級的立場や「貧民路線」の貫徹を強調し続けた結果，貧乏人や末端幹部の言うがままに任せ，労働者や店員を駆り立てて農村の土地革命方式を都市に持ち込んでは，工場主や店主に清算闘争を展開する状況がほとんどのところで発生していた。天津でも占領後1カ月以内に53件の清算闘争が発生し，多くの資本家が香港に逃げることを余儀なくされていた［楊, 2006：110-111］。

　民主党派との協力は中共の民族ブルジョア階級政策と直結する問題であったが，すでに1948年4月20日付スターリンの返電は中共に対して民族ブルジョア階級との協力を指示していた。同年4月26日，毛が2回目の訪ソを要望した電報の冒頭で「完全同意する」と表明し，民主党派問題で中ソ両党には「分岐」は存在しないかと思えた。この問題で毛は3月15日にもスターリンに電報を出し，スターリンから「『中国中央政府の樹立および自由ブルジョア階級の代表を政府に参加させる』という毛沢東同志の考慮はまったく正しいと我々は考えている」と絶賛されている［沈, 2015a：252；薛, 2009：237］。

　が，のちミコヤンは1960年にまとめた訪中報告で，「そこで遭遇した中共とソ共の最大の分岐は中共が政権掌握後いかに中国の各民主党派に対処するかという問題であった」と述べ，そして「周知の通り，このスターリンの意見を聞いて，中共はブルジョア政党に対処する政策を変えた」と締めくくっている［列多夫, 2004：17］。実際に経済崩壊の危機を直接的な背景としつつ，ミコヤンの訪中以後，中共は明確に民族ブルジョア階級政策をかなり積極的なものに変えた。

　しかし，全国政権の樹立や大中都市の占領が近づくと，間もなくやってくるブルジョア階級との衝突と闘争が中共指導者の警戒心を高めた。こうした党内の心理状況は毛にも影響を及ぼし，すぐに大都市を奪取して新政権を樹立すべ

きことが現実的な差し迫った問題となっているその瞬間にもかかわらず，躊躇をみせていた。ミコヤンが破竹の勢いだった中共軍の軍事攻勢に興奮して，毛がなぜ急いで南京や上海などの大都市を占領し全国政権を樹立しようとしないのかを不可解に思い尋ねたところ，その回答は「急がない」というものであった。何故なら「政府を樹立するとなれば，多くの党派と連合しなければならなくなる。そうなると共産党が他の政党に対し自分のやることに責任を負うことを意味し，必ずや面倒なことになる」からであると弁明した［列多夫，2004：24］。

　中央政府の設立時期について，ミコヤンは毛に「中国革命政府の成立を引き延ばしてはならない。なるべく早く連合の基礎の上に革命政府を樹立すべきである」と勧告し，「南京や上海を攻略した後はただちに新革命政府の樹立を宣言する。そうすれば，国際関係では有利になり，それ以後中共は遊撃隊のような神出鬼没の活動をする必要はなくなり，政府の名義で国際社会に出ることができ，必ず反蔣闘争に有利となる。政府樹立の時間を遅らせれば，革命の力量を弱めることになる」と，ソ共の立場を堅持した［沈，2015a：373］。

　中共指導者は新政権樹立についてその手続きや日程といった表面的な事項を理解しているだけで，具体的な政権構想や国家機構案を持ち合わせていなかった。ミコヤンのみるところでは，「政府の各省の基礎となるような機関はここには何もない」と手厳しく指摘している［沈，2015a：419］。そこで，毛はミコヤンに，中共はモスクワに専門の代表団を派遣して，ソ連の経験を学びたいと提案した。ソ連のプロレタリア独裁の経験を学習・模倣することはすでに1948年から毛の訪ソの大きな目的であったが，再び同じ希望を表明し，6〜8月の中共代表団（団長＝劉少奇）の訪ソの実現となる[12]。結局のところ新政府の政権構想がいかにソ連モデルの模倣であったかが，ここからもわかる。ちょうど，この時（3月15日）スターリンも電報（東北解放区財政委員会主任の陳雲宛）をよこし，民族ブルジョアジーの問題について「民族ブルジョアジーをないがしろにすべきでなく，彼らを帝国主義と闘う一つの力量と見なして協力すべきである」と求めた［列多夫，2004：187］。

人民共和国の成立と「歴史の語り」　　**61**

● **民族ブルジョア階級をめぐる中共党内の葛藤：1949年3〜7月**

　1949年3月5日〜13日の中共第7期第二回中央委員会全体会議（以下，二中全会）では，資本家に対する懐柔政策（「公私兼顧」「労資両利」の新経済政策）をとることで党内が一致した。「1917年の十月革命から12年後の1929年からようやく社会主義への移行を開始した」というソ連の経験と「社会主義に到達するためには必ず資本主義を経なければならない」というレーニンの理論および「帝国主義反対のためにも民族ブルジョアとの協力が重要である」というスターリンの意見に基づいて，中共も15年程度の時間をかけてブルジョア階級や資本主義との平和的競争・平和共存を行う，民族ブルジョア階級にも新中国で主人公としての地位を与えると決めた。それは人民政協における共同綱領の起草・討論のなかに明確に現れているし，その前の劉少奇の「天津講話」（4〜5月）もその方針・精神を経済政策として具現化したものであった。[13]

　二中全会は工作の重点を農村から都市へ移行させ，従来の農村革命方式から「都市が農村を指導する時期」の開始を宣言した会議として知られている。それゆえ，毛も二中全会で統一戦線の誠実な履行を求め，「可能な限り多くの都市小ブルジョアジーと民族ブルジョアジーの代表的人物と団結し，大多数の民主人士に仕事を与えてそれぞれの持ち場にふさわしい職務と権限を持たせなければならない」と主張した［外文出版社，1968：489］。当時は民主党派を中共に忠実に従わせるような制度設計を中共単独で行うことは不可能であり，そのような行為はただちに中共支配の正統性を失わさせる危険があると強く認識していた。毛もミコヤンに民主人士たちは「独裁というこの言葉をやはり恐れている」と語っている［沈，2015a：425］。もちろん民主党派の側も，政協や連合政府構築への期待があったから中共を支持していたのであった。

　しかし，中共の民主党派に対する警戒心は依然として継続しており，中共は2月17日「どのように民主党派・団体に対応するか」について，民主党派の武装禁止（つまり中共による軍事力独占）や新党結成の禁止，組織発展の制限を指示した［中央統戦部・中央档案館，1988：257-259］。5月25日の「民主同盟の性質に関する指示」も「教育の方法によって賛同を得る」，「新民主主義に賛同させるため部分的改造が必要」，「一部を吸収して共産党員とする」ことなどが指示されており，ブルジョア階級による政権交代・転覆の可能性を警戒していた

[中央統戦部・中央档案館,1988：267]。

　二中全会で毛は「政協を招集し民主連合政府を成立させる一切の条件はすでに熟している。すべての民主政党，人民団体，無党派民主人士はみな，われわれの側に立っている」［外文出版社,1968：486］と発言し，4～5月に南京を占領後に北京で政協を開き連合政府を樹立する見通しを語っていた。実際には人民共和国の成立は半年ほど後の10月1日に「引き延ばされた」。間もなく訪ソした劉少奇は帰国前の8月のスターリンとの会談で，中央政府の設立時期について問われ，「1950年1月1日」の予定と答えた。すると，スターリンから「時機を失するな」というアドバイスを受け，中共は早速新政府成立時期を10月1日に2カ月間前倒しした。新政府の性質（「国体」）や国家体制（「政体」）だけでなく，成立時期についてさえも，中共はスターリンの直接的な指示を受け入れていた。

　中共は本部を3月北京に移転させ，大都市工作への重点移行政策を実行していた。6月15日～19日に662名の代表（正式代表は510名）が出席して北京で新政協準備会第1回全体会議が開催され，新共同綱領や政府機構案の作成のために準備会常務委員会を発足させ，毛がその主任に選任された[14]。これにより，中共は新政協（本質上は全人代扱い）の招集権をも掌握した。

　6月31日に発表された毛沢東の「人民民主独裁論」では，「民族ブルジョアジーは革命の指導者になることはできず，国家政権において主要な地位を占めることはできない」と言明するなど，民族ブルジョアジーへの牽制と共産党の優位性を強調していた。人民代表会議（人民政協）であろうと中央人民政府であろうと，当初の構想にあった「臨時」はすべて撤廃され，暫定段階を経ずに直接設立されることとなった。こうして，暫定的な中央人民政府の段階を経ずに，人民政協により直接中央人民政府を設立するという構想＝「人民政協路線」がほぼ確定した。

　中共はさらに新政協準備会の主導権を掌握してこれをコントロールするために，7月11日「新政協準備会党組・党組常務委員会」の設立を決定し，共同綱領や条例草案といった政治問題については中共が事前に審査できる体制を整えた（まもなく8月27日には「全国政協党組」を設置・移行）［中共中央文献研究室・中央档案館,2008：111-113, 321-322]。

● **人民政協路線の正統性獲得：1949年9月**

　1949年9月30日，人民政協は「共同綱領」や「中央人民政府組織法」「人民政協組織法」を採択して閉幕した。「共同綱領」は臨時憲法とみなされ，政策決定と政策実施における法的根拠とされることになった。そして，人民共和国中央人民政府委員会が組織され，人事権（行政・司法のみならず軍隊をも含むすべて）と全人代の招集・開催権という二大権限を委託された人民政府委員会の主席に毛が選出された。人事や決議・法案は人民政協という「公式の制度化」を通して承認されるという「形式主義的人民民主制度」[15]が整った。

　人民政協は臨時的ではない，「正式かつ正統な」全国的代議・立法機関と位置づけられることによって，中共は憲法制定権力を掌握した[16]。また，憲法に準ずる綱領や施政方針・重要決議，あるいは選挙法や組織条例を含む法案の起草権をもこれまでどおり掌握することとなった。中共統治の「正統性」は人民政協組織法や中央人民政府組織法によって法的にも保障されることとなった［杜崎，2015：53-54］。

　「建国後間もない時期の新解放区農村における権力の正統性とは，社会の内部に根拠を持つものであるよりは，人民解放軍の南下によりもたらされた何らかの『外来性』のなかに見いだされるものであった」［田原，2004：254］という指摘のとおり，人民共和国の成立前後の中共支配の正統性は中共の武力という暴力によりもたらされたものであった。中共は「旧支配階級の打倒に成功した瞬間の革命政権」であり，ゆえに暴力の威嚇を以て被治者を支配できず，被治者の自発的な服従を必要とせざるをえなかった［丸山，2014：102-103］。暴力的権威主義による統治であろうとイデオロギーによる支配であろうと，必ず民衆（人民・国民）からの内的自発的同意ないし承諾および支持が不可欠であった。

　人民政協は中共の政治的支配にとって，まさに民衆からの同意・承認を獲得し権力に正統性を付与してくれる絶好の「民主的制度」であった。武力によって国民政府を打倒し中共が権力を掌握する中国革命を正当化してくれる最高の手段であった。こうして，人民政協によって樹立された中央人民政府は当初の臨時的暫定的なものでなく正式なものであると主張することができた。

まとめ——人民政協「共同綱領」と中国共産党の統治

　人民共和国の成立は，一方では中共の統治とその軍隊（人民解放軍）に対する指導権を政治的に合法化させるとともに，他方では共同綱領によって民主連合政府としての政治的正統性を確認する（あるいは中共の独裁的統治が制約される）という二重性をはらんでいた。が，ブルジョア政党も参加する「連合政府」の名のもと，人民政協（議会・立法権）・中央人民政府委員会（行政権）・人民革命軍事委員会（軍権）という権力の三重独占により，1949年10月には実態的には中共の独裁がほぼ実現していた。

　しかし，共同綱領を経ても，中共の都市政策は労働者・貧民本位に傾斜したものであったため，資本主義商工業は萎縮し続け，建国後も中国経済は活気を失っていた。そこで，1950年3～4月，中共は全国統一戦線工作会議を開いた。毛は，商工業界において統一戦線に責任を負っている多くの幹部が中共のブルジョア階級に対する新政策を理解していないことを知り，書面で批判的な指示を与えている[17]。周恩来はもっと直截的に，「現在，商業は活気を失い，何らかの対策を考えねばならない。……小商人を一掃しようというものがいるが，小さな店や町工場がみんな潰れれば，かえって面倒なことにならないか？」と批判している[18]。同年6月の7期三中全会で，毛は「党内の大部分の同志は『共同綱領』が何であるかをまったく理解していない。多くの同志は資本家との協力ではなく，彼らと対抗し，打撃を与えている」とまで批判していた[19]。毛の意見に基づいて工商業政策が調整されると，1950年下半期にはすぐにその積極的な効果が現れ，生産額や取引額は明らかに上昇し始めた。

　共同綱領で人民民主独裁体制の新民主主義国家には「民族ブルジョア階級も参加する」と規定していても，中共党内ではそれを理解していない幹部たちも多かった。多数派は相変わらず「プロレタリア革命」路線を信奉し，ブルジョアとの対決を追求していた。毛自身はスターリンの勧告を受け入れて，人民共和国成立前後には明確に民族ブルジョア階級との合作路線を堅持していた。が，その毛も1952年頃からブルジョアとの対決路線を選択し，党内論争を経て，1953年の「過渡期の総路線」を指導部に受け入れさせた。ここに民族ブル

ジョア階級の命運は完全に尽きた。

　中共は内戦における武力の勝利を背景に人民共和国での執政党の地位（いわゆる党の指導性）を固めたが，人民政協路線は以後の中国における「制度的民主主義」の軽視や民主制度の「形式主義化」をまねき，共同綱領に残されていた民主化への契機も次第に潰えることになった。

●注
1) 中共支配の正統性をめぐる議論については，［杜崎，2015：20-28］にコンパクトにまとめられている。
2) 山口定は，政治体制や政治システムが「市民の日常生活や利益団体の職能的な利益の視点から見た『効用』や『効率』に対する期待にこたえているかどうか」というレベルで評価・判定されるものを「正統性」とは異なる「正当性」と定義し，社会主義諸国のように「長年にわたって『効用』を満たすことに失敗し続けると，本来備わっていた『正統性』が摩滅し解体することになる」と指摘している（『政治体制』東京大学出版会，1989年，273頁）。
3) 毛里和子は，鄧小平時代になって「革命という課題によって正統性を保持することから，経済発展によって権力の正当性をあらためて確保せざるを得なくなった」と指摘する（『現代中国政治〔新版〕』名古屋大学出版会，2004年，245頁）。今日では「社会の劇的変革」という意味での革命の正統性は主張できないので，愛国心・愛国主義に訴える傾向が強く出ている。
4) 原著は中共中央党史研究室著，胡縄主編『中国共産党的七十年』北京・中共党史出版社，1991年初版（邦訳は『中国共産党小史（上下巻）』北京・外文出版社，1995年）。同書は出版から20年以上経っても，党史の研究に大きな影響を与えているとされる。
5) 1946年1月の連合政府の「政権性質」（国体）について，中共は，1949年の毛沢東『人民民主独裁論』とは正反対に，「ブルジョア階級が指導するがプロレタリア階級も参加する連合政府」と規定し，国民党の「指導性」を容認していた。
6) 天津講話は発表直後から党内で非難が巻き起こり，文革期には劉少奇の歴史的罪状の1つとされ，今日でもその歴史的評価は定まっていない。
7) 1949年12月に毛沢東が国家主席として公式訪ソするまでに，毛は訪ソの希望を5回要請していたと考えている。1度目は1947年前半で，6月15日にスターリンから同意の電報を受け取るも，7月1日には延期された。2度目は48年7月のモスクワ訪問が内定していたが，4月26日毛は5月に繰り上げて訪ソすることを決意，スターリンも4月29日に同意の返電をするも，5月10日延期を指示した。7月4日に毛は再度打電するも，スターリンから7月17日食糧調達のためという理由で11月への延期を提案されたのが3度目。4度目は48年9月28日に毛が11月の訪ソを再度確認するも，11月自らの体調等を

理由に12月にするよう要請したが，49年1月スターリンは再度断る（その代わりにソ共政治局員ミコヤンが中共本部・西柏坡を訪問し，中ソ会談が行われたのは有名な逸話）。5度目は49年4月，毛は引き続き訪ソの希望をもっていたが，スターリンから「指揮のポストを離れるな」と勧告を受けるという形式で，毛が中国革命の領袖であると承認されたのである（その名代として，劉少奇が6～8月に訪ソした）。

8）「関於召開新的政治協商会議諸問題的協議」(1948年11月25日)，中国人民政治協商会議全国委員会文史資料研究委員会編『五星紅旗从这里昇起』文史資料出版社，1984年，211-214頁。それから2カ月後，1949年1月31日に北京を平和占領した中共は新政協の会場をハルビンから北京に移した。

9）「関於上海産業界対毛沢東『論人民民主専制』反応的批語和電報」，［中共中央文献研究室・中央档案館，2008：268-269］。

10）林石父「論新政協与新中国」『群衆（香港版）』第127期，1949年6月，595-596頁。林石父「従封建地主官僚資産階級先生到人民民主専政」『群衆（香港版）』第129期，1949年7月，630-632頁。林石父は華崗（元中共機関紙『新華日報』編集長）の筆名。他方では，当時「人民民主独裁は事実上のプロレタリア独裁である」と主張する者がいたことは理論的混乱状態にあったことを示している［杜崎，2015：315］。

11）1960年9月22日付でミコヤンがソ共中央委員会主席団に提出した「1949年1～2月の中国行きの報告」。ただし，中ソ対立が表面化して以降のものであることには留意が必要である。

12）中共代表団のソ連国家機関，閣僚会議や党組織に対する視察やインタビューの要請については，「劉少奇致斯大林函：関於訪蘇安排問題」(1949年7月6日)［沈，2015b：84-85］。

13）「天津講話」は「資本主義による搾取は罪でなく功績である」と説明，さらに「資本家を害することは農村で中農を損なうのと同じである」とまで断言するなど，彼らとの団結政策を強調した。

14）共同綱領は1948年11月には「中国人民民主革命綱領草稿」として第1稿と第2稿が作成されている［杜崎，2015：258-259］。

15）カール・シュミットは，「合法」的な機関を通して，「数」の原理によって達成された執政的地位は「没価値的，没実質的，無内容で形式主義的─機能主義的」な「合法性」・「正当性」にすぎないとした（『合法性と正当性』未来社，1983年，34頁）。丸山眞男も「形式的合法性」は「どこまで行っても合法性で，実質的な正統性とは異なる」と述べている［丸山，2014：111］。

16）「国家の基本的条件を定めた根本法としての憲法を制定する者は，絶大なる権力を有することになる。」［杜崎，2015：54］

17）毛沢東「在全国統戦会議工商組討論会的一份発言記録上的批語」(1950年4月)，［中共中央文献研究室，1987：292-294］。

18）楊奎松（2006）116頁より引用。周恩来「発揮人民民主統一戦線積極作用的幾個問題」(1950年4月13日)，［中共中央文献研究室，1992：180］の該当箇所はこの表現とは異なる。

19）「毛沢東在七届三中全会上的講話」（1950年 6 月 6 日）。「不要四面出撃」，『毛沢東選集』第 5 巻，人民出版社，1978年，21-24頁。

◆**参考文献**
加茂具樹（2006）『現代中国政治と人民代表大会』慶應義塾大学出版会
外文出版社（1968）『毛沢東選集（第 4 巻）』北京・外文出版社
外文出版社（1977）『毛沢東選集（第 5 巻）』北京・外文出版社
田原史起（2004）『中国農村の権力構造─建国初期のエリート再編』御茶の水書房
西村成雄（2011）『20世紀中国政治史研究』放送大学教育振興会
日本国際問題研究所中国部会（1964）『新中国資料集成 第 2 巻（1948〜1949年 9 月）』日本国際問題研究所
丸山眞男（2014）『政治の世界 他十篇』〈岩波文庫〉，岩波書店
杜崎群傑（2015）『中国共産党による「人民代表会議」制度の創成と政治過程─権力と正統性をめぐって』御茶の水書房
胡喬木（1994）『胡喬木回憶毛沢東』北京・人民出版社
列多夫斯基（2004）「米高揚赴華的秘密使命（1949年 1 〜 2 月）」『毛沢東与斯大林，赫魯暁夫交往録』東方出版社
沈志華（2015a）同主編『俄羅斯解密档案選編─中蘇関係 第 1 巻（1945.1〜1949.2）』東方出版中心
沈志華（2015b）同主編『俄羅斯解密档案選編─中蘇関係 第 2 巻（1949.3〜1950.7）』東方出版中心
許文鴻（2011）『中共"一辺倒"政策的形成』北京・知識産権出版社
薛銜天（2009）『民国時期中蘇関係史（下）』中共党史出版社
楊奎松（2006）「共産党のブルジョアジー政策の変転」久保亨編著『一九四九年前後の中国』第 4 章，汲古書院
中共中央文献研究室編（1987）『建国以来毛沢東文稿（第 1 冊）』中央文献出版社
中共中央文献研究室（1992）『建国以来重要文献選編（第 1 冊）』中央文献出版社
中共中央文献研究室編（1996a）『劉少奇年譜（下巻）』中央文献出版社
中共中央文献研究室（1996b）『毛沢東文集（第 5 巻）』中央文献出版社
中共中央文献研究室編（1998）『建国以来劉少奇文稿（第 1 冊）』中央文献出版社
中共中央文献研究室・中央档案館編（2008）『建国以来周恩来文稿（第 1 冊）』中央文献出版社
中央統戦部・中央档案館（1988）『解放戦争時期中共中央統一戦線文件選編』档案出版社

20世紀中国政治の軌跡

中国外交における「平和共存」と「歴史の語り」

吉田豊子

　今日，私たちは新しい国際秩序，そして新しい地域秩序が形成されるであろう，という状況におかれている。東アジアに目を向ければ，グローバル・パワーであると同時に地域的パワーでもある中国の重要性が一層増してきた昨今である。このような現状のなかで，私たち自身が中国といかに付き合うかということとともに，中国が世界，地域，隣国といかに付き合うかということもますます重要になってきた。この問題を中国の対外政策から考える1つの手がかりとして，本稿では中国外交における「平和共存」の形成過程を，冷戦という時代背景を重視しながら，そのなかでの中ソ関係，中米関係を中心とする西側大国や「第三世界」諸国との関係，そして内政という規定要因の相互関連性に着目するという視点で，歴史的に再構成する。この作業は東アジアだけではなく，広くアジア，そして世界における今後の中国外交を考えるための示唆に富むからである。

はじめに

　一般に，中国外交における最も重要な原則の1つである「平和共存五原則」，すなわち，(1)領土主権の尊重，(2)相互不可侵，(3)内政不干渉，(4)平等互恵，(5)平和共存は，米ソ冷戦の最中に第三世界諸国の支持を獲得するために，まず1954年にインド，次にビルマとの2カ国関係を決める原則として定められ，翌1955年のバンドン会議で普遍化するようになり，1956年のポーランド・ハンガリー事件後に社会主義国家間の関係にも適用されるようになった，とされてきた。この「平和共存五原則」の由来についての主な見解は，「平和共存」は社会主義と資本主義という体制の異なる国家が共存できるというレーニンの思想に由来し，その他の項目はヨーロッパ起源の主権国家間の関係の規範である，としている［岡部，2001］。

　しかし，いわゆる「第三世界」諸国の場合，当時社会主義とも資本主義とも

似て非なる性格のものが存在していたことが挙げられるほか，建国当初，国家建設のための平和的国際環境の確保と国際社会への参入，とりわけ国連加盟の実現のためには，西側大国との関係は欠かせない前提であることを考えれば，「第三世界」の国家のみを対象としていたわけではないだろうという疑問が自然と生じてこよう。もう1つの問題として，その他の4項目はすでに国際的な規範であったとしても，中国がそれらを受け入れていった歴史的プロセスを示すことが重要であろう。

筆者自身は，国家建設のための平和的な国際的環境の確保，中華民国の台湾に取って代わる世界大国の地位を獲得するための国連への加盟という建国当初の2つの最も重要な目的を軸に，建国前後から1956年までの中国外交における「平和共存」とソ連との関係について考察したことがある［吉田，2016］。

近年，建国から1950年代末期の中ソ関係の変化までの中国外交に関して，「向ソ一辺倒」ばかりが強調されてきたのとは異なり，「独立自主」と「平和」外交を前面に打ち出す研究が増えつつあり，その中で「平和共存五原則」を捉えようとする傾向にある［章，2012；斉・李，2014；黄・王，2016］。

本稿は「向ソ一辺倒」と同時に，中国外交の「独立自主」も重視して，その間で「平和共存」が形成されていった歴史的プロセスを明らかにすることを主要な課題とする。その際，国際環境＝米ソ冷戦，対外関係＝中ソ・中米関係を中心としながら，それに近隣諸国家を含む「第三世界」の新興独立国家との関係だけでなく，英仏日など西側大国との関係，さらに内政における国家建設のための平和的国際環境の確保という希求を加え，その三者の相互関連性を分析の視点とする。

要するに，本稿は中国外交における「平和共存」の形成の歴史を，最大の時代背景である冷戦の展開と中国の平和への希求を軸に時期区分をして再構成しようとする，初歩的な試みである。なお，「向ソ一辺倒」外交と「独立自主」の二者において，「平和共存」はその間に位置しながら，前者との関係の間で戦術的・戦略的に動き，また各歴史的段階で政策原則が形成されていき，後の歴史的段階で普遍化されるようになったという見方を，あらかじめ提示しておく。

1 戦術から戦略への「平和共存」

◉ 新中国の対外政策と「平和共存」外交

　中国共産党は国共内戦での勝利がみえ始めたころから，建国構想を具体化していく。帝国主義による長期にわたる屈辱的な圧迫の歴史を断ち切るため，また米ソ冷戦のもとで，ソ連側陣営を選択することも西側大国との関係を難しくすると思われたために，当初，中国共産党は西側大国，そしてその影響下にあると考えたアジアの新興独立国家との関係樹立は急がないとしていた。しかし，建国が迫ってくると，東西冷戦のなかで最終的にソ連を中心とする東側陣営への帰属を決定したことを宣言した，1949年6月30日の毛沢東「人民民主主義独裁論」において，その対外方針の大原則を「向ソ一辺倒」としたにもかかわらず，西側大国，新興独立国家との関係樹立を急ぐようになる。その主な理由は，それら諸国による国家承認，さらには外交関係の樹立は，東側陣営の力の強化，中国の国際社会における地位の確保を示す国連加盟，そして経済復興と発展のための安定した国際環境・周辺環境の確保のための要件であったからであり，また「台湾解放」へのアメリカの干渉を防ぐためでもあった。

　実際，中国自身の要求とスターリンを主とするソ連の助言を受けて，中華人民共和国の臨時憲法の役割を果たす「中国政治協商会議共同綱領」では，新中国の外交政策について，以下のように規定した。第1に，「向ソ一辺倒」。すなわち，国際平和主義民主陣営と帝国主義侵略陣営の間には中間陣営の存在はありえず，中国は前者に帰属する（総綱第11条）。第2に，平和的国際環境の確保。すなわち，「中華人民共和国の外交政策の原則は，本国の独立・自由と領土主権の保全，国際的な永久的平和と各国人民間の友好合作を擁護し，帝国主義の侵略政策と戦争に反対する」（第7章「対外政策」第54条）。第3に，非社会主義国家との関係樹立は平等互恵と相互の領土主権の尊重という前提のもとで，政治的関係は交渉を通して外交関係を樹立するとし（第56条），政治的関係の樹立が難しい国の政府と人民とは通商貿易関係を回復し発展させる経済的関係を結ぶこととする（第57条）。つまり，政治的関係がない国家の場合でも，経済的関係の樹立は可能であるとしている。これは経済的関係を先行させること

によって将来の政治的関係樹立の基礎を築くことであり，特に西側大国との間である。

　要するに，新中国の対外政策は，「向ソ一辺倒」としながらも，西側大国，さらにはアジアの新興独立国家との関係樹立をも含む，社会主義と資本主義の間の「平和共存」のみを主張するレーニンのそれとは異なると性格づけられよう。ただしそれは，後と比べればなお戦術的性格の強いものであった。

　1949年11月18日の外交部成立大会において，周恩来は「外交工作は二面性がある。一方で連合し，他方で闘争することである。……帝国主義国家に対しては戦略上は反対であるが，戦術的には個別問題では連合は可能である」と述べているが，この「個別問題」とは，「帝国主義国家」による中国承認をさしている。「帝国主義国家」とは，特にアメリカ・イギリス・フランスのことである。同年12月16日の政務院第11回政務会議では，周恩来は「外交問題に関する報告」を行った。そのなかでは，帝国主義の三大国による中国承認について，イギリスは中国承認に傾いており，フランスは二面政策をとっており，アメリカによる中国承認はまだありえない，としている［吉田, 2016］。

　では，朝鮮戦争の勃発以前に，非社会主義国による中国の承認と国交樹立の実際の状況はどうであったのか。米ソ冷戦における西側陣営の大国イギリスは，植民地香港における権益を確保するためだと思われるが，1950年1月6日，新中国を承認した。中国共産党が当初帝国主義の影響下にあると考え，後に民族主義国家だと認識するようになったインド・ビルマ・インドネシアはそれぞれまず新中国を承認し，それから中国がイニシアティブをとる「談判建交」（交渉を経て国交を樹立する）の方式で中国と国交樹立をした。三者のうち，「談判外交」のモデルとなったのはインドであった［高, 2011；潘, 2008；范, 2012；三宅, 2014］。

　このような周辺国家との外交は，まず周辺国家の側からアプローチしてきたのが特徴である。米ソ冷戦のなかで，「平和中立」を主張するこれら諸国の動きの大きな背景は実際には複雑であるが，ここでは重要と思われる3点を指摘するに留めておく。第1に，アジアでの新興共産主義大国である中国が無視できない存在となったこと，第2に，周辺の新興国家は独立自主外交を展開することによって自国の立場を強化しようとしたこと，第3に地政学的問題で，中

国が戦後の国家復興のための安全な周辺環境の確保を求めたのと同じように，周辺国家も中国との関係の安定化を望んでいたことである。

● 朝鮮戦争の膠着化と「平和共存」外交の戦略化

1950年2月の中ソ友好同盟相互援助条約の締結によって，中国はソ連の核の傘のもとで復興と建設に力を入れようとしていたが，同年6月25日の朝鮮戦争の勃発は，アジアにおいても冷戦を構造化した。アジア冷戦の特殊な形態である朝鮮半島における米中の「熱戦」が展開される一方で，アメリカは台湾に第7艦隊を派遣してその中立化を宣言し，また対日単独講和を行い，サンフランシスコ講和条約の調印と同じ日に日米安保条約を締結し，厳しい対中「封じ込め」戦略をとった。このように，中ソ同盟と日米同盟が軍事的・政治的対抗という形をとって，アジア冷戦を形成した。

1951年，朝鮮戦争が膠着状態となり，休戦交渉が始まった頃に開かれた国連第6回総会では，ソ連は，朝鮮戦争とインドシナ問題などを平和的に解決するために，ソ連，アメリカ，イギリス，フランスのほか，中国をも含む「五大国」による平和公約の締結を提案し，西側大国との平和共存の可能性にも言及した。このような背景のもとで，周恩来は同年10月23日の全国政治協商会議第1回会議における報告において，1949年の「中国人民政治協商会議共同綱領」における外交方針の規定は，つまり社会制度の異なる国家間は「平和共存」できるということであり，そしてこの前提のもとで，中国は外国と積極的に外交関係と貿易関係を樹立したい，と述べた。このように，「平和共存」は朝鮮戦争を政治的に解決するための戦略としての位置づけが付与されるようになったのである［吉田, 2016］。

ここで触れなければならないのは，翌1952年，スターリンとそのイデオローグであるマレンコフが，国内と国外に向けて「平和共存」を強調したことである。さらに，冷戦の局地的あり方としての他国に対する直接的・間接的な介入に反対するために，マレンコフは「平和共存」のなかには「内政不干渉」も含まれるといっている［ウラム, 1974］。ここで提起された「内政不干渉」の原則も，中国に大きな影響を与えたと思われる。

他方，朝鮮戦争を戦う「総力戦」の過程で，中国の経済体制は「新民主主

義」のそれから「社会主義」に近いものとなったという認識のもとで，中国は社会主義へと進むという政策方針を決定した。休戦交渉の間に第一次五カ年計画を打ち出して，1953年から社会主義建設の道へ歩み始める。つまり，「平和共存」は中国にとって一層重要になってきたのである。ただし，当時のスターリンはヨーロッパ情勢により関心が強かったため，朝鮮戦争の休戦協定にあまり積極的ではなかった。

2 「平和共存」のもとでの緊張緩和の動き

● スターリン亡き後の「平和共存」のもとでの緊張緩和

　1953年3月のスターリンの死後，ソ連の対外政策が変わっていく。新しい政権のなかで再び外相となったモロトフは，ソ連の対外政策は「平和共存」であり，またそれはもはや戦術的なものではなく，戦略的なものだとしている。同年4月28日付の周恩来の世界平和評議会宛の電報は，このソ連の政策的変化の影響があるだけではなく，前述したように，中国の社会主義建設のために平和的な国際環境が必要だったこと，そして何よりも「五大国」の地位に対する追求が背景にあった。この電報のなかでは，平和的な政策および異なる社会体制の「平和共存」という原則のもとで，ソ連による「五大国」平和公約の締結に関する提案と，同委員会が提案した世界人民平和宣言における主張に賛成し支持するとしている［吉田，2016］。

　朝鮮戦争の休戦協定が締結されたのは1953年7月であった。同年9月28日，ソ連は2つの外相会議の招集をアメリカ・イギリス・フランスに照会した。1つは国際的な緊張緩和の措置を審議するための，中国を含む「五大国」外相会議であり，もう1つはドイツ問題を協議するための，中国を除いた4カ国外相会議である。そして4カ国外相会議の準備期間中に，すべての問題を協議するとしている［牛，2013a］。

　翌10月8日，周恩来の名義で，「五大国」外相会議の開催に賛成する声明を発表した。そのなかでは，会議に対して期待する具体的な問題として，朝鮮戦争停戦協定の実施，そして中国の国連加盟の要求に対するアメリカによる受け入れを挙げている。さらに中国の国連加盟の必要性に関しては，多くの国際問

題，特にアジアに関する問題の解決には中国の参加が必要不可欠であり，また中国は国際的な全面的な緊張緩和と極東や世界の平和のため努力するからだ，と強調している。さらに，具体的な方策としては，協議による国際紛争の解決と，「平和共存」政策をとることを挙げていた［吉田，2016］。

1954年1月25日〜2月28日，4カ国外相会議がベルリンで開催され，ドイツ問題をめぐる協議をしたほか，「五大国」外相会議をジュネーブで開くことについても合意した。4カ国外相会議を先に開催したのは，中国を「五大国」の1つとして国際舞台に登場させる道を敷こうとする，ソ連側の意図が働いたからでもあった［牛，2013a］。ベルリン会議後，フルシチョフは，ソ連の外交政策は平和共存の堅持，国際紛争の平和的方式による解決を図ることによって，国際情勢の緊張緩和に尽力することだとしている［ウラム，1974］。

● ジュネーブ会議前後の中国の「平和共存」

ジュネーブ会議の前後，中国はインドとビルマに対して積極的に「平和共存」外交を展開する。その目的はソ連と共通しており，東南アジアで「中間的集団」の存在を維持し，それらの国家を通してイギリスやフランスとも連合してアメリカを抑制し，それによってアメリカが東南アジアで「侵略的集団」を組織することに反対することであった。

1953年12月，インドとの間のチベット地方の通商と交通をめぐる交渉のなかで，周恩来は初めて「平和共存五原則」を提出し，翌1954年4月にインドの要請で現地を訪れた周恩来は，合意に達して声明を発表した。同年6月，周恩来は訪れたビルマとの間でも，「平和共存五原則」を2国間関係の基準とする声明を発表した。

なお，中国とインド・ビルマの間では，それを2国間関係だけではなく，多くの国際関係でも用いるべきだという認識について，意見が一致した。これ以降，中国の外交文書において「平和共存」という用語が用いられるようになった。

ただし，ここでいう「平和共存」には，これまでの対外関係の原則であった相互の領土主権の尊重，平等互恵，相互の内政不干渉，平和共存のほかに，さらに「相互不可侵」という項目が増えている。世界，特に中国の国家建設のために，隣国，さらにはアジアの新興独立国家との平和的環境作りが必要であ

り，そのためには朝鮮戦争への参戦などによる中国の「好戦的」イメージを払拭したいという意図があったことは間違いなかろう。いずれにしても，いわゆる「平和共存五原則」はここで初めて形成されたのである。さらに，強調しておきたいことは，中国がいう「平和共存」は社会体制の異なる国家が共存できることを意味する「平和共存」のほかに，その他の4項目をも含むものであったことである。

　さて，新中国にとって初の国際舞台であったジュネーブ会議は，中国外交においていかなる位置を示すものであったろうか。

　会議の開催自体は，ソ連が主張した「五大国」平和公約の締結の具体化であるが，その重要な目的は，中国のために中華民国台湾にとって代わる国連常任理事国の道を拓くことであった。実際，ソ連は1950年から中国を五大国の一員として主張してきたのである［牛，2013a；2016］。この会議ではアメリカの抵抗があったが，結果的には，ソ連のこの主張はかなり達成できたといえよう。

　注目すべきは，会議におけるインドシナ問題に関する発言では，周恩来は「平和共存」を実質的に提唱しながら，この表現自体を用いずに，「和平相処」（平和的に付き合う）という用語におきかえて頻繁に使っていたことである。その主な理由は次のように考えられよう。すなわち，第1に，「平和共存」は共産党の用語であり，イデオロギーの異なるインドシナ諸国の共産主義思想の浸透に対する恐れをなくそうとしたこと，第2に，西側帝国主義列強による植民地化以前に，中国の朝貢体制下にあったという歴史をもっていた周辺国の警戒心をなくそうとする配慮，第3に，地政学的な視点からして，物理的な新生「大国」という威圧感をアジア諸国に与えないこと，が挙げられる［李，2013；2016b；翟，2014］。

　社会主義建設を進めるなかで，1954年9月，中国共産党は第1回全国人民代表大会を開き，戦時体制である大軍区を基礎とする大行政区制度の廃止を宣言し，また「共同綱領」に代わる最初の憲法も採択された。その前文では対外政策について，「平等，互恵，主権および領土保全の相互尊重の原則に基づいて，いかなる国家とも関係を樹立し，これを発展させていく」としている。つまり，「平和共存」外交を評価し，これを貫くことによって，「世界の平和と人類の進歩という崇高な目的のために努力する」ことを掲げていた。

ソ連も中国の「平和共存五原則」に賛成していた。この点は1954年10月のフルシチョフ訪中後に発表された，中ソ共同宣言で確認できる。ここで強調すべきことは，スターリン亡きあと，ソ連に対して対等な地位を求めていたことに象徴されるように，社会主義陣営における毛沢東の「台頭」が事実となりつつあり，また新しいソ連指導部はいまだ強固であるとはいいがたい状況のなかで，この時期，ソ連は中国の社会主義建設に積極的な援助を行うことによる関係の緊密化を図ることによって，社会主義陣営の団結を図ろうとしていたことである。中国にとっては，特に工業建設の面でソ連の援助の意義が大きかった。このように，スターリン亡きあとの中ソ関係の緊密化は共通の目標と相互関係の結果であった。

● 西側大国との「平和共存」の動き
　4 カ国外相会議とジュネーブ会議の開催による緊張緩和の兆候，そして中国が「平和共存」の外交方針を明確にとるようになったため，ジュネーブ会議の間とその後，西側大国と中国との間で関係強化ないし関係樹立の模索の動きがみられた。

　すでにジュネーブ会議の間に，イギリスはイーデン外相を通じて中国と接触し，その結果，中国とイギリスの間で代理大使級の関係を樹立した。そしてジュネーブ会議後，一時，中国は西側大国との「民間外交」を盛んに行った。

　中国は，1954年8月にイギリスの労働党代表団，同年10月に日本の国会議員代表団と学術文化訪中団を，それぞれ受け入れた。特筆すべきは，中国はこのとき，日本とイギリスに対して，アメリカとの平和共存も可能であるという意思を仲介してほしいという期待を示したことである。またインドに対しても，台湾問題の平和的解決のために，アメリカに対して平和共存の意思があることを伝えるよう求めている。さらに，フランスの議会代表団が訪中したとき，中国はイギリスとは異なる完全な外交関係の樹立を求めたが，そこに至るまでの関係についても，文化と科学の交流を強化し，貿易関係を促進し，「半官半民」という過渡的形態をとるとした［吉田, 2016］。

3　バンドン会議と「平和共存」

●「国際平和統一戦線」と米中対抗

　西側大国と積極的に外交関係を樹立しようとする動きは，周恩来の国際情勢認識とその対外政策の提案，そしてそれが毛沢東によって支持された結果であった。ジュネーブ会議の休会期間を利用して帰国した周恩来は，1954年7月7日の中共中央政治局会議で，国際情勢が緊張緩和へ好転しているとしたうえで，西側大国や東南アジア諸国など多くの国家と積極的に国交を樹立すべきだと主張した。この報告を受けて，毛沢東は明確に「国際統一戦線」を中国の外交方針とすることを提案した。「要するに，国際上，我々はこの方針を実施するのである。平和という問題で団結できる国家は，それらと関係を樹立して我々の国家を守り，社会主義を守り，偉大な社会主義国家の建設のために奮闘する」のだ，と述べた。注目すべきは，翌日の政治協商会議における「国際統一戦線」という方針のもとでのアメリカとの関係に関する毛沢東の見解である。毛沢東は，アメリカという国家を危険な敵だとみなしてはならず，孤立させるべきはアメリカ政府のなかの好戦派に限るのであり，「国際統一戦線」の最終的な目標は米中関係の緩和，さらには国交樹立の実現である，としている［李，2016b；陳，2016］。

　しかし他方で，中国にとって「台湾解放」は譲れぬ問題であった。ジュネーブ会議による国際情勢の緩和のもとで，中国はジュネーブ協定が締結された直後の7月23日，『人民日報』で必ず台湾を解放するという社説を発表した。これについて，毛沢東の周恩来宛電報では，米華軍事条約の撃破よりも重要な目的は，人民の政治的自覚と警戒心を高めることによって，国家建設の任務を完成させる情熱を刺激し，この闘争を利用して国防力を強化し，海上作戦の能力を修得するとしている。9月3日，毛沢東は中国人民解放軍に金門を砲撃するよう命じ，いわゆる第一次台湾海峡危機が始まった。これに対して11月16日，米国務長官ダレスが記者会見を開き，武力で台湾を守ることを宣言し，翌12月2日，米華相互防衛条約が正式に締結された。さらに，アメリカは，9月8日，フィリピン・タイ・パキスタンを含む東南アジア条約機構（SEATO）も成

立させた。こうして，ジュネーブ会議後，アイゼンハワー政権下のアメリカは対中「封じ込め」を一層進めた。

● バンドン会議の由来と中国招請の決定

1955年のバンドン会議，つまりアジア・アフリカ会議は，2度の東南アジア首脳会議によって開催することを決めたもので

バンドン会議休憩時の周恩来と各国代表
（1955年4月）

出所：中華人民共和国外交檔案館編『中華人民共和国外交檔案選編』（第二集）2007年。

ある。インドシナの情勢を協議するために，1954年4月28日〜5月2日，インド，ビルマ，パキスタン，セイロン（現，スリランカ），インドネシアの5カ国外相会議が，セイロンの首都コロンボで行われた（「コロンボ会議」）。会議ではインドネシアの首相のサストロアミジョヨから，今回の会議と似た性格で，アジア諸国だけではなくアフリカ諸国の一部をも含む，規模の大きい会議を招集すべきだという提案があり，会議の最終コミュニケにおいて，その可能性を検討するとされた。同年12月28日〜29日，「コロンボ5カ国」首相はインドネシアのボゴールにおいてアジア・アフリカ会議の開催を検討した［李, 2016a］。

「自由主義」世界の西側とは異なり，社会主義の影響を受ける可能性もあるため，「新興独立国家」によるアジア・アフリカ会議開催の動きに対して，アメリカは中国の会議参加を最も警戒していた。何故ならば，中国が会議に招請されれば，その国際的威信を高めることとなり，また参加国による支持を獲得することに加えて，中国にとって，これら諸国と外交関係を樹立するよい機会となる可能性が高いからであった。

そのため，アメリカはまず中国の会議参加を阻止しようとした。ボゴール会議におけるパキスタン首相ムハンマド・アリの中国招請反対案は，アメリカの指示を受けたものであった。しかし，ビルマ首相ウー・ヌーとインド首相ネルーが断固として中国の招請を主張したため，繰り返し協議した結果，5カ国首相は最終的に中国を含む，アジア・アフリカの29の独立国家を招請して，翌

中国外交における「平和共存」と「歴史の語り」　79

1955年4月の最後の週にインドネシアで開催すると声明した［李, 2016b］。

中国がこの会議への参加を積極的に受けとめた背景には，明らかに前述の「国際統一戦線」の実施があるが，同時に，ソ連の対アジア・アフリカ政策の変化との密接な関連も無視できない。第二次世界大戦終結の初期頃，スターリンはアジア・アフリカの民族解放運動に十分な認識をもっていなかったが，50年代に入ると，発展途上国の民族ブルジョアジーは世界プロレタリアートの帝国主義反対の同盟軍であると認識するようになった。この考えを実践する前にスターリンが亡くなり，新しい指導者となったフルシチョフは，経済・軍事などの面で積極的にアジア・アフリカ国家に対してソ連の影響を拡大する方針をとるようになる［ウラム, 1974］。

● **バンドン会議と中国**

ジュネーブ会議と比較して，バンドン会議に参加した中国はきわめて低姿勢かつ慎重であった。事前の準備工作の目標は，アジア・アフリカの信頼関係を勝ち取り，アメリカを孤立させることとし，そしてそれを達成するための手段は中国が平和的なイメージを打ち出すことであるとしていた。慎重策をとった具体策の1つは，ジュネーブ会議に参加したときのような大規模な代表団を送らないことであった。

「アジア・アフリカ会議参加方案」（1955年1月）は準備工作に関する最も重要な文書である。その趣旨は国際平和統一戦線の実施によって国際情勢の緊張緩和を求めることであるとし，また具体的な措置として，反中的なアメリカを孤立させ，アジア・アフリカ国家と団結することであった。さらに会議参加国を以下のように分類している。すなわち，(1)「平和中立」国家：インド・ビルマ・インドネシア・アフガニスタン，(2)「平和中立」に近い国家：エジプト・スーダンなど，(3)「平和中立」に反対の国家に近い国家：日本・南ベトナムなど，(4)「平和中立」に反対の国家：タイ・フィリピン・トルコ。そのうえで，(1)と団結し，(2)を勝ち取り，(3)に影響を与え，(4)を孤立させること，という戦略方針を打ち出していた。

「方案」とは別に，代表団にはさらに2つの目標が与えられていた。最高目標はアジア・アフリカ国家の平和公約あるいは平和宣言を締結することであ

り，その主な内容を平和共存五原則，植民地反対，平和を要求し，戦争に反対する，とすること，最低目標は公約的性質の公報を発表することであった。

中国の目標を実現するために，バンドン会議において，周恩来は次に挙げる3つの重大な外交的行動をとった。第1に，アメリカが陰で支持していた反共産主義国家との対抗である。会議が始まった初日から，共産主義に対する激しい攻撃を内容とする発言がイラクやパキスタンなどから出されるなかで，周恩来は事前に準備した平和を追求する切実な願望に満ちた「主要発言」の原稿を会議に配布することとし，会議では臨時に準備した「補充発言」を行った。中国代表は「喧嘩のためにきたのではない」という話から始まる周恩来の発言の内容は，「求同存異」（同を求めて，異を残す）と「和解の精神」が趣旨であり，多くの参加国によって称賛された。

第2の外交的行動は，「アジア・アフリカ会議最終公報」の起草過程にみられる。1つは，植民地反対問題に関する記述をめぐってであった。アメリカの軍事同盟国家は西側の「植民地」であり，他方，東欧諸国はソ連の「植民地」である，という相対立する議論が激しくぶつかるなかで，周恩来は西側「植民地」と東側「植民地」のすべてを否定する文面にした。もう1つは，「平和共存」という用語を「和平相処」におきかえたことである［李，2016b］。

ビルマの首相ウー・ヌーが「平和共存五原則」と「国連憲章」の精神に基づくと提案したところ，「平和共存」は共産党の用語であり，その意味はインドの首相ネルーの考えとは違うという厳しい意見が出されたなかで，周恩来は「平和共存」を「和平相処」という用語におきかえることを提案した。この「和平相処」は国連憲章の精神の1つであるので，会議参加国によって受け入れられた。この点はすでにジュネーブ会議で東南アジア諸国と接するなかで，周恩来が実際に感じていたことであり，そして当時も「和平相処」を用いたことは前述のとおりである。

第3の外交的行動は，周恩来が以下のアジア・アフリカ国家を指導する7カ条の原則をまとめて提出し，すべての国家の賛成を得たことである。すなわち，主権と領土の相互尊重，互いに侵略と脅威を与える行為をとらないこと，内政の不干渉，種族の平等の承認，あらゆる国家は大小に関係なく一律に平等であること，すべての国家の人民は彼らの生活様式と政治・経済制度を選択す

る権利があること，相互に損害を与えないこと。この7項目のなかには，「和平相処」という用語はないが，その内容は十分反映されている。これも周恩来の思慮深い配慮によるものだったことは間違いなかろう。会議はこれを基礎に最終的に「世界平和と協力の推進に関する宣言」(「バンドン十原則」ないし「平和十原則」ともいう）を発表した［李, 2016b；2016c；吉田, 2016］。バンドン会議後，中国では建国当初のソ連と東欧といった社会主義国家中心の外交とは異なり，「新興独立国家」との国交樹立がしばらくブームとなった。

1956年，「平和共存」は中国の国家建設にとって一層重要となった。同年2月のソ連共産党第20回大会は，フルシチョフがスターリン批判という秘密演説を行ったことで有名であるが，フルシチョフは中央委員会報告では西側との「平和共存」を提起した。

フルシチョフの「平和共存」は米中関係が緊張していたなかで出されたこともあって，同年4月25日付の毛沢東「十大関係論」で中国のソ連とは独自な社会主義建設に関する路線方針を提起した。このことはその対外政策に特に反映されている。すなわち，国際緊張の緩和のために中国は一層「平和共存」を進めると強調する一方，他方では，ソ連から学ぶが，ただし盲従せず，ソ連以外の資本主義国家からも学ぶという，「すべての国家から学ぶ」という方針を打ち出した。

フルシチョフのスターリン批判の影響で同年秋，ポーランド事件が起こった。武力介入したソ連に対して，中国は大国主義だと批判し，社会主義国家間の平等を主張して，「平和共存」の原則は社会主義国家間にも適用すべきだと主張し，ソ連も同意した。しかし，その直後のハンガリー事件では，中国はソ連に対して武力介入を勧めた。その理由はハンガリー事件の性質は社会主義国家の利益に反するからだとした［石井, 2010；瀋, 2013；朱, 2013］。

まとめ

中国外交における「平和共存」は従来，「平和共存五原則」の1項目であり，1920年代のレーニンの資本主義と社会主義という体制の異なる国家が共存できる，という「平和共存」に由来し，その他の4項目はヨーロッパの主権国家間

の関係を規定する規範であるにすぎない，と捉える傾向にあった。ただし，いくら国際的な規範や理論であっても，受け入れる側には具体的な歴史環境のなかでそれを受け入れるプロセスがあり，また受け入れる過程では，それらは必ずしも当初のものと同一の性格ではなくなる可能性もあるということも，当然ありうることである。本稿は，このような当たり前でありながら，見すごされてきた視点から，中国外交における「平和共存」を歴史的に捉えてみた。この過程で得たいくつかの重要と思われる知見を以下に記しておこう。

　第1に，中国の対外政策において，当初から伝統的なレーニン式の「平和共存」とともに，それとは異なる「平和共存」も含まれていたことである。前者の主な目的は中国の国連加盟，そして「台湾解放」の平和的解決のためであり，後者は東西冷戦のなかで「中立主義」を標榜し，社会主義とも資本主義とも似て非なるアジアの「新興独立国家」との関係樹立も視野に入っていた。

　第2に，「平和共存」の内容が，具体的な歴史状況を反映して，段階を踏んで充実していったことである。すなわち，①建国時の構想は，領土・主権の相互尊重という政治的関係と平等互恵の貿易という経済関係のどちらか一方ないし両方，というものだった。これは厳しい東西対抗のなかで，経済的関係を先行して政治的関係の樹立に道を拓く考えだと思われる。②その後，相互の内政不干渉という項目が，アジアの2カ国関係のなかで追加された。このことは，何よりも物理的に「大国」である中国，そして周辺国家に対して朝貢体制をとった歴史に対する，「新興独立国家」の警戒心をなくすことが目的であった。

　第3に，相互不可侵という軍事的関係の追加である。これは特にアメリカと政治的・軍事的に対抗するなかで，国家建設の平和的な環境を確保しようとして，インド・ビルマ・インドネシアといったアジアのなかの主要な「新興独立国家」の支持を勝ち取るために，また朝鮮戦争などにおける中国の「好戦的」イメージをなくそうとする狙いがあったことである。1954年には，先ほど記した3カ国と相互不可侵条約を締結することまで考えていたほどであった。

　要するに，中国外交における「平和共存五原則」は，歴史的な段階を踏んでその内容が具体化していったのであり，またそれらがすべて「平和共存」の前提だともいえる。この点は「五原則」の前に「平和共存」が付加されていることにも示されていよう。その意味では，むしろレーニン式の「平和共存」を基

バンドン会議60周年記念式典に出席する習近平　(2015年4月24日)
(朝日新聞社提供)

礎としながら，中国的特色を有するものであったといえよう。この点では，政治的には社会主義を標榜しながら，経済的には市場原理の導入という，今日の中国式社会主義と照らし合わせれば，一層明確であろう。

振り返れば，内戦からの復興が始まったばかりの時期に，朝鮮半島でのアメリカとの「熱戦」でアジアにおける冷戦のフロントに立たされた中国は，核戦争への恐怖に怯えるなかで，いかに切実な思いで多くの世界の人々とともに平和を希求していたことであろうか。ここで，本文で触れた1952年にマレンコフが言った，もし核戦争が起これば人類は破滅するであろう，ということが再び脳裏をよぎる。

新しい世界秩序，新しいアジア秩序が形成されようとする今日において，平和と発展の持続という人類共通の課題のために，グローバル・パワーであるだけでなく，東アジア地域におけるパワーでもある中国の中国的特色をもちながら普遍的価値をも有する「平和共存」外交が，ますます歴史的重みをもつようになってきたことは，いうまでもなかろう。

◆参考文献
石井明（2010）「1950年代の中国外交─革命・支援・平和共存・ハンガリー事件」『現代中国研究』第27号
ウエスタッド，O. A.（佐々木雄大監訳・小川浩之ほか訳）（2010）『グローバル冷戦史─第三世界への介入と現代世界の形成』名古屋大学出版会
ウラム，アダム，B.（鈴木博信訳）（1974）『膨張と共存 ソヴエト外交史3』サイマル出版会
岡部達味（2001）「中国外交の50年」岡部達味編『中国をめぐる国際環境』岩波書店
ボリーソフ，О. Б., コロスコフ，Б. Т.（滝沢一郎訳）（1977）『ソ連と中国─友好と敵対の関係史 上』サイマル出版会
陳揚勇（2016）「新中国成立後毛沢東対戦争与和平的思考与応対─『毛沢東年譜（1949-1976)』」『党的文献』第4期

范宏偉（2012）『平和共処与中立主義―冷戦時期平和共処的成就与経験』世界知識出版社
高国偉・高広景（2011）「中印建交的歴史考察」『党史研究与教学』2011年第 3 期
吉田豊子（2016）「試析建国初期中国的"和平共処"政策与蘇聯」徐藍主編『近現代国際関係史研究』第 9 輯，世界知識出版社
李潛虞（2013）「試論1954年中印・中緬総理的互訪」『南洋問題研究』第 4 期
李潛虞（吉田豊子訳）（2016a）「アメリカのアジア・アフリカ会議政策に関する試論」『社会システム研究』第32号，立命館大学社会システム研究所
李潛虞（2016b）「国際平和統一戦線与中国対万隆会議的政策」『中共歴史理論研究』第 2 輯
李潛虞（2016c）「従万隆到阿爾及爾―中国与六次亜非国際会議（1955-1965）』世界知識出版社
牛軍（2013a）『冷戦与新中国外交的縁起 1949-1955』社会科学文献出版社
牛軍（2013b）「論新中国外交的形成及其主要特徴」同『冷戦与新中国外交決策』九州出版社
牛軍（2016）「論中国対印度支那停戦政策的縁起与演変」李丹慧主編『国際冷戦史研究』2016年第 1 期，世界知識出版社
潘敬国（2008）「中印建交与新中国外交抉択」『当代中国史研究』第15巻第 1 期
斉鵬飛・李葆珍（2014）『新中国外交簡史』人民出版社
三宅康之（2014）「建国初期中国与第三世界外交―以和印尼建交外交為事例」徐藍主編『近現代国際関係史研究』第 6 輯，世界知識出版社
瀋志華（2003）『毛沢東，斯大林与朝鮮戦争』広東人民出版会
瀋志華（2013）『無奈的抉択―冷戦与中蘇同盟的運命』社会科学文献出版社
徐友珍（2014）「歩向代弁級関係―1950-1954年的中英建交談判」徐藍主編『近現代国際関係史研究』第 6 輯，世界知識出版社
翟強（2014）「周恩来和万隆会議」同『冷戦年代的危機和衝突』九州出版社
章百家（2012）「中国外交成長歴程中的観念変遷―従革命的，民族的視角到発展的，全球的視野」許振江・汪衛華主編『自主・理解・合作―中華人民共和国対外関係60年』当代世界出版社
朱丹丹（2013）「革命理想主義与社会主義国家関係新原則」『外交評論』第 3 期

第Ⅱ篇
アジアを「想像」する

アジアを「想像」する

戦後日本のアジア主義論
■竹内好を中心に

瀧口　剛

　本稿は竹内好のアジア主義論を主たる対象とし，戦後の冷戦と脱植民地化の時代におけるアジア主義論を概観する。竹内のアジア認識は，戦前から戦後を媒介し，同時にその後のアジア主義論に多大の影響を与えた。竹内のアジア主義論は，「民族主義」と大きく重なっていたが，他方でそこからトランスナショナルなアジア地域主義やグローバル化した現代の「無根のナショナリズム」を批判する視点を展望することも可能になる。常に問いを発する開かれたテキストとして竹内のアジア主義論はある。
　また彼が言及する戦前のアジア主義者の紹介を通じて，日本のアジア主義の概要を紹介することも課題とする。

はじめに

　本稿は，竹内好を中心に戦後日本のアジア主義論を考察するものである。過去（伝統）を振り返りつつ，アジアとの関係を問う思想であるアジア主義論は，戦後日本のアジアに関する「歴史の語り」の重要な一断面である。
　1990年代以降，日本におけるアジア主義に関する論考は，急速に増加した。例えば，論文データベースで「アジア主義」をキーワードに論文の数を調べると，1980年代には26本であったのが，1990年代には63本，2000年代には169本を数えた。ただし，2010年頃を境として論考は減少する。1990年代以降にアジア主義に関する論考が増加したのは，冷戦の終焉，グローバル化による交流の増大，アジア金融危機，東アジア共同体論の登場などの状況を背景にしていたのは間違いない。
　アジア主義に関する研究は質的にも多様化している。東アジア共同体との類比だけでなく，日本以外を含めて多様なアジア主義者が論じられるようになってきた。またより根本的にそもそも近代以前からの「アジア」「アジア認識」

を究明し、人文学的なオリエンタリズム、脱構築の方法を使ってアジアや近代の超克を論じるようになっている。アジア主義をネットワークの観点から再考し、またアジア主義と「大東亜戦争」の関係を分厚い実証研究によって論証しようとする試みも登場した。「日本」の外や比較の視点が導入されていることも顕著な特色である。戦後のアジア地域主義外交に関する研究も盛んになった。

だが、アジアの政治・経済的独立がほぼ完了した時期になって、かえってアジア主義が顧みられているのは逆説的だともいえる。元来、アジア主義は、汎アジア主義（pan-asianism）などとも呼ばれ、「欧米列強のアジア侵略に抵抗するために、日本を盟主としたアジア諸民族の連帯を唱える思想」[酒井, 2005]であるからである。

アジア主義は時代とともにその問題意識を変化させてきた。それは時代状況と関連させて自らの立ち位置を確認しつつ、論じることのできる対象である。しかしそれは単なるアジア認識というよりも、自立的に関与する立場でもある。

本稿は、竹内好（1910〜77年）のアジア主義論を主たる対象とし、冷戦と脱植民地化の時代におけるアジア主義論を展望する。竹内のアジア論は、戦前から戦後を媒介し、同時にその後のアジア主義論に影響を与えた点で重要である。

1 戦後日本とアジア

● アジアのナショナリズムと冷戦

戦後のアジア主義論の出発点として、脱植民地化への動きと「アジアのナショナリズム」がある。第二次世界大戦後、冷戦状況が定着する一方で、新しい動きとしてアジア・アフリカにおける脱植民地化の動きが加速し、新興諸国が独立し自己主張を始め「アジアのナショナリズム」と呼ばれた。

新興諸国が国際政治上にプレゼンスを示したのが1955年のバンドン会議（アジア・アフリカ会議）であった。この会議にはスカルノ・インドネシア大統領や周恩来・中国首相、ナセル・エジプト首相ら29カ国が参加しイデオロギー対立

を超えて平和共存を目標とする「バンドン十原則」を宣言した。

　バンドン会議に際して民主党・鳩山政権はそれを「アジア復帰」のチャンスと捉えたが，反共陣営の一員を要求する米国の圧力によりジレンマに直面した。その結果，政治的な課題は回避して経済を前面に出すことになった［宮城, 2008］。

　脱植民地化を背景に，その後日本の政府は，開発援助を基軸にいわゆる「アジア地域主義外交」を行った［保城, 2008］。特に岸信介政権が行った東南アジア外交は，岸首相個人のアジア主義的性格が明確である。岸は安保改定による日米関係の対等化をめざしたが，これは反米ではなく対米関係を基軸としつつ東南アジア各国との関係を深めていく外交のさきがけとなる。一方，対中国関係では，日本政府は米国と台湾への配慮に基づく「政経分離」方針をとり，特に岸政権以後一進一退を繰り返した。

　このような日本政府の対アジア政策に竹内は対抗する立場にいた。現代中国文学者であったが政治的発言を行う知識人であった竹内は，岸内閣の安保改定に反対して大学を辞職し，日中国交回復を要求していた。

●「民族的使命感」と戦争責任論
（１）「民族的使命感」

　日本では，敗戦直後にはアジアに対する関心が低下していたが，徐々に関心が高まっていった。当時の日本の論壇は，アジアのナショナリズムに期待をもっていた。例えば飯塚浩二『アジアのナショナリズム』（1960年）は，アジアのナショナリズムがヨーロッパや日本のナショナリズムと異なり「国家的エゴイズムに慎みを教え」るものでもあり，インターナショナルなものにもなりうるときわめて楽天的に論じていた。

　この「アジアのナショナリズム」と日本との関係について，竹内は両者の結合を説くならばその前提として戦前日本の「民族的使命感」と膨張政策の関係を検討する必要があると主張していた。例えば竹内は，「いま日本がアジアのナショナリズムへ結びつくべきだといっても，過去の民族的使命感を無視して結びつきのコースを発見することはできないだろう。日本人の民族的使命感は，日本帝国主義の膨張政策と一体不可分だった。それをどうして，どこで分

けるか。もし分けなければ，民族的使命感は充足されない」(「アジアにおける進歩と反動」1957年，以下特に言及がない場合は，竹内好『日本とアジア』1993年に所収)。

　竹内には民族的伝統から切れた戦後近代主義の批判者としての側面があった。他方で昭和戦前期の「血塗られた民族主義」の歴史が戦後忘却されていることを批判しているように(「近代主義と民族の問題」1951年，全集第7巻)，竹内はそれを批判的に検討する必要性を主張するナショナリストであった。竹内は自国のナショナリズムを絶対化し，「国家主義」を唱えたわけではないことは留意する必要がある。

(2) 戦争責任論

　竹内好のアジア主義論の重要な契機に「大東亜戦争」の二重の性格に関する議論がある。竹内は「近代の超克」(1959年) において，「大東亜戦争」の性格を，対中国との関係においては侵略戦争であるが，対米戦争としては帝国主義同士の戦争と位置づけ，二重の性格をもつと論じていた。この戦争の二重の性格づけに関する主張は，戦時における竹内の「大東亜戦争と我等の決意(宣言)」(1942年) にも由来していた。

　さらに戦争の二重の性格は戦争責任論に及び，竹内は「侵略戦争の側面に関しては日本人は責任があるが，対帝国主義戦争の側面に関しては，日本人だけが一方的に責任を負ういわれはない」(「戦争責任について」1960年) と述べる。もっとも竹内の戦争責任論は，林房雄の「大東亜戦争肯定論」とは異なり，戦争を(アジアとの関係において)侵略戦争と断定することをはばからなかったが，それを近代日本の「脱亜」の結果であるとみなした。

　また竹内の戦争責任論は，西欧を絶対視する「文明一元観」批判にも及ぶ。竹内は被告人全員の無罪を主張したパール判事などを除いて東京裁判の判決は「文明一元観」に立っているが，アジアの観点から再検討しなければならないと述べる。

　竹内は植民地主義などによって西洋の「文明」は虚偽化していると捉えていた。現代アジアの独立運動はより広い「文明観」を示さなければならない。今日の「古典的文明観」の純粋の後継者は米国であり，「アメリカは，原理的にアジアと対立している」と述べる。竹山道雄に代表される近代化論が示しているように戦後の日本は西欧化しているとされるが，それは虚偽の文明であり，

それとは異なる価値体系を自力で発見して「アジアの原理」につながることを主張した（「日本とアジア」1961年）。

　竹内のアジア主義論は，以上の問題意識を背景に近代日本の「主体的にアジアに責任を持つ」精神を求めたものである。竹内は「日本人が明治以来の伝統をよみがえらせて，主体的にアジアに責任を持つ気に」なれば，アジア最大の問題である日中関係を正常に戻すことが可能になるであろうと述べているのである（「日本人のアジア観」1964年）。

2　竹内好のアジア主義論

　竹内好のアジア主義論の代表的著作である「日本のアジア主義」（1963年）は，竹内好編『アジア主義』（筑摩書房，1963年）の解説（原題は「解説 アジア主義の展望」）として書かれたものである。竹内自身が取捨選択した資料集的性格をもつ本書の構成は，原型，心情，論理，転生からなり，次の著者の資料を採用している。Ⅰ原型；岡倉天心，樽井藤吉／Ⅱ心情；宮崎滔天，平山周，相馬黒光，藤本尚則／Ⅲ論理；内田良平，大川周明，尾崎秀実／Ⅳ転生；飯塚浩二，石母田正，堀田善衞。

　以下，資料編をふまえて本論（解説）および関連する竹内のアジア主義論を紹介する。

● 定　義
（1）「傾向性」としてのアジア主義
　竹内は，アジア主義の定義について，それは独立した思想ではなく「他の思想に依拠してあらわれる」「千差万別」で「客観的に限定できる思想ではなくて，一つの傾向性」として存在し，同時に「系譜づけられない思想」と述べるところから議論を出発する。

　このような竹内の定義は，アジア主義に広がりを与えることになった。一般的に近代日本においてアジア主義は，右翼，国家主義思想との類縁性が強固である。しかし，アジア主義を付随的な傾向性としてしか把握できないとした竹内は，それを国家主義，右翼だけに付随すべきものとはしなかった。例えば，

民本主義者・吉野作造やマルクス主義者・尾崎秀実に言及し，後に石橋湛山をアジア主義者として発見することになる。

「傾向性」として存在する「系譜づけられない」思想とするアジア主義の定義は，漠として捉えがたい側面をいいあてており，現代まで引用されている。アジア主義の多様性を前提とする議論やそれをネットワークとその時々のプロジェクトとして捉える見方でも，竹内のこの定義が援用される［白石・ハウ，2009］。

（2）アジア諸国の連帯

一方アジア主義の最小限の積極的な定義としては，「どんなに割引きしてもアジア諸国の連帯（侵略を手段とすると否とを問わず）の指向を内包している点だけには共通性を認めないわけにはいかない」とされている。

この「侵略を手段とすると否とを問わず」アジア諸国の連帯を指向する思想をアジア主義とする定義は，アジアへの主体的関与を重視する竹内が戦略として採用したものである。しかし侵略と連帯の区別の曖昧さは，歴史家などの批判を呼ぶことになる。これに対して竹内は，自分の出発点を「連帯と侵略の二分法」の妥当性を疑い，両者の「組み合わせの諸類型」を考えるところにあると答え，また，自分は人間を動機と手段の区別が明瞭で透明な実体ではなく，「流動的な状況的にしか自他つかめぬもの」であり，歴史は「可塑的な，分解可能な構築物」であると考えると，述べている（「学者の責任について」1966年，全集第8巻）。侵略と連帯が分かちがたく結びついているのが，戦前日本のアジア主義であった。

（3）「脱亜」としての大東亜共栄圏

他方で竹内は，「大東亜共栄圏」の時代に多くみられた「自称」アジア主義を「思想」の名に値しないものとし，特に平野義太郎の『大アジア主義の歴史的基礎』（1945年）を厳しく批判する。玄洋社のようにたとえ侵略的側面をもっていても「時勢におもねるのではない」思想をアジア主義として捉える基準を竹内は採用していた。このような発想から政官のアジア主義者も検討の対象とはされていない。

そもそも竹内は「大東亜共栄圏」をアジア主義の反対物として捉えていた。「大東亜共栄圏を，アジア主義が非アジア主義化される極限としてとらえたい

……もしそうでなければ、アジア主義は単なる過去の遺物になってしまうわけで、あまりに忍びがたい。しかし、この論証は非常に困難だろう」と、竹内は執筆当時公開日記のなかで述べるのである（「転形期」1963年、全集第16巻）。

● 発生と分岐（1880年代）
（1）発生の基盤
　竹内は、幕末維新期の海外雄飛の思想に触れるところから始めているが、これをアジア主義とは呼んでいない。その後、初期ナショナリズムが中国で相手のナショナリズムと利用・援助の複雑な関係に入る局面をアジア主義発生の基盤と評している。例えば、海外雄飛をめざす民権家宮崎滔天と軍の諜報活動に従事した荒尾精の関係を「侵略主義者と連帯意識の微妙な結合と分離」と評している。

（2）玄洋社・黒竜会
　竹内は朝鮮問題を焦点に日清関係が緊張する1880年代をアジア主義における分岐点として重視し、玄洋社の民権から国権への転向、大井憲太郎の「国内改革と対外進出を関連させる思考方法」、樽井藤吉の『大東合邦論』、福沢諭吉の「脱亜論」が出現したことを取り上げる。

　玄洋社は、1881年に平岡浩太郎を社長に、頭山満らによって福岡で創立され、1880年代に朝鮮半島をめぐって日本が清国と緊張関係を高めるにつれて、民権から国権に転じた。1901年には、その中心的メンバーの一人内田良平によって黒竜会が結成される。その活動は、日清戦争の一因となった東学党との提携、日露戦争への協力、日韓併合の伏線となった。竹内は、朝鮮「農民との結合」を無私の「連帯の意識」として「一種のアジア主義の発現形態」と認定している。

　連帯と侵略の両要素を併せもつ玄洋社・黒竜会は、日本の帝国主義化とともに国権へ転じつつ侵略の要素を増大させていった。

（3）大東合邦論
　1880年代には樽井藤吉の『大東合邦論』（1893年）が登場する。その西洋列強に対抗するために日本と朝鮮の対等合併の主張を竹内は「空前絶後の創見」であると評している。しかし、それは一方的な日韓併合に終わった。「これら素

朴なアジア主義者たちは，対等合邦が冷酷な一方的併合におわらざるを得なかった歴史の事実に学ぶことを怠った歴史の責任からは免れていないだろう。もし歴史に学んでいれば『満洲国』建国は朝鮮の独立と相関的でなければならなかった」とも記している。

（4）脱亜論

同じ状況から福沢諭吉「脱亜論」（1885年）が登場する。朝鮮の改革派の金玉均を支援して破れた後書かれた同論は，文明＝価値の名においてアジア連帯論を否定した点でアジア主義にとっても重要であった。何故なら「福沢の価値に対置する別の価値をもってしなければ，アジア主義はテーゼとして確立しない」からである。このようなアジア主義の原理は10年後の岡倉天心，宮崎滔天らを待たなければならない。

さらに竹内は，中江兆民の『三酔人経綸問答』（1887年）を戦後の文脈で論じた堀田善衛「日本の知識人」に言及し，「アジア主義は非アジア主義化，非アジア主義はまたアジア主義化される」と思想の運命を論じる。これはアジア主義が非アジア主義化する契機が常にあることを示唆している。

● 価値・心情・論理

（1）岡倉天心

「脱亜論」の文明観に対立するアジア主義の提示者として，竹内は岡倉天心，宮崎滔天を挙げている。

天心に関しては「東洋の理想」（1903年）を「大東合邦論」と並ぶもう1つの「原型」として掲げている。竹内によれば，天心の「アジアは1つ」という有名な命題は，「汚辱にみちたアジアが本性に立ち戻る姿をロマンチックに『理想』として述べた」もので，美を至上価値とする天心にとって，本来帝国主義は排斥されるべきものであった。

欧米のみならず中国，インドを何度も訪れた天心はまた現実のアジアの多様性を十分に認識していたが，「核心においてアジアはヨーロッパと異質であり，その異質性において一体であり，そのアジア的なものを発掘することなしに文明の虚偽を救うことはできぬ」としていた。別稿「岡倉天心」（1962年）でもアジア諸国の多様性に関する現実認識にもかかわらず，アジアが1つでなければ

ならないのは「普遍的価値」ゆえであると論じている。

　普遍的な価値としての「美＝精神＝アジア」（前掲「岡倉天心」）の発見者天心に対する竹内の評価は高く，多様性をふまえた理念的「アジア」観は，竹内自身のそれに通じるところがある。現代の研究は天心のアジア論を大川周明のそれとともに「ヨーロッパ産のオリエンタリズムを受容したうえで主体的に捉え返す試み」と評価しているが，それは竹内の問いを出発点としている［塩出，2011］。

　しかし他方で竹内は，天心は帝国主義の時代には通用しないともいう。この点に関しては竹内は美の使徒としてタゴールと天心の類似性を指摘した後，「しかし一方は解放運動につながりを得たが，他方は民衆を発見できなかった。そして無残にも侵略思想の汚名をこうむった」（前掲「岡倉天心」）と述べていることを想起する必要がある。竹内は天心が「民衆を発見できなかった」ことにその限界をみたのである。

（２）宮崎滔天

　他方で竹内は，アジア連帯の「心情」も継続的に存在したことを重視し，その代表格として孫文の中国革命運動の支援者として献身的活動を行った宮崎滔天とその著『三十三年の夢』（1902年）を挙げている。そのほかの孫文支援者として，宮崎グループの山田良政，玄洋社の創立者であると同時に辛亥革命の支援者でもあった頭山満，インド独立の革命家ラス・ビハリ・ボースを支援した相馬愛蔵・黒光夫妻が資料編の「心情」において取り上げられている。

（３）心情と論理の分裂：北一輝と大川周明

　この後，「価値」と「心情」としてのアジア主義の析出にもかかわらず，20世紀以降，「どうしてアジア主義が玄洋社＝黒竜会的なチャンネルに流れ込んでいったのか」と竹内は問う。また「帝国主義段階の新しいタイプ」のアジア主義者として北一輝と大川周明を竹内は提示し，彼らの「論理が一方的に侵略の論理に身をまかせ」，「心情と論理の分裂」を招いたのは何故かと問う。

　北は辛亥革命勃発後，黒竜会の一員として中国に渡り宋教仁を支援して反孫文派の革命派として活動したが失敗して国内改造運動に向かい，二・二六事件に連座して刑死する。他方大川は，大正期に満川亀太郎，北らとともに国家主義団体を立ち上げ，軍部のクーデター計画事件である三月事件，十月事件に関

与した。敗戦後A級戦犯容疑で逮捕されたが，精神障害を起こし免訴となる。大川周明は回想を含む2編が資料として採用されているように重視されているが，ここでは本格的な論述が回避されている。

● 昭和から明治への回帰
（1）尾崎秀実

　竹内はさらに，尾崎秀実を例外として大正後期から右翼がアジア主義を独占するようになったのは何故かと問う。

　尾崎は，日中戦争期には近衛文麿のブレーン組織の昭和研究会に属し，三木清，蝋山政道らとともに東亜協同体論を展開した。中国問題の専門家として名高くゾルゲ事件に連座した尾崎の東亜協同体論を左翼のアジア主義の論理を示すものとして取り上げている。東亜協同体論はその後の研究でも関心をもたれ，「戦時変革」の試みとも評価されるようになっている［石井ほか編, 2010］。

（2）分岐点：内田良平と幸徳秋水

　アジア主義の侵略主義化の原因を左翼の民族主義への無理解に求めた竹内は，アジア主義における左翼と右翼の別れを追跡して再び時期を明治に遡り始める。右翼の頭山満とルソーの紹介者・中江兆民の仲が大変良好で，東亜経綸の面でも軌を一にする側面があったのに，頭山の後継者である内田良平が文明の名において日露戦争主戦論を唱え，兆民の弟子である幸徳秋水の非戦論が民族主義把握の面で弱かったことを問題にする。

　日露戦争を正当化する「文明」の論理の虚偽性を裁くべきだったのがアジア主義であるはずであったが，「そのアジア主義がついにその立場を確立することなしに，侵略主義のチャンネルに流れこんでゆく別れ」をここにみる。

（3）「永久革命」と西郷隆盛

　ここで竹内は玄洋社論に戻り，「初期ナショナリズムと膨張主義の結びつきは不可避なので，もしそれを否定すれば，そもそも日本の近代化はありえなかった。問題はそれが人民の自由の拡大とどう関係するのかということだ」と述べる。また竹内は玄洋社の国権への転換について言及し，内部欠陥を対外進出によってカバーするパターンは敗戦まで続いたが，それは「人民の弱さ」に起因し，「この型を成立させない契機を歴史上に発見できるか，というところ

に今日におけるアジア主義の最大の問題」があると述べる。

　最後に竹内は征韓論で下野した西郷隆盛の「二重性」に触れて本論を終わらせている。大川周明，内村鑑三をひきながら，西郷が明治維新の第二革命を遂行しようとしていたこと，そこから「永久革命のシンボル」としての西郷問題と「相関的でなくてはアジア主義は定義しがたい」と述べ，これが自らの思想的位置であると宣言して「解説」を終えている。

● 大川周明という問題
（1）民族主義とアジア主義

　1963年における竹内のアジア主義論は，系譜づけられない思想としてのアジア主義，福沢の「脱亜」とセットになった天心の「アジアは1つ」の理念性，アジア連帯の心情など，その後のアジア主義論の種になる考察がちりばめられている。

　一方，不可解に思えるのは竹内の論述が大東亜共栄圏直前で引き返し，「永久革命」のイメージを求めて明治初期に遡ったことである。竹内が明治期にこだわったのは，そのアジア連帯意識には後の大アジア主義とは異なって「弱者の強権に対する抵抗を正当化する思想をもったものであって，日本もまた弱者の一員である，という意識があった」（「アジアの中の日本」1974年，全集第5巻）からだと思われる。

　他方で西郷にアジアの「永久革命」のイメージをみる観点は，民族（主義）とアジア（主義）をほぼ等値する発想に由来すると思われるが，わかりやすい論理ではない。

（2）連帯と侵略

　民族（主義）とアジア（主義）の重なりが大きいことは，連帯と侵略の論理的区別の問題とも関連する。竹内のアジア主義論には，主体的にアジアに責任をもつ伝統の掘り起こしが重要な契機としてあった。竹内は，戦前の日本には「主体的に考える姿勢」があったことが重要であり，侵略には「連帯のゆがめられた表現という側面」があり，無関心よりはむしろ健全であると述べている（「日本人のアジア観」1964年）。

　それでもアジアの観点から日本の侵略を裁くという当初の竹内の問題意識が

曖昧になっていることは事実である。これは「大東亜戦争」を脱亜優位と位置づけていること，民族主義とアジア主義の重なりが非常に大きいことにも由来している［松本, 2000］。

ただ，数年後に竹内が師事した大川周明を振り返るとき，この問題に触れることになったのではないかと思われる。竹内は，大川には日中戦争を批判する視点があったと示唆してきていた。

（3）大川周明論

竹内は，講演「大川周明のアジア研究」（1970年，全集第8巻）によって初めて本格的に大川周明を論じた。戦時の「回教研究所」での大川との出会いに関する回想から話を始めた竹内は，結論として大川は「日本型ファシストの一典型」であるが，イスラム学者として学問的業績はなお意味があり再評価されるべきであるとする。

竹内は大川のアジア観を次のように要約する。アジアは本来，「内的自由，精神的自由という貴重な価値」を生み出したにもかかわらず，それを外的な社会生活で実現する努力を怠ったためにヨーロッパに敗れた。それゆえアジアは「怠惰から醒めて力の獲得に向かう必要がある」。このアジアの特質は内的精神的自由にあり，その実現のためには力が必要であるという論理は，岡倉天心から受け継いだものだと竹内は指摘している。

一方，大川の中国観には「中国革命の底に流れる非圧迫大衆の願望には目がとどかないという」弱点があった。大川は，理想化された中国，すなわち儒教倫理，特に宋学の観点から演繹して現実批判を行う傾向が強かったためであると竹内は指摘する。

ただ大川は，無条件で日本の侵略を肯定することはなかった，と竹内は主張する。道義的主体性を確立するその条件づきで日本の主体性を認め，満洲事変や国家改造運動へ関与した。それゆえ日中戦争が拡大すると大川は悩んだ。中国の民族復興と日本の道義的主体は一体のはずだからだ。大川は判断を間違ったが，論理の一貫性は失っていない。太平洋戦争中に売れっ子になってからは，思想家としての創造性を大川は失う，と竹内はいう。

竹内の問題提起以後徐々に大川研究が進んだが，そこには彼の問いの影響がみられる。例えば松本健一は，イスラム文明の着目に近代のナショナリズムを

超える思想を読み込んでいる［松本, 2004］。さらに臼杵陽は，竹内の問題提起を受けて日本のイスラム研究の源流として大川を取り上げている［臼杵, 2010］。

● アジア主義者・石橋湛山

大東亜共栄圏を十全に批判できるアジア主義者を発見できなかった竹内だが，1970年代初頭にアジア主義者・石橋湛山を発見する。竹内は21カ条要求を批判した石橋の言論活動や，戦後首相となって日中関係の改善に努めようとした政治活動に自由主義的アジア主義者を見出し，「自由主義者にしてアジア主義者，それは私が多年探し求めて，ほとんどあきらめていた類型である」と述べている。石橋の全集が刊行されると，竹内は石橋がこの類型に属する思想家であることを発見し，驚くことになる。

竹内は自由主義者に対する偏見があったと告白し，中国のナショナリズムを理解する「自身が開かれたナショナリスト」を同時代に理解する日本人は左右を問わず1人もいないのではと疑っていたとも述べる（「わが石橋発見」1971年, 全集第8巻）。

竹内の湛山論は，開かれたナショナリズムの論理の一歩手前まで来ていたことを示している。

3　アジア主義とトランスナショナルな国際関係論

● 国際システムとしてのアジア主義

竹内がいうように歴史が「分解可能な構築物」であるとすれば，分析枠組みの組み替えは当然の試みである。初瀬龍平は，竹内があえて分けなかった連帯のアジア主義と大アジア主義を分離し，西欧国家体系の二重性を体現する「脱亜」の論理と対比させた［初瀬, 1982］。

初瀬によれば，西欧国家システムは，ヨーロッパの内では平等な国家主権間の関係を想定したが，ヨーロッパの外に対しては，当地の政治権力に主権を認めず，これを植民地，勢力圏としていた。戦前日本のアジア認識では，福沢らの「脱亜論」がこの使い分けのシステムを取り入れようとした。これに対して朝鮮や中国などの被抑圧民族の独立を支持し，それらを国際システムの主体に

しようとしたのが，宮崎滔天，石橋湛山などのアジア連帯論である。これに対して日本型華夷秩序論に立って，西欧国際体系を否定しようとするのが，黒竜会系の大アジア主義であるとする。大東亜共栄圏は，脱亜論と大アジア主義の結合である。

このような国際システム分析では連帯と侵略がはっきりと区分けされる。時代状況の変化が，このような分析を生んだ要因の1つであろう。

● 冷戦後期とアジアの変容

1960年代後半以降には，従来のアジア主義論の背景とは異なった局面が顕在化した。宮城大蔵は，アジアの独立と秩序をめぐる競合的論理を，冷戦の論理（反共か否か），革命の論理（革命外交から「平和五原則」へ），脱植民地化の論理（宗主国の影響をめぐって），開発の論理（経済開発と成長）と整理し，「転換の10年」（1965〜75年）を経て前三者は希薄化したとする［宮城, 2008］。アジアは「政治の時代」から「経済の時代」へと転換した。

時代状況の変化のなかでアジア（主義）研究は新しい段階に入ろうとしていた。上村希美雄は，1980年代にポスト竹内のアジア主義を展望した論考の中で，紛争の現実と経済成長によって「見失われたアジア」が現れる一方で，1970年代からのアジア研究の機運，「東南アジア学」の勃興などにおける「草の根のアジア主義」に新しい方向性をみている。また「最後のアジア主義者」竹内の「アジア学」をその変化のなかに位置づけた［上村, 1986］。

● トランスナショナルな国際関係へ

1980年代は，近代国家の枠組みに疑問符が出され，脱国家的主体に注目が集まった時期であった。国家と普遍的組織との間の地域主義，国家の下位にある地方自治体，民間のNGOが国際関係のアクターとして注目されるようになった。

現実の世界でも戦後に欧州共同体が徐々に形成され，アジアでもASEANが軌道に乗り始めていた。アジア主義もこのような枠組みで捉え直されるようになる。例えば三輪公忠は，「脱民族的脱国家的」アジア主義を日本の近代的ナショナリズムに由来するアジア主義と分離し，そこから「大東亜共栄圏」の

侵略と解放の両義性を論じた［三輪, 1986］。

戦後のアジア主義についても，初瀬は1989年の論文で論じている。戦後アジア諸国の独立によって，戦前にみられた欧米列強の転覆という契機は意味をもたなくなった。しかしアジア民衆の連帯の契機は，戦後に生まれ変わって存続している。第1に，連帯の契機は NGO などを通じての草の根の「アジア共生」の思想と行動であり，国際人権の尊重に基づいている。第2に，大アジア主義的なものも残存しており，経済協力と関わる財界の認識に典型的にみられる。初瀬は，流行歌や漫画などの大衆文化レベルでの「文化的アジア主義」にも言及している［初瀬, 1989］。

このように1980年代に至ってアジア主義論は，近代国家システムの相対化という知的潮流や，経済大国化した日本とアジアとの関係を批判する枠組みとして，見直されていく。

竹内は1960年代には「国というフィクション」，「日本には単一の国があるという幻想」（「戦後をどう評価するか」1965年，『状況的』所収）と述べていた。竹内のナショナリズム論はそれを国家と同一視するものではなかった。アジア主義論の変容は竹内のそれの中に兆していたと評することもできよう。

まとめ

戦後において竹内のアジア主義論が形成されていく背景には，冷戦と脱植民地化，「二重の性格」をもつ戦争を経た日本のあり方に対する問いがあった。

この背景から，西欧の文化的価値に対する東洋の巻き返し，変革してより高い普遍へ達する「アジア」を立ち上げる。竹内のこのような理念としての「アジア」という方法は，「方法としてのアジア」（1961年）では「西欧的な優れた文化的価値を，より大規模に実現するために，西洋をもう一度東洋によって包み直す，逆に西洋自身をこちらから変革する，この文化的な巻き返し，あるいは価値の上の巻き返しによって普遍性を作り出す。東洋の力が西洋の生み出した普遍的な価値をより高めるために西洋を変革する。……」と表現されている。

これは，弁証法的発想に近く，「テーゼとしての近代（主義）とアンチ・

テーゼの民族（主義）からジンテーゼを導き出す手法」が「アジア」という性格を潜在的にもっていたともいえる［松本, 2005］。個別（ナショナリズム，伝統）と普遍（グローバリズム，近代・西洋的価値）に対して，それらを乗り越えることができる地域秩序（地域主義），価値（文明）が存在するのではないか，アジア主義にはこのような問いがある。アジア主義は，それ自身の過去・伝統を位置づけ直して展開する思想，運動であった。

　他方で，竹内はアジアの理念化を批判する視点をもっていた。「民衆を発見できなかった」天心や，「非圧迫大衆の願望には目がとどかない」大川の弱点という指摘は，竹内の重要な視点であった。また，「苦悩に共感するもののみが相手を理解できる，というのは，明治以来の伝統のなかにもあったアジア主義の心情に一致している。われわれがそれを新しい形に復活できるか」（「日本人のアジア観」）という竹内の問いは，「共感」の原理を示唆している。

　戦前から戦後の竹内が活動した時期と現代とは大きく異なっている。しかし，「血塗られた民族主義」から「開かれたナショナリズム」へと視点を移動させた竹内から，トランスナショナルなアジア地域主義，またネット社会における「無根のナショナリズム」を批判する視点を展望することも可能になる［鶴見ほか, 2007］。常に問いを発する開かれたテキストとして竹内のアジア主義論はある。

◆参考文献
石井知章・米谷匡史・小林英夫編（2010）『1930年代のアジア社会論―「東亜協同体」論を中心とする言説空間の諸相』社会評論社
井上寿一（2006）『アジア主義を問いなおす』筑摩書房
上村希美雄（1986）「戦後史のなかのアジア主義―竹内好を中心に」『歴史学研究』561号
臼杵陽（2010）『大川周明―イスラームと天皇のはざまで』青土社
酒井哲哉（2005）「アジア主義」猪口孝ほか編『国際政治事典』弘文堂
塩出浩之（2011）『岡倉天心と大川周明―「アジア」を考えた知識人たち』山川出版社
白石隆，ハウ・カロライン・S（2009）「「アジア主義」の呪縛を超えて―東アジア共同体再考」『中央公論』124巻3号
孫歌（2002）『アジアを語ることのジレンマ―知の共同空間を求めて』岩波書店
竹内好編（1963）『アジア主義』筑摩書房
竹内好（1993）『日本とアジア』［ちくま学芸文庫］筑摩書房
竹内好（1970）『状況的―竹内好対談集』合同出版
竹内好（1980〜82）『竹内好全集』1〜17巻，筑摩書房

鶴見俊輔ほか（2007）『無根のナショナリズムを超えて―竹内好を再考する』日本評論社
中島岳志（2014）『アジア主義―その先の近代へ』潮出版社
初瀬龍平（1982）「アジア主義と国際システム―宮崎滔天の場合」安部博純ほか編『日本の近代化を問う』勁草書房
初瀬龍平（1989）「アジア主義の転換―現時点」『神戸法學雜誌』39巻1号
保城広至（2008）『アジア地域主義外交の行方―1952-1966』木鐸社
松浦正孝（2010）『「大東亜戦争」はなぜ起きたのか―汎アジア主義の政治経済史』名古屋大学出版会
松浦正孝編著（2013）『アジア主義は何を語るのか―記憶・権力・価値』ミネルヴァ書房
松本健一（2000）『竹内好「日本のアジア主義」精読』［岩波現代文庫］岩波書店
松本健一（2004）『大川周明』［岩波現代文庫］岩波書店
松本健一（2005）『竹内好論』岩波書店（岩波現代文庫）
宮城大蔵（2008）『「海洋国家」日本の戦後史』［ちくま新書］筑摩書房
三輪公忠（1986）『日本・1945年の視点』東京大学出版会
米谷匡史（2006）『アジア／日本』岩波書店
Saaler, Sven and J. Victor Koschmann eds. (2007) *Pan-Asianism in Modern Japanese History: Colonialism, Regionalism and Borders,* Routledge
Saaler, Sven and Christopher W. A. Szpilman eds. (2011) *Pan-Asianism: A Documentary History,* vol. 1, 2

アジアを「想像」する

第一次世界大戦後の大連日本人社会における中国認識
■総合雑誌『満蒙』を事例として

松重充浩

　本稿では，第一次世界大戦後から満洲事変勃発（1931年9月）に至る大連日本人社会における中国（人）認識や日中関係認識を，当該期の大連で総合雑誌として最も多くの部数を発行していた『満蒙』掲載記事の内容に即して紹介する。その意味で中国（人）認識や日中関係認識の大連日本人社会における「語り」を紹介したものとなっている。そこでは，結果としての満洲事変勃発を正当化することに収斂される「語り」とは異なる，様々な「語り」の存在とその可能性が，押し迫る「危機」に有効に機能しない現実が示されることになる。では，様々な可能性を，満洲事変（＝対立と矛盾の暴力的解決）以外の方法につなげていくためは，いかなる可能性に気づき，その可能性を現実化していくためのいかなる方法と実践が必要だったのであろうか。本稿で紹介する「語り」が，この点を考えるきっかけになれば幸甚である。

はじめに

　すでに多くの研究が明らかにしているとおり，第一次世界大戦（1914～18年）はそれまでの国際秩序に様々な形で変化をもたらすものとなっていた。なかでも，「民族自決」と「戦争の違法化」という理念の国際社会における影響力拡大は，列強と植民地，あるいは列強と従属地域との関係に変更を迫る内容をもつものだった。この点は，日清戦争と日露戦争を経て第一次世界大戦中に東アジアにおける権益の拡大を図っていた日本も例外ではなかった。「国運の伸張」の重要な契機を対外戦争も含む対外発展に見出すとの認識が強く存在していた当該期の日本は，第一次世界大戦後，従来の対外進出のあり方や国際秩序における自らの位置づけについて再考を迫られる状況におかれていたのである[1]。
　この状況は，日本の植民地や租借地において，より切実な問題となるもの

だった。というのも，日本の対外構想が日々実践的に試され，検証されるのは，ほかでもない植民地や租借地に住む日本人社会においてだったからである。[2]

　なかでも日本の租借地だった大連は，日本の対外戦争のきわめて重要かつ譲ることができない成果と一般に目される一方で，いわゆる「自由港」としてその存在を国際社会に大きく開放し安定した国際貿易のもとで利益を享受するという，日本の国益と国際秩序が大きくクロスするような都市であり，前述した第一次世界大戦後に日本が直面していた課題が，より直接的かつ切実に問われる都市となっていた。

表1　大連市人口の推移　　（単位：人）

	日本人（内地人）	朝鮮人	中国人	外国人
1906年	8,248	—	10,601	23
1907年	16,688	—	14,582	54
1908年	21,593	7	17,561	47
1909年	22,877	24	17,882	61
1910年	26,001	21	19,755	89
1911年	29,752	23	21,032	96
1912年	32,862	23	22,908	95
1913年	35,416	23	36,963	82
1914年	37,278	34	36,018	94
1915年	34,563	39	42,466	116
1916年	36,378	36	46,570	69
1917年	38,455	73	51,762	95
1918年	41,592	149	55,401	89
1919年	45,370	216	62,564	78
1920年	50,778	240	94,832	118
1921年	51,624	245	79,087	150
1922年	53,921	315	87,759	161
1923年	55,139	345	89,946	254
1924年	71,512	602	110,744	343
1925年	75,486	591	121,473	359
1926年	77,441	684	123,598	346
1927年	80,056	823	135,801	400
1928年	84,273	896	137,296	382
1929年	88,793	1,071	168,445	484
1930年	96,434	1,158	183,431	618
1931年	99,172	1,137	172,286	561

出所：［大連市編，1936：15-16］より筆者作成。

　同時に留意すべきは，大連の現地日本人にとって，新たな国際秩序構想を語ることが，新たな日中関係構想を語ることを意味していたのはいうまでもなく，それを語ることが現地での喫緊の課題となっていた点である。第一次世界大戦以降の大連居住中国人数は，日本人居住者数を凌駕して増加していた（表1。1931年の減少は満洲事変によるものと推察される）。そして，その中国人の中からは唯々諾々と日本人に従属する存在ではなく，停滞する日本人商工業者を尻目に自らの才覚を頼りに現地の商工業界で日本商工業者と激しく切り結びながら成長する，現地日本人に

とってタフな競合者となる中国人商工業者も顕在化しつつあった［塚瀬, 2004］。このタフな中国商工業者をいかに自らの統治に組み込むかが，現地日本人の安定的な発展においてきわめて切実かつ実践的な新たな課題となっていたのである。大連日本人社会は，新たな国際秩序構想を日中関係の再構築と不可分な形で追求せねばならない状況におかれていたのである。

　本稿は，『満蒙』に掲載された日中関係のあり方に関する論調を紹介する形で，満洲事変勃発に至る大連日本人社会における新たな日中関係構想の軌跡を確認せんとするものである（以下，特に断らない限り，典拠と直接引用後の括弧内の記載データは，『満蒙』掲載記事における筆者「タイトル」と巻号数・刊行年月〔西暦上2桁の19は略〕・掲載頁をさす。なお，本稿では，『復刻版満蒙〔全121巻＋別冊1〕』〔不二出版，1993-2003年〕を使用した。また，漢字は原則常用漢字を使用した）。それは同時に，第一次世界大戦で大きな痛みを伴わなかった日本の，いわば「痛みなき戦後」において構想された日中関係が，「痛み」を伴う現地中国側との現実的関係のなかで，いかに変容していくのかの歴史的一事例を提供するものともなるであろう。

1　『満蒙』の刊行と新たな日中関係構築をめぐる論調

● 『満蒙』の解題

　まず，本稿の主要史料となる『満蒙』の書誌的情報を確認しておきたい[3]。

　『満蒙』は，満蒙文化協会[4]（1920年設立，26年に「中日文化協会」へ，32年は「満蒙文化協会」へ，それぞれ改称）により編集・発行されていた（1926年10月・78号までが満蒙文化協会，32年3月・143号までが中日文化協会，39年1月・225号までが満洲文化協会，その後が満蒙社〔ただし，同社とそれ以前の編修・刊行組織との継承性はない〕）。

　同協会は，同会規約総則第1条にあるとおり，「満蒙及東露に於ける文化開発に資せんが為生産興業の一般紹介其他必要なる施設を為すを」（1巻1冊・20年9月・114頁）目的に在大連有力日本人を中核に，日本国内，全東北付属地，その他在外有力日本人を中心に結成された団体で，会員は1924年度末段階で2308名（日本人1924名，中国人384名。6巻7冊・25年5月・4頁），その後も満洲事変に至るまで漸増状況にあった。同会は，表2に示すとおり，資金面におけ

る南満洲鉄道株式会社（以下，満鉄）および関東庁への依存が大きく，その意味で大連社会における半官（公）的な性格を帯びた組織という一面をもっていた。その活動は出版，講演会，調査，日中交流事業，教育などの文化事業を広く手がけており，中国語月刊誌『東北文化月報』（1922年創刊）の刊行や中華女子手芸学校の開設（1926年）など，日本人のみならず中国人も活動対象としていた。同協会の機関誌として1920年9月に大連で創刊されたのが『満蒙』だった（創刊時の雑誌名は『満蒙之文化』。33号〔23年4月〕にて『満蒙』と改称。以下，『満蒙』と総称。なお，前掲不二出版本では1943年10月121号まで復刻されているが，最終号の刊行号数と時期は不明）。

『満蒙』は日本語の月刊誌で，その誌面は，『満蒙』自身の分類によれば，総論，政治，経済，教育，宗教，地歴，文学，等々の41の分野にわたる論文，エッセイ，調査データ，創作文芸作品，写真，等々が掲載され，総合雑誌としての体裁が整えられていた（『満蒙』総目次・執筆者索引〔不二出版，2003年〕。なお，『満蒙』の記事件名データベースとしては，http://kery.sakura.ne.jp/research-fur-

表2　満蒙文化協会1921年度収支決算表

	科目	金額（円）
収入	補助金*	32,000,000
	会費収入	15,180,540
	広告収入	6,805,710
	雑収入	503,300
	受入利息	228,980
	書籍売上代	8,616,540
	合計	63,335,070
支出	給料	16,817,860
	賞与金	2,555,000
	旅費	320,200
	修繕費	103,140
	家賃	296,770
	電話料	112,900
	電灯料	64,670
	水道料	18,220
	通信運搬費	1,452,500
	消耗費	1,300,350
	図書購入費	887,920
	印刷費	27,988,140
	奨励費	2,171,750
	会議費	187,700
	交際費	932,265
	雑費	2,134,540
	宣伝費	4,569,580
	職員退職給与基金	―
	予備費	―
	次年度繰越金	1,421,565
	合計	63,335,070

出所：『満蒙』26冊・22年・75頁より筆者作成。
＊　補助金の大半は満鉄と関東庁からのもの。

therance/index.html〔2017年9月公開予定〕を参照されたい）。また，同誌編集員の大半は満鉄の職員もしくは嘱託で，執筆者も満鉄あるいは関東庁の関係者が多く，その意味では，満鉄や関東庁をはじめとする大連社会における指導的社会層の意向を強く反映する雑誌だったといえよう。刊行部数は1924年度末で現地刊行総合雑誌としては最大部数となる3万3700部で（6巻7冊・25年5月・5頁），発行機関である満蒙文化協会は満鉄調査部と並んで現地出版の雄と評価される［岡村，2012：19］存在となっていた。

● 新たな日中関係構築の模索

第一次世界大戦直後にあたる1920年創刊の『満蒙』では，創刊当初から，冒頭で述べた新たな国際秩序に対する期待が繰り返し主張されていた。

> 翻つて隔洋華府会議を見るに世界平和のためと人類福利増進のためとに軍備の縮少を決議し然も此機に於て満蒙は吾邦の真摯なる指導と開発とが日支両国に最も幸福なりとせられ同時にこれ又我邦の重大なる使命であるとされた茲に於て吾曹は益々其標榜する処のモットーに向つて勇往邁進し以て人類に世界的文化の慶福を均霑せしめんとするのである。（「第三年の春を迎へて」17冊・22年1月・7頁）

> 最近の植民思想は欧洲戦後の変革につれ，国際主義の高潮と民主主義の自覚に依つて著しき変化を齎した，従つて各国の植民政策が軍国主義の下に領土的侵略を夢みるが如き，傾向は頗る減却されたことは事実である。最も民族自決に精神や人種的差別撤廃の主張が未だ国際生活の上に徹底的実現を見るは，遼遠の感なきに非らざるも国家の自主権を尊重し，独立平等の地位を認容する国際法則の発達を促しつゝあるは欣ぶべきことである。（「満蒙の開発と国際的協調の必要：本誌創立満三週年を迎ふるに際して」38冊・23年9月・2-3頁）

ここからは，従来の軍事力を中心としたハードパワーとは異なる，いわばソフトパワーとしての「文化」「文明」に依拠した（岩永裕吉「満蒙文化協会に望む」1巻1冊・20年9月・15頁），「国際主義」「民主主義」「独立平等」などの尊重といった形をとる新たな国際秩序構築に向けての強い期待と，その追求が中国東北地域における日本の活動目標として設定されていることが確認できよう。また，他の記事では，それが国際協調のなかで追求されるものであることも主張されていた（「国際友誼と国際自由」20号・22年4月・7頁）。

では，その新たな日中関係は中国東北地域において具体的にいかなる方法により構築することができるのであろうか。ここで，『満蒙』において繰り返し主張されていたのが，調査に基づく確かな事実に基づく関係構築であった。

> 其の当面の使命は組織的統一的に満蒙文化の真相を調査紹介するに在る。然り真相の調査紹介である。故に不確実なる報告や事実を誇張せる宣伝に由つて一般世人を過つが如きは吾人の断じて取らざる所である，飽く迄も事実に立脚して其の真相を躍如たらしめんことを期する。(「満蒙文化協会設立趣意書」1巻1冊・20年9月・11頁)

中国東北地域の開発は客観的・科学的な調査データを駆使しえる組織によりなされるべきであるという視点それ自体は，後藤新平の「文装的武備」論以来[6]の系譜を引くものではあるが，ここでは客観的・科学的な調査に裏づけられた事実に基づく認識が「両者の円満なる発達」という新たな日中関係の構築の前提となっている点に留意したい。客観的・科学的な認識が，日中相互の誤解を解き両者の円満な関係を構築していくことを可能にするという見通しが披瀝されているのである。それは後述する日中関係の厳しい現実をふまえれば楽観的すぎる見通しともいえるが，『満蒙』誌上では，満鉄による様々な調査成果が公開されるなど，多種多様な調査報告が掲載され，この楽観的な見通しを反映する内容となっていた。

2　日本人の中国人認識と中国人の日本人認識

● 日本人の使命観と対中国人認識

前節では，第一次世界大戦後の新たな日中関係が，客観的・科学的な事実に基づくことで構築可能であるという見通しの論調が『満蒙』誌上で展開されていたことを確認したが，その際の中国人はいかなる存在として位置づけられていたのであろうか。本節ではこの点を確認していくこととしたい。

日本人の中国人の位置づけに際して前提となったのが，先進的な日本人が中国人を教導し新たな文化創造に寄与するという理路だった。この点は，高(2008)でも『満蒙』原文引用とともに指摘されているが [8-9頁]，当該期日本人の自己正当化の一端を知るうえで重要であり，重複をおそれずに確認をして

おきたい。

> 凡そ先進国民が後進の国に赴いて或る仕事をする時にも其の他の在来国民の手では到底建設し得ざりし或る新しき文明が生れなければならない筈である，単に物質的に其の地方が開けたと云ふ丈けでは，甲の国民より乙の国民が裕福である事を示すのみで，必ずしも其れが他より先覚せる文明人であるとは云へないのである，（中略―引用者註，以下，同様）日本が満洲なり蒙古なりで優越なる地位を占めた為めに単に在留民が幸福を得たのみではなく，支那人にはとても建設し得ざりし文明が此の地に起つたと云ふのでなければ吾々は大きな顔をして満洲に居る訳には行かないのである，即ち日本に満洲の優越権を与へたが為めに世界の文化がこれだけ進むだと云ふ確証を人類一般に与へてこそ始めて我々は優越地位をエンタイトルされるのである，換言すれば人類文明への配当が必要なのである。（岩永裕吉「満蒙文化協会に望む」1巻1冊・20年9月・15頁）

　ここからは，日本人の中国東北地域における優位性が文化的優位性により担保され，その優位性がそのまま現地中国人に対する優位性となっていることが読み取れよう。そして，それを前提に，中国人を「優秀にして識見ある支那人」や「理想的支那市民支那国民」へと教導していくことが，日本人の高潔な使命として語られていくこととなる（石川鐵雄「満蒙に於ける文化政策の提唱」1巻2冊・20年10月・11頁）。と同時に，文化的優位性なるものが現地中国人たちの日本人への信服に直結するという，前述した客観的・科学的事実に対すると同様の楽観的な見通しも確認できる。
　では，日本人に教導される中国人はいかなる内実をもつ存在として認識されていたのであろうか。『満蒙』では，大きく分けて2つの認識パターンが披瀝されていた。
　1つは，危機に瀕する中国の現状を打破し新たな秩序を構築しうる存在としての認識だった。

> 実際支那の現状は内外多難の危機に瀕して居る，新しき中国の青年学生は彼等の旧き然り余りに老朽腐廃に傾いて居る祖国の現況に対して深刻なる悲観を抱いて居るのだ，而して此の悲観は彼等を駆つて新しき民族的自覚に導きつつあるのである。今や新生の産蓐についた青年支那の前には南北統一も財政の窮乏も奉直の闘争も皆な之れ旧勢力の閑葛藤に過ぎないかに見える，而して彼等は新民国の建設のために苦しんで居る。改造の道程に立てる現代支那よ！汝の不安は即がて之れ世界の上に

課せられたる人類共通の不安であるのだ。（「現代支那の不安」21冊・22年5月・7頁）

　ここには，前述した新たな日中関係構築という使命をもった日本人のいわばカウンターパートとしての中国人像が提示されており，『満蒙』誌上では混迷する中国政局を打破し新たな秩序構築に向かいつつある中国人の記事が，期待を込める形で繰り返し掲載されていた。

　しかし，それと同時に『満蒙』誌上には，旧来の中国人像を再確認する内容の記事も，数多く掲載されていた。

　　支那人は由来猜疑心深く加之人情風俗習慣を異にする吾々日本人は彼等と新事業を開始するに当り平素親交ありて互に熟知するものゝ外は悉く疑の眼を以て之に対し安じて会社等殊に重要なる事項を日本人に全然委するを好まず彼我の感情上面白くない事甚だ多い。（中略）支那人にして若し一度信頼した以上彼等は温順にして永く相互の衝突を招くやうな事はない，（中略）支那人は保守的にして進取の気象に乏しく徒らに旧株を守り事業内部を革新し外部に対して新事業を起さんとするが如き場合には種々の故障を提起する事が多い（中略）支那人は個人主義の国民とも云ふべく自己の個人経営等に対しては極めて勤勉なるも差当り自己に直接関係なき会社の為めに精励すると云ふ事は彼等の最も不得意とする所で会社に出勤するもの多くは煙草を吸ひ雑談に耽り能率の挙らざること夥しい，而して下級社員に対しては頗る苛酷にこれを使役し甚しきに至りては毎日夜十一時頃迄も夜業をさせて居るなど云ふ例も少くない，如斯非文明的にして多数相寄り各其分担を定め有機的に活動して相互に何等不平のない状態に至る迄でには猶ほ多大の訓練を必要とする。（中略）彼我の対面上乃至は勢力均衡上所謂華洋箝制の弊に陥り易しい，而して合辦事業の最も憂ふ可きは実に華洋箝制にある。華洋箝制は満漢箝制より出でたもので支那政府は外国人に特許せる事業は成るべく中外合辦と為し中外の勢力を均衡ならしめ互に牽制せしめて支那内地に於ける外国人の企業を抑制せんと試みた。されば此方法により外国人の企業を抑制し得れば其目的を達するもので事業成績の成否は固より問ふ所ではない，然るに支那人は此方法を営利を目的とする普通事業にも適用せんことを望むものが少くない，之れが為め職員の数を二倍にし責任の帰著点を曖昧にし事務の処理を複雑にし経費の額を増大し遂に有望なる事業をして失敗に終らしむるが如きこと尠くない。（中略）猶ほ外国人が支那官民と共同事業を計画するに当りて特に困難なるは支邦官憲なるものに清廉潔白の士少く私利を之れ事とする小人多く事毎に情実に伴ひ企画せる一事業の成否は殆んど官憲に対して為す贈賄の額如何にありと云ふが如き大弊害の存する事で此の弊は支那上下の通有性であつて支那国家の為めに誠に悲しむ可き現象である。（満鉄調査課「満洲に於ける合辦事業の現状」28冊・22年12月・11-12頁）

長文の引用となってしまったが，日中の合弁事業という日中が直接的に切り結ぶビジネスの現場から示された日本人の赤裸々な中国人認識が示されている。そこからは，利己的で猜疑心に富み遵法精神が薄いという中国人像を確認することができよう。それは，教導される中国人というイメージを喚起するものでもあった。ここで留意すべきは，以上の２つの中国人像の前提として提示された事実は，抜きがたい偏見を纏うとともに全体的構造連関からの把握を欠落させてはいたが，表層的「現場」の個別事実それ自体としては大きな誤りがないと「実感」されるものだという点である。客観的・科学的な事実が新たな日中関係を切り拓くという前述した楽観的な見通しは，その前提となる中国人認識をめぐり早くも大きな混乱・障害にぶつかることとなっていたのである。ここに，現地日本人は，このアンビバレントな中国人をいかに統一的な中国人像へと再編していくのか，そのためにはいかなる理路や実践が必要となるのかという課題に直面することとなる。

◉ 中国側の日本・日本人認識

　一方，現地の中国人たちは日本（人）をいかに認識していたのであろうか。当該期大連の中国人社会では，関内からの商業移民を中心とする在地有力商工業者により，大連華商公議会や小崗子華商公議会が結成され，現地中国人社会の自治的な活動の中核を担う社会層が形成されるに至っていた。また，日本人が新たな日中関係構築の前提としていた「文化」「文明」に関しても，前述した中国人社会の自治的活動を担う階層を中心に組織された大連中華青年会（1920年結成）において「徳育，智育，体育，群育，美育」教育で「高尚優美」な人格に育成し社会貢献を図るという理念のもとで，中国語総合雑誌である『新文化』を創刊（1923年２月）するなど，積極的な活動が展開されていた［松重, 2001；2006］。

　本節では，上述した状況の中で中国人が日本人をいかに認識していたのかを，『満蒙』誌上の当該記事から確認することとしたい。ただし，それが，中国人自らの語りを日本人が日本語で記録・編集したものである点は留意しておきたい。この点をふまえると，中国人の日本人認識の実態の実証的再構成には別の作業が必要となるが，本節では，本稿の主題が日本人の日中関係認識の軌

跡を追うことにもあり，その作業は後日に譲ることとしたい。

　『満蒙』誌上で展開される中国人の日本人認識は，克己心に富み勤勉で向上心に富むというものと（王朝佑「中日両国人の習癖」104冊・28年12月・80頁），独りよがりで「支那としいへば頭から莫迦にしてゐる国民」（宇澄棲「華人Ｋ氏の満洲印象記 滌沫録」73冊・26年5月・106頁）というものの2つに大別されるが，その多くは後者だった。

> 上海のハイカラ日本人の人力に乗る様子を看ると，何から何まで西洋人を真似る。笛を吹く。値段を決めずに飛び乗る。そして亦たチヨップ〳〵を連発してステッキでコツ〳〵やる。車夫は肚の中で「同文同種日支親善のくせにしやがつて，何んといふ同情のない奴だらう」と思つて余計に癪に触はり腹がむかつく。併し，例の如く多額の報酬を貰へ得ること〻思つて耐へて馳ける。焉んぞ知らん，日本人の呉れる金は，西洋人のそれに比ぶればお話にならぬシミツタレ金だ。（中略）満洲の日本人は即ち国威の假借者であり，南支の日本人は西洋の追随者である。前者は狼式暴威であり，後者は狐式黠獪である。国威假借と西洋追随，狼式暴威と狐式黠獪，それは，決して大日本の対支態度ではない。（宇澄棲「華人Ｋ氏の満洲印象記滌沫録」76冊・26年8月・96頁）

　傲慢不遜でケチという日本人の態度への深い失望が示されているといえよう。日本側が高唱する「文化」「文明」と現前の日本人の実像との間に，中国人は強いギャップを感じ，不信感を募らせており，日本人と中国人は同床異夢の状況にあったのである（伊藤伊八「支那女学生の観た日本」55冊・25年1月・71-79頁）。この状況のもと，日本の新たな日中関係構想は，興隆する現地中国ナショナリズムの洗礼を受けることとなる。

3　中国ナショナリズムへの対応と新たな日中関係の挫折

● 連携努力の継続

　旅大回収運動（1923年）[7]以降，中国東北地域においても中国ナショナリズムが顕在化する。とりわけ帽子山分館設置反対運動（1927年4月）は，第一次世界大戦後において提示された新たな国際秩序の理念を運動の正当性に組み入れており，日本側の構想と現地での実態の矛盾を厳しく突く側面をもっていた

［松重, 1997］。これに加えて，張学良地方政権（1929～31年）下において展開された対日競合的施策の進展とそれをめぐる日中間のいわゆる「満蒙懸案交渉」の停滞は，日本側商工業の長期的な不況状況と相まって，現地での日中関係をさらに緊張化させるものとなっていた。前述してきた新たな日中関係構想は，大きな試練に立つこととなっていたのである。

　この状況に対して，『満蒙』が誌面上でとった方法は，従来の手法を改めて強調し繰り返すというものだった。科学的手法の重要性に関しては「『科学の満洲』特輯」（125冊・30年9月）が，より広範な中国（人）理解に向けての民俗学的知識集積に関しては「伝説の支那特輯」（69冊・26年1月）が，さらには前述した「新しき中国」を象徴する存在と目された中国人女性に関しては「特輯『支那の女』」（105冊・29年1月）が，というように様々な特集号が編纂された。従来の手法が改めて確認され強調され，調査対象の拡大や深化を通じての中国社会・中国人のさらなる理解をめざす（「巻頭言：支那の新しい観方」55冊・25年1月・3頁）とともに，日中の相互理解の障壁となりうる認識の除去に向けての努力の必要が重ねて主張された。[8]

> 日本人の心裏には支那に対して依然として高圧的強硬論者が尠からず存在して居る。此の強硬論は其の理否の如何に不拘対支国交の上に面白からぬ影響を与へて兎角日本の真意を誤解さるゝのは嘆かはしい。北京の国会も東京の国会も或る意味から往々にして国民の真実なる声を代表して居ない点のある事は如何にも能く似通ふて居る。殊に日華両国間の国際問題になると伝統的に反発的なる精神を煽り立て，私利と私益の外何物をも知らざる党派感情に投ぜんとする。両国民は今や不良軍閥や悪政党や悪官僚のために色々な重荷を負担させられて居ることを忘れてはならない。日支両国民はもっと国民的に了解し提携し合はねばならぬ，それには賢明と公正に自覚した国民外交の必要を吾儕は痛感する。而して東亜の新文化樹立のため両民族の親和促進に就て徹底的方策を講ぜねばならぬ。（「北京の国会と東京の国会」31冊・23年2月・7頁）

> 隣邦支那への真の提携は徒らな国家的色彩に左右されることから，更に個人個人の心の琴線に触れるであろうところの人類たる矜持を正確に握ることである。（「歳末の言葉」92冊・27年12月・1頁）

> 起て！／真に東洋平和のために／而して人類生存の意義を匡すために―／徒らな感情はあらゆる場合に於いて，醜い闘争を教へて居る。／すべてが滑稽な仮面劇で

ある。／まづ仮面を捨てよ！，赤裸々になつた人間同志の力は，やがて国を超へて真の提携，融和，親善の実を挙げ得させるであろう。(「育号の辞」100冊・28年8月・1頁。／は改行を示す)

ここには，日中双方の民衆が連帯しえる政治空間の指摘と，「真の Cosmopolitan でありたい」(「微苦笑」65冊・25年9月・1頁)といったナショナリズムを相対化する形での課題乗り越えの指向が読み取れよう。

しかし，これらの主張に，ナショナリズムの相対化に向けての具体的な処方箋が明示されることはなかった。ここで問題となるのは，このような理念のみの指向性が，押し寄せる中国ナショナリズムの波の防波堤となりうるかという点だった。より具体的には，中国東北地域の日本人にとって既得権益や潜在的成長可能性の放棄の強要という具体的な相貌をもつ現地中国ナショナリズムを前にして，現地日本人が前述した新たな日中関係構築に向けての努力をなお継続できるのかということだった。そして現実には，その努力の必要性が，実現に向けての具体的処方箋を欠いたまま，繰り返し『満蒙』誌上で主張されることに留まっていた(上田恭輔「思ひ出るまゝの記」119冊・30年3月・47-48頁，「顧望十年」125冊・30年9月・1頁，恵須園「所謂日本の文化的侵略に就て」137冊・31年9月・1頁，田村羊三「満蒙に於ける科学文明の創造」137冊・31年9月・6頁)。そして，日中関係の状況は，その緊張緩和への出口を見出せないままに，満洲事変の勃発へと展開していくこととなるのである。

● 日中関係の緊張化と「満蒙権益」の再正当化

前節で述べた状況が展開する過程で『満蒙』誌上に登場したのが，第一次世界大戦後の新たな国際秩序理念を放棄したうえで，自らの権益の正当性を再構築して中国ナショナリズムに対抗するという論調だった。

> 斯くの如く国際主義は幾多の誤謬を含めるものであり，たゞ僅かに国際生活の美しき理想としてのみ認め得るに過ぎぬが，而もその実現の日は予測の限りでない。故に国際主義は事実として容れられざる以上，日本が満蒙に特殊利益の存立を論ずるにあたつて，之を顧慮する必要は全くない，然るに帝国外交の過去は徒らに「正義」「協調」の美名に惑はされ或ひは門戸開放の主義を声明し(一九〇二年一月卅日の日英同盟)，或ひは特殊権益の承認を外国に求めるなど(一九一七年十一月

> 二日の石井ランシング協約)，自ら関係の複雑を招来した憾みあるのみならず，為政者の無能無定見を天下に暴露したに過ぎなかつた。国際主義と満蒙とは以上の如く何等問題となるところなきのみならず，日本が満蒙に進出し得るは更に條約上の根拠に基いた絶対不易の公権であり，正々堂々国際場裡に主張して憚らざるの権利である。(中略) 従つて日本が満蒙の特殊利益を確立するのは今日であつて，国際主義などの空論に惑はされる時ではない。挙国一致宜しく当に満蒙に発展に努力すべきである。(植田捷雄「国際主義と満蒙」『満蒙』111冊・29年7月・20-24頁)

　後に著名な国際法学者として名を馳せることとなる植田捷雄のこの論調は，いわゆる「満蒙特殊権益」に対して国際法学的な再解釈を加えるという学術的な意味だけに留まらず，多くの現地日本人の認識に通底するものだったと考えられる(「巻頭言：中国のための真実」26冊・22年10月・7頁)。先行研究や『満蒙』誌上の数多くの記事で指摘されているとおり，日本側商工業の苦境は中国側商工業者の台頭や張学良地方政権の対日競合政策のみに帰すことはできず，多分に日本側の経営や技術革新に向けての努力不足と政府への依存性という側面があり，日本側にもその自覚はあった(川合正勝「満蒙殖民問題と中日両国人生活程度との関係」77冊・26年9月・56-57頁，難波勝治「満鉄沿線に於ける植民的施設に就て」122冊・30年6月・24頁)。しかし，長期にわたる不況は，中小資本が多数を占める日本側商工業者を中心とした大連日本人社会において，前述したような新たな日中関係構築に向けての持続的努力よりも当面の救済を，具体的には日本政府(軍事的発動を含む)による問題の一挙解決の方向性を希求する方向性を大きく膨らませていたのである[柳澤, 1999]。

　ここに，日本の人口・食料問題，ソ連の潜在的脅威，中国側の条約蹂躙(国際的信義の蹂躙)等々の案件が重なるなか(田村謙治郎「赤化に其後を脅さるゝ満蒙」52冊・24年11月・14-22頁，山田武吉「満蒙問題に対する主張」87冊・27年7月・21-27頁，木村荘十「奉海鉄道を観る」97冊・28年5月・45頁)，大連日本人社会においては，「民族自決主義は自己保全の強き本能に接触した時には常に空虚なる文句となつて了ふ」(千葉豊治「日本の人口糧食問題と対満蒙策—外人の目に映じたる」34冊・23年5月・20頁) という状況が喚起されつつあったのである。それは，理念の正当性による新たな日中関係構築の模索が，現実の「痛み」のなかで大きく後退していく状況の拡大でもあった。

ある青年が日本から満洲に来た。彼れの思想はコスモポリタンであつた，人類として日本人も毛唐も支那人もあつたものか，同じくこれ人間ではないか，おれは満洲で幸ひ国際都市といはれる大連で大いに人類愛に基調して日支親善を高唱するのだと威張つてゐた。日ならずして彼は悲観して来た。（中略）共存共栄は精神的の結合ではない，たゞ利益問題に於てのみの話で経済的の親善が最後の落ち。日支親善にとう／＼吾々も最後の決心をしなくてはならない時が来たのを悲しむものである。（M・A生「動く支那の諸相：嗚呼！済南事件」98冊・28年6月・68-71頁）

　この状況のもと，満洲事変が勃発する1931年の『満蒙』新年号の巻頭では，新たな状況の現出を「予言」したかのような一文が掲載されていた。

　二十年度（1931年―筆者註）に於ける中華民国は内政に外交に，全力をつくして「無理押し的棄身の強硬策」を以て邁進せんとすること明瞭である。しかして，或は反蔣軍事以上の多事多難の年たるべきことは想像に難くない。就中，対日外交策は内外政の中心として極端なる積極策を以て，或は満鉄の徹底的圧迫，或は全国的反日運動，等々が継続的に敢行されるものと見なければならない。中国の多事多難なると同時に，日本も亦近来の対外国難の襲来が予想され得るのである。吾人はこの意味に於いて新民国二十年は亜細亜大陸にとつて民国第一革命以来，最も大危機をはらむ危年として緊褌一番，挙国一致を以てこれに善処して誤らざらんことを期すべきであることを痛感するものである。（武田南陽「新春に直面して中国の将来を劃す」129冊・31年1月・27頁）

まとめ

　以上，本稿では，『満蒙』誌上で展開された，第一次世界大戦後における大連日本人社会における新たな日中関係構想の軌跡を確認してきた。すなわち，『満蒙』創刊当時に示された新たな関係構築に対する大きな期待は，根深い日本側の中国蔑視や，中国ナショナリズムの興隆と日本側長期的不況下での「日中提携」策実現の困難さのなかで，相互理解と相互変容に向けての長期的な展望とそれを可能とする有効な具体策を提示できないまま，満洲事変の発動を阻むことなく萎んでいくこととなった。
　それは，東アジアの国際協調体制下におけると日本側「満蒙権益」の調整的確保の模索が，結果としていわゆる「ワシントン体制」が内包する虚弱性（＝列強間におけるソ連と中国ナショナリズムへの具体的対応・調整方法の欠如）が発露

することで破綻する軌跡ともいえるが，それにもかかわらず，『満蒙』には現地の日中関係おける新たな方向性につき留意すべき内容も掲載されていた。

> ただ留意すべきことは，（中略）日本での流行がいつか中国語にとり入れられてゐることだ。従来，『我上溜達溜達去』なんて言つたのを，『溜達』が『散歩』にかはつてゐる。四五日前，大連郊外の黒石礁に住んでゐる孫伝芳氏を訪問した友人が，『減俸』といふ言葉を隠遁して世事のうとい筈の同氏が使つたので目を丸くした位で，こんな例は注意すれば幾らでもあらう。（中略）この調子だと，将来，もつと日本語その儘が中国語化される時代が来るのではなからうか。中日両国交誼の上には，あまりにも偽瞞とトリックとが多過ぎる。巧言令色は孔子さへ誡めて居るのだ。ただこの巧言さへ，国語の不通が災して，どの場合にも，ほんとうの胸襟が開き得ない。同文同種の両国人は，まづ隔意ない言葉に依つて，ほんとうの提携融和の計れる機会を速進せしめ得るのではなからうか。この意味に於て中国語の日本語化を留意したいと思ふ。（巻頭言「中国語の日本語化」135冊・31年7月・1頁）

ここでは，ピジン日本語の事例が示されているが，『満蒙』の他の記事ではピジン中国語の事例も紹介されている（「日本人支那語の正体」55冊・25年1月・79頁）。新たな日中関係の構築が蹉跌するなかにあって，日本による中国人支配という厳存する権力関係の再生産という面をはらみながらも，相互交流と相互変容の事例が蓄積されつつあったことが示されているといえよう。

　もう1つは，第一次世界大戦後の新たな国際秩序の，「満洲国」（1932年）における「五族協和」「王道楽土」理念への継承的方向性という点である。

> 日本ハ此ノ機会ニ於テ，鮮，満，蒙人ヲ打ツテ一団トスル一独立国家ヲ建設シ，外ハ赤露ト漢民族ニ対シ，日本指導ノ下ニ其圧迫ヲ排スル一勢力ヲ満蒙ノ地ニ樹立スベシ。（中略）蓋シ民族自決ハ欧州ニテモ天下ノ認ムル公論ナレバ，鮮，満，蒙ヲ一貫スル「ウラル，アルタイ」民族ノ団結ト，漢民族，スラブ民族トノ間ニ於ケル独立的立場ニハ，世界ノ同情ヲ集ムル理由アレバナリ。而シテ，日本民族モ亦此系統ノ民族ナレバ，此カ崛起ニ助カスルハ当然ノ事ナレバ。（林銑十郎『満洲事件日誌』みすず書房，1996年，40-41頁）

『満蒙』に掲載された記事ではないが，同誌で展開されていた新たな国際秩序の内容が，「満洲国」の正当性付与に向けて換骨奪胎されて利用されていることが確認できよう。本稿の課題に則して注目すべきは，「満洲国」の建国理

念の虚偽性を確認することではなく,「満洲国」の建国理念のいわば初期設定段階で第一次世界大戦後の新たな国際秩序が埋め込まれているという事実それ自体である。

　以上の2つの方向性は,「満洲国」が,満洲事変前の大連日本人社会において,日中間の相互交流と相互変容の一定の蓄積がありながらも成就されることがなかった新たな日中関係の構築という課題に改めて対峙する可能性を示唆するものでもあった。それは,未成就の要因だった,民族自決と独立平等への具体的な処方箋を改めて追求することを,日本側に迫ることを意味するものでもあった。そして,『満蒙』では,「満洲国」の建国理念と現実の統治実態の乖離と,それをいかに埋めるのかをめぐる論攷が掲載されていくこととなるが,その軌跡については稿を改めて紹介することとしたい。

●注
1) 第一次世界大戦の世界史的影響,戦争違法化理念の成立と展開および民族自決との関連については,さしあたり,山室ほか編(2014),三牧(2014)を参照されたい。
2) 「内地」での戦争違法化への反応は相対的に低調だった［伊香, 2002］。
3) 当該期大連の出版・言論界の全体的実態については後日を期したいが,新聞の刊行状況からすれば,その経営的基盤の脆弱さとは別に,言論活動の活況化が窺える［張, 2011］。
4) 満蒙文化協会の設立過程とその特徴に関しては,当該期現地出版界全体の中で位置づけつつ満洲国までを射程に入れた分析を行った岡村(2012)と,同協会設立の目的を日本の国際的孤立の解消と中国東北地域への権益拡大という視角から追究した高(2008)があり,大いに参考になった。本稿は,この2つの成果をふまえ,『満蒙』誌面に表出した言説それ自体に即して,日本人側認識の展開過程を改めて検討したものである。
5) 『東北文化月報』に関しては,高(2008)を参照されたい。
6) 初代満鉄総裁を務めた後藤新平により主張された日本の満州経営の基本政策。「ただちに軍備に転化しうる非軍事的施設の整備」(北岡伸一『後藤新平―外交とヴィジョン』中公新書,1988年,95頁)と「文明の利器(王道)を持ち込むこと」で「現地が日本の満州経営に抵抗し難い関係を作り上げる」こと(同前書,96頁)の含意があり,「文装」では「科学」が強調されていた(西宮紘「後藤新平の満州経略」中見立夫ほか『満洲とは何だったのか』藤原書店,2004年,所収)。
7) 旅順・大連の租借延長を認めた,いわゆる「21カ条要求」の具体化条約の1つである「南満洲及東蒙古ニ関スル条約」(1915年締結)は無効であるとし

て，中国側により，各種の対日ボイコットを含む形で展開された，同地の中国側への返還を求める運動。日露戦争後に日本が継承する形となった遼東半島租借地に関する露清間の原約では，1923年3月26日で租借期限が満了することとなっていた。なお，同運動の中国東北地域における画期性に関しては，平野健一郎「1923年の満州」（平野健一郎編『近代日本とアジア─文化の交流と摩擦』東京大学出版会，1984年，所収）を参照されたい。
8) 中国人理解深化に向けての取り組みは，大連を含む中国東北地域の日本人社会のみならず，いわゆる「内地」に向けても，満蒙（日中）文化協会の宣伝隊派遣による宣伝活動によって展開されていた。そこには，大連を含む中国東北地域の日本人社会と「内地」の対中国認識のギャップ（「編輯私記」131冊・31年3月・161頁，恵須園「わが満蒙視察者に与ふ」133冊・31年5月・1頁）と，それが満洲事変前後でいかなる方向と内実により「一体化」されていくのかという興味ある課題が横たわっているが，稿を改めて論じたい。

◆参考文献
伊香俊哉（2002）『近代日本と戦争違法化体制─第一次世界大戦から日中戦争へ』吉川弘文館
岡村敬二（2012）『満洲出版史』吉川弘文館
高紅梅（2008）「『東北文化月報』と満蒙文化協会─中国人の対日認識の視角から見る」富士ゼロックス小林節太郎記念基金
篠崎嘉郎（1921）『大連』大阪屋号書店
大連市編（1936）『大連市史』大連市役所
張楓（2011）「大連における泰東日報の経営動向と新聞論調─中国人社会との関係を中心に」加瀬和俊編『戦間期日本の新聞産業─経営事情と社論を中心に』［東京大学社会科学研究所研究シリーズNo. 48］東京大学社会科学研究所
塚瀬進（2004）『満洲の日本人』吉川弘文館
松重充浩（1997）「国民革命期における東北在地有力者層のナショナリズム─奉天総商会の動向を中心に」『史学研究』216号
松重充浩（2001）「植民地大連における華人社会の展開─1920年代初頭大連華商団体の活動を中心に」曽田三郎編著『近代中国と日本─提携と敵対の半世紀』御茶の水書房
松重充浩（2006）「第一次大戦前後における大連の『山東幇』中国人商人」本庄比佐子編『日本の青島占領と山東の社会経済─1914-22年』財団法人東洋文庫
三牧聖子（2014）『戦争違法化運動の時代』名古屋大学出版会
柳澤遊（1999）『日本人の植民地体験』青木書店
山室信一・岡田暁生ほか編（2014）『現代の起点 第一次世界大戦』（全4巻），岩波書店
李振遠主編（1999）『長夜曙─殖民地統治時期大連的文化芸術』大連出版社
顧明義等編（1999）『大連近百年史』（上・下）遼寧人民出版社
馬麗芬・韓悦行主編（1999）『大連近百年史見聞』遼寧人民出版社

アジアを「想像」する

「越境アジア」と地域ガバナンス
■東アジアにおける歴史・政治経済の発展の新たな分析

劉　宏

　国民国家がアジアに存在し発展したのは，ここ1世紀あまりの現象である。それ以前に長く存在してきたアジア地域内部の文化交流，概念の移動，人口の移動，社会の相互作用，商業・貿易ネットワークは国民国家の時代においても，依然として粘り強く残り続けているだけでなく，さらに強化されてきた。国家を超越するこの種の視点は，アジアの歴史叙述と地域アイデンティティの構築に重要な影響を及ぼすであろう。本稿では，2つの論点を提示する。第1に，国民国家の枠組みは東アジア地域の政治経済の発展を分析する際に依然として代替不可能なものではあるが，それは，国民国家と経済の迅速な発展が共存する現象とその発展の背後にある歴史・文化的要素や，人口，実践，理念や資本の国境を越えた移動がもたらす重大な転換を全面的に説明するにはもはや不十分である。筆者は，地理・文化的意味での「越境アジア」概念は検討可能な1つの選択肢であり，国民国家が導く主流の研究が無視している隔たりを補填することができると考える。第2に，国家と社会という伝統的な二分法を超えることによって，国境を越えたネットワークと地域ガバナンスを東アジアの政治経済発展の新たな原動力を解明する分析道具とすることができるであろう。

1　問題の所在

　21世紀に入って，東アジア共同体に関する議論が学術界で注目されるようになったが，学界や政界における東アジア一体化に関する議論は国民国家を出発点としており，これをもとに形成された「方法論的ナショナリズム」（methodological nationalism）によりアジア地域の発展の過程や成果，問題，挑戦を分析してきた。この種の思考方式はアジアの歴史に関する叙述や地域アイデンティティの論争と研究にも影響を与えてきた。
　本稿では，現在と未来のアジアの発展動向がアジアの歴史叙述や歴史意識の

構築を決定づけるとは考えていない。筆者が強調したいのは，国民国家がアジアに存在し発展したのはここ1世紀あまりの現象であり，それ以前に長く存在していた文化の交流や概念の移動，人口の移動，社会の相互作用，商業・貿易ネットワークは国民国家の時代においても依然として残り続けているのみならず，さらに強化されたということである。この種の非国家的視野はアジアの歴史叙述や地域アイデンティティの構築に重要な影響を与えている。

　1970年代中頃から90年代中頃までの東アジア経済の迅速な発展は様々な分析枠組みを生み出し，当該地区の経済成長の原動力とモデルを説明した。東アジア経済の奇跡を解釈するのに最も流行した理論は開発指向型国家（developmental State）理論であり，その中心的な内容には以下のものが含まれる。日本や東アジアの新興工業国家・地域（NICs）の政府は「市場友好（market-friendly）戦略」を制定し実行するなかで重要な役割を果たし，国家は制度化システムを通して東アジア経済の奇跡を創造した。また，経済テクノクラートは政治的影響から抜け出し，優秀で効率性の高い官僚システムを創り出す努力をし，「見える手」によって市場に関与し国家経済の発展を牽引した［Hawes and Liu, 1993：629-660；Suehiro, 2008］。同時に，文化的角度から東アジア経済の迅速な発展を解釈した学者もいる。

　儒家思想やその他の東アジア文化的価値観（例えば，勤勉に働くことや規律，教育，家庭を重んじることなどは中華文化圏の優秀な伝統的思想である）は，経済の迅速な発展と成長を促進し，社会の調和と凝集力を保証する重要な要素であると彼らは考えている［Liu, 2012：20-41］。

　世紀の変わり目において東アジアには重大な変化が発生し，グローバルと地域に多レベルで深い影響を及ぼした。まず，最も重要な変化は，中国経済が急速に成長し中国がグローバル経済と地域経済に溶け込んで一体化していく趨勢に示される（例えば，WTOや域内経済組織への加盟などである）。

　中国が世界第2の経済国となった事実は，アジアの政治経済の仕組みと国際関係の構造を根本から再構築することとなった。中国の台頭をグローバルガバナンスに対する挑戦とみなす学者もおり，グローバルガバナンスの未来の展望は中国と西洋社会の利益の同一性あるいは差異性によって決まると考えている［Gu, Humphrey and Messner, 2008：274-292］。国際政治の領域において中国が日

増しに「自己主張の激しい」(assertiveness) 振る舞いを外交で行っていることは，学界と大衆世論の注目と憂慮を引き起こしている［Johnston, 2013：7-48］。

次に，中国の台頭と経済発展の周期的変化に対する反応として，東アジアの各国は製造業や貿易，銀行などの部門を含め国内の経済システムの再編を次々に行ってきた。国際通貨基金（IMF）の最新の評価によれば，中国の国内総生産（GDP）の成長率が1ポイントさがるごとに，インドネシアの経済は0.5ポイント下落する。よって，インドネシアが国内の経済構造を調整するのは必然的な流れである［Bland, 2013］。

最後に，過去10年はグローバリゼーションの速度と範囲が急速に増した10年でもあった。交通と技術の飛躍的な進歩のおかげで，資本や人口，理念の越境と移動は大きく増加した。2010年には国際的な移民の数が2億1400万人になり，その中でアジア出身の移民は2750万人（43％がアジア地域内の移動）であり，世界の移民の総数の13％を占める［International Organization of Migration, 2010：165-181］。

以上の変化は，1980年代以来のアジア経済の奇跡に関する理論の分析枠組みの捉え直しを我々に促している。従来の「アジアの奇跡」に関する議論のなかで，中国は全体として比較的周辺の要素にすぎなかった。その発展モデルは開発指向型国家の影響を強く受けていたけれども，独自の特徴も有していた。21世紀に入った後の10年あまりにおいて，グローバリゼーションが進展し，新自由主義の市場に対する力が再度重要視されるにつれて，開発指向型国家理論および「文化論」は新たな挑戦に直面することとなった。過去10年あまりの東アジア政治経済の発展における主要な発展モデルは何か，という問いに我々は答えなければならない。これらの発展は東アジア内部との関係にどのような影響を与えているのだろうか？ 歴史や社会，文化的要素はアジアの社会内部の相互作用と未来にどのように影響するのだろうか？ どのような新たな理論と分析枠組みを用いて現代東アジアの発展とその動向を理解すべきなのだろうか？

本稿は上述の問題に全面的に答えられるものではなく，以下の2点に対して論述し，上述の問題を思考する際に有益となる論点を提供する。第1に，支配的な地位を占める国民国家の枠組みは，東アジア地域の政治経済の発展を分析する際に依然として欠くことのできないものではあるが，人口，実践，理念や

資本の国境を越えた移動が引き起こす重大な転換を説明するのに不十分である。代替可能な選択肢として，筆者は地理・文化的意味での「越境アジア」概念を提起し，国民国家的枠組みが導く主流の研究が無視してきた隔たりを補填することを試みる。第2に，伝統的な国家と社会の二分法，および国家主義と制度主義の間に存在する厳格な理論的区分を超えることを通して，国境を越えたネットワークと地域ガバナンスを，これらの分野を橋渡しするものとし，東アジアの政治経済の発展を解明する新たな分析道具とする。国境を越えたネットワークの広範さと多レベルの相互作用において，開発指向型国家はネットワーク化した国家モデルと共存し始めており，各種の協商システムを通して国民国家の国内外事務に影響を与え続けている。

2 「越境アジア」とその歴史的基礎

　過去10年，東アジアでの政治経済などの領域における顕著な変化と，地域内での越境的かつ多層的な相互作用を加速し強化したこととが，互いに補完しあって良好な結果を生じさせた。筆者が提起する「越境アジア」（Transnational Asia）概念は，まさにこの時代背景において形成され強化された［劉, 2013］。この概念は相互に関連する3つの視角から理解することができる。まず空間的な意味からいえば，「越境アジア」には地理的・文化的意味での柔軟性があり，明確ではあるが多くの問題を有する東アジアと東南アジア地域を含んでいる。人為的にアジアを異なる部分領域に区分することは，長期にわたって存在する多元的社会文化と地政学的背景にある文化，社会，経済関係を無視してしまうと筆者は考えている。近代アジアの発展の原動力をよりよく理解するために，この教条主義的な区分を超えなければならず，アジアの部分領域にそれぞれ存在する特徴をみなければならない。また，それらが内在する結びつきもみなければならない。次に，さらに重要なことであるが，「越境アジア」は発展途上の動的過程であり，存在である。東アジアと東南アジア国家間および外部世界との間の動的結びつきを通して，「越境アジア」は各国内のアジェンダや発展戦略を（再）形成させるのである。この過程において国境を越えた組織や理念（社会経済成長モデルを含む）の移動は，東アジアの発展の道筋に重要な影響を与

え，また，西洋の近代性とは異なるアジアの近代性の形成をもたらす。最後に，「越境アジア」は，人口，理念，商品，実践や資本の国境・地域を越えた移動に対して互いに関連する分析道具であり研究方法である。「越境アジア」には深い歴史的・文化的基礎があり，過去20年あまりの間において，国民国家の境界を越えた貿易や移民の急速な増加につれて，その歴史的・文化的基礎は著しく増強してきている。このような歴史と経済の相互作用の変遷と多層的な過程を通して，近年，「越境アジア」の制度化は絶え間なく強まっており，また，当地区の政治経済の発展に徐々に影響を与えている。

　東アジア地域内部の貿易，文化交流と移民を通して作られ始めた広範な結びつきは，西洋の植民者たちが東南アジアに足を踏み入れる前のいくつかの世紀，および19世紀末に日本が地域の強権者として出現する前にまで遡ることができる［Arrighi, Hamashita and Selden, 2003］。これらの結びつきは20世紀初めに再構築された。「アジア」が初めて1つの地域概念として創造されたとき，ナショナリズムは「想像の共同体」の形式で出現し「出版資本主義」の経路を通して全アジアに拡散した。Arnason が言うには，「長期的にみれば，当地区（東南アジア）の最も突出した特長は，文明間の衝突と煩雑な地方分岐に対応せざるをえないことであり……，東南アジアの伝統と支配的な外部のモデルには積極的な相互作用が存在しており，これは非常に特色のある，外部からのインプットと当地のモデル形成との非常に柔軟性のある組み合わせであり，単に原住民の基礎構造を堅持しているわけではない」［Arnason, 1997：99-122］。Hefner は，文化の流動性，文化を越えたインプットとマレー群島を跨ぐ複合的共同体が海洋東南アジアに関して有効な分析枠組みを構成しているとしており，「社会の構成は不変ではなく，伝統的実体とその近隣との間を分離することはできない」のである［Hefner, 2001：1-58］。

　アジアの近代性はすでに理念と人口流動によって構築されてきた。そしてその理念には越境するものと地域内部のものがあり，両者ともに比較的大規模で相応の強度を有していた。20世紀初頭，中華文明は西洋からの未曾有の侵入という挑戦に直面し，この危機は康有為を代表とする改革派と孫中山が主導する革命派との間に衝突を引き起こした。このときの東南アジアも同様に残酷な帝国主義とナショナリズム運動が氾濫していた。これらの民族運動の発展戦略は

非国家中心主義 (non-state centric) の言説に整理統合され，それゆえに「急進的な政治文化地域概念」のアジアの形成を推進させた [Karl, 2002]。

例えばアジア主義などの概念の提起と実践は，日本，東南アジアと中国などの知識分子とナショナリストを緊密に結びつけ，地理と国家の境界を越えた政治・文化のネットワークを形成させた [Hau and Shiraishi, 2009：329-388；劉・曹, 2013：294-317]。中国の知識分子は日本を経路として西洋に関する知識を獲得し，20世紀初期において西洋の思想や学術が中国に伝播する際に日本を最も重要な中継地点とした [Liu, 1995]。

地域内部と国を越えた結びつきに対する簡単な論述がアジア政治の歴史的伝統を関連する問題の中に埋め込んでしまうことは，我々にアジア研究の主要な枠組みを再考させる。伝統的に，この枠組みは「方法論的ナショナリズム」(methodological nationalism) に主導され，「その方法論は，民族・国家・社会を現代世界が元来有する社会的，政治的形式と仮定し」ており，「その思想は過去の世紀に社会科学研究に影響を与えた」[Wimmer and Schiller, 2002：301-334]。例えば，中国の歴史学研究は長きにわたって反帝国主義思想と国民国家の枠組みでの国家中心論に束縛されてきた。しかし，国民国家研究の枠組みの限界はすでに日増しに明らかになっており，アジアの国を超えた視角は当地区の歴史と現実を認識する際により重視されるべきである。Winichakul は以下のように述べる。「古い国民国家理論が扱う対象は国民国家建設である。何故ならそれには国民国家の発展の過程が含まれているからである」[Winichakul, 2003：3-29]。しかし現在は時勢がその他の非国民国家性や国境を越えた理論を生み出し繁栄させている。つまり，アジアの近現代史に関するこの修正主義的解釈は東アジアの政治経済を再構築し，過去30年において中国が参与していたその変動過程の理論の基礎となるのである。

3　今日的アジェンダへの省察
——「アジア問題を解決するアジア的視角」

冷戦という大きな背景のもとで新たに独立した多くの国家が自身の国民国家を建設し始めるにつれて，東アジアの国境を越えた歴史と文化の共通の遺産が

さらに顕在化してきた。例えば、インドネシアと中国の間の持続的な相互作用は地区の構築の新たな特性をはっきりと示したものであり、この過程において中国はポスト植民地時代の東南アジアの二重のイメージを呼び覚ました。1949年から80年代半ばまで、中国はいくつかの東南アジア諸国から脅威とみなされた。東南アジア諸国の政府はこの観念の助けを借りて国内の権威政治体制と、華人に対して同化政策を強制する正当性を増強した。比較的少数に認知されている観点では、中国は近代性の代表であり、中国を（真実としてあるいは想像で）社会変革と経済発展の模範とみなしている。この見方は東南アジアの非共産主義国家において、例えばスカルノ時代のインドネシアに存在していた。

西洋モデルの憲政民主はなぜインドネシアで失敗したのだろうか？　この問題はかつてポスト植民地時代のインドネシア政治研究における難題であった。そして「西洋」は研究文献の中で唯一の「他者」となり、また、唯一の参照基準となった。この種の研究方法は「東洋と西洋の学者の間に存在する基本的で約分しえない隔たり」を既定的で不変の事実としている [Philpott, 2000：3-4]。Eisenstadt は以下のように明確に指摘している。「近代性と西洋化をイコールで結ぶことはできない。たとえそれらに歴史的強みがあり、他のモデルの基準点になりうるとしても、西洋モデルの近代性は唯一の『真の』近代性ではない」[Eisenstadt, 2000：1-29]。彼は「多様な近代性」理念の重視は一元的近代化理論の否定であるとしており、「均質化と近代性の西洋モデルを優位とする仮定」は現実的ではないとみなしている。

スカルノ時代（1949～65年）において、インドネシアの多くの政治家や知識人は他国の発展モデルの中からインスピレーションを探し、中国が彼らの特別な選択となった。彼らは新中国に関する3つの主要なイメージを形づくり、伝播させた。それは、目標が明確な調和のとれた社会、経済発展の成功と民衆の支持を得たポピュリズム＝ナショナリズム社会、文化と知識が復興した新しい社会である。インドネシアからすれば、中国の魅力は中国が提唱する共産主義イデオロギーにあるのではなく、比較的短い期間で巨大な成功を収めた発展モデルにある。それによってスカルノ大統領は中国が「アジア問題を解決するアジア的視角」の手本であると確信したのである。20世紀初期の文化と観念の交流の歴史記憶が呼び覚まされ、検証による中国の発展モデルの認識が併用され

た。中国の社会・政治・文化の発展モデルの体系的結合はスカルノ時代末期のインドネシアの歴史過程に深い影響を与えた［Liu, 2011］。

中国とインドネシアの友好協力関係はスハルト時代（1967〜98年）に中断されたが，両国関係はスハルトが下野した後に急速に回復した。1999年に中国に公式訪問した時，ワヒド大統領は中国の指導者に対して両国間の関係は「兄弟」のようであるべきで，インドネシア人民は中国という「儒教兄弟」がいることを嬉しく思っていると述べた。また，新時期のインドネシアはアジアの隣国，特に中国と友好で緊密な関係を築くことを明確に表明した（New York Times, October 24, 1999）。Jawa Pos Group の最高経営責任者である Dahlan は著書『中国の経験』（Pelajaran dari Tiongkok, 2008年）の中で，インドネシアは中国の発展モデルに学ぶように強調した。ベトナムでは中国の作家の小説の翻訳版がベトナムの外国文学作品の半分を占め，次世代の政策決定者はこの種の安定的な経済開放と適度な政治コントロールを強調する「中国モデル」をすでに受け入れている。ラオスでは，「中国は近代性の代表であるとさらにみなされるようになった」［Kurlantzick, 2007：133-134］。

「越境アジア」は日増しに強まる文化や理念の流動過程において徐々に現れているだけでなく，さらに重要なのは，20年来の経済の結びつきと人口流動の急速な増大に対する促進が証明するように，中国はそのなかで主導的な役割を果たしている。杉原薫は，中国が国際経済構造に溶け込むモデルは，徐々に「アジア内部の貿易，移民，資本の流動と（海外）送金の増大の中で形作られており，西洋の直接的接触がもたらしたものと同じである」としている［Sugihara, 2005］。アジア内部の貿易と経済活動の急速な成長はすでに東アジア全体の貿易額の半分以上を占めており，70年代末期においてアジア経済に占める輸出入の総額が20％だったことと比べると，大幅に増大した［Das, 2009：321-338］。2013年初め，中国は ASEAN の第1の貿易パートナーとなり，ASEAN は中国の第3の貿易パートナーとなった。東アジア共同体構想が発展するなかで，「チェンマイ・イニシアティブ」を代表とする通貨地域主義の発展と地域内自由貿易区の拡散によって，経済地域主義は当地区において日増しに重要な協力形式となっている［Urata, 2008］。アジア開発銀行研究所所長・河合正弘は「アジア各国間の経済的紐帯はますます強くなっている。ドルの地位は衰えて

おり，ユーロも必ずしも引き受ける能力があるとは限らない。現在，アジアにおいて安定した通貨圏を構築する必要がある」と指摘した［International Herald Tribune, December, 29：2008］。

　つまり，世紀の変わり目の発展と実践が証明するように，「越境アジア」の形成は，長期にわたって東アジアと東南アジア各国と民衆に存在してきた越境し相互作用する貴重な歴史資源と文化資本の吸収に有益であり，人口，資本，商品と理念の移動はすでに制度化と多国間システムを推進するなかで明らかに強化されている。構造的で制度化された越境アジアモデルは過去10年の間に成型され，「10＋3」のような政府間の協力システムやボアオ・アジアフォーラムのような非政府協力形式が創設されるにつれて，徐々に強化されている。「越境アジア」のこれらの非公式的次元は，人類が文化，教育，経済等の競争性をもつ領域において持続的に移動していることによって明らかとなっている。経済成長のエンジン，人口移動の源泉と国境を越えた制度化の枠組み（例えば，「10＋1」や中国とASEANの自由貿易区）において中心となるアクターとして，中国は新たな地域構築において鍵となる役割を果たしている。しかしながら，中国が「越境アジア」の形成過程において日増しに成長を遂げた中心的地位も，アメリカの主導によって大きな抵抗に遭った（組織的なものを含む）。中国とアジアの隣国間との領土・領海紛争も形成途中の地域秩序に一定の負の影響を与えた。よって，「越境アジア」は不安定で，潜在的衝突を有する地域構造と併存している。東アジアの政治経済の新たな発展からすれば，国境を越える新たな構造は，結果でもあり原動力でもある。それらが地域変動に及ぼす複合的影響と深い意義に対して，十分な観察を行わなければならない。

まとめ

　以上の分析をもとに，本文では以下の3つの初歩的な結論を得た。

　第1に，東アジアの政治経済に関する既存の分析パラダイムは依然として国民国家の枠組みによる支配を受けている。東アジアの人口，資本，実践と理念が越境し移動する動きが日増しに強まるにつれ，我々は新たな分析道具を導入し，変化する地理・社会・政治的情景をより詳しく読み解く必要がある。1つ

の地域が発展する過程として，そして分析道具の一種として「越境アジア」の概念は，従来密接であった地域の相互作用のなかで大量の歴史と文化資本を吸収した。中国の台頭の原動力や発展モデル，中国と周辺国家の社会・文化・経済の相互作用，越境し移動する非政府や政府機構の構築，またはその維持にかかわらず「越境アジア」は代替可能な選択となるのであり，過去20年あまりの東アジアにおいて発生した深層レベルの転換をより詳しく読み解くことができる。

　第2に，「越境アジア」の枠組みにおける社会・政治・経済の転換の複雑性と多様性と多次元性をより深く理解するために，伝統的な国家と社会の二分法を超えて新たな分析方法を導入しなければならない。垂直的に構築されたトップダウンの権威的国家システムは，水平方向に広がる越境するネットワークの広い軌道上におかれるべきであり，公共領域と私的領域の縦横の交錯を実現しなければならない。この過程のなかで，執政の相互作用の多様性によって実現されるガバナンスは，重要な概念的枠組みと具体的な実践が結果として顕在化したものということができる。また，ネットワークとガバナンスは変化する市場システムや監督制度と同列である。国内の政治経済構造が，これらの新しい，国家・社会・市場とネットワークが連なった越境モデルにどのように反応するか（およびどのように影響を受けるか）について，我々はさらに多くの実証研究が必要である。

　第3に，国家とその再構築は依然として「越境アジア」の発展の過程において重要なアクターである。1997年と2008年に起こった2度の金融危機とその解決方法が明らかにするように，意義を有するすべてのマクロ経済政策からすれば，国家は必要不可欠な役割を有している。しかし国家自身の性質と特徴は変化しており，もしかすると「ネットワーク化した国家」と定義できるかもしれないが，重要な2つの側面は70，80年代に力強く発展した開発指向型国家とは異なる。1つ目に，開発指向型国家の「市場友好戦略」と介入主義的政策がもつ基本的特徴として，経済テクノクラートが政治的影響から抜け出すこと，優秀で効率性の高い官僚システムと情報を共有する公私の諮問部門が挙げられる。しかし，「ネットワーク化した国家」は政策がもたらすインセンティブを通して市場と経済に影響を与えるのみならず，グローバルな生産や知識，エスニックグループのネットワークに接触し，国家の経済部門に対する直接的関与

も重要な経路となる。2つ目に,もしナショナリズムの伝統的な枠組みにおいて開発指向型国家が国民国家の内部における行動を拠りどころとするならば,グローバリゼーションの過程で重要な主体であるネットワーク化した国家は,さらに多くの越境的性質と特徴を有することになる。よって,越境する民間社会およびボトムアップ型のシステムとそのプロセスは日増しに重要になるのである［劉・廖, 2006：346-373；Liu and Van, 2016］。

（和田英男・林礼釧訳）

◆参考文献

Arnason, Johann P. (1997) 'The Southeast Asian Labyrinth: Historical and Comparative Perspectives', *Thesis Eleven*, 50.

Arrighi, Giovanni, Takeshi Hamashita and Mark Selden, eds. (2003) *The Resurgence of East Asia : 500, 150 and 50 Year Perspectives.* London: Routledge.

Bland, Ben (2013) "Indonesia Forced to Readjust as China Boom Slows", *Financial Times,* August 3, 2013.

Das, Dilip K. (2009) "A Chinese Renaissance in an Unremittingly Integrating Asian Economy," *Journal of Contemporary China,* vol. 18, no. 59.

Eisenstadt, S. N. (2000) "Multiple Modernities," *Daedalus,* vol. 129 (Winter).

Gu, Jing, John Humphrey and Dirk Messner (2008) "Global Governance and Developing Countries: The Implications of the Rise of China", *World Development,* Vol. 36, No. 2.

Hau, Caroline and Takashi Shiraishi (2009) "Daydreaming about Rizal and Tetcho: On Asianism as Network and Fantasy," *Philippine Studies,* vol. 57, no. 3.

Hawes, Gary and Hong Liu (1993) "Explaining the Dynamics of the Southeast Asian Political Economy: State, Society and the Search for Economic Growth", *World Politics,* 45, 4.

Hefner, Robert (2001) "Introduction: Multiculturalism and Citizenship in Malaysia, Singapore, and Indonesia," in idem, ed., *The Politics of Multiculturalism : Pluralism and Citizenship in Malaysia, Singapore, and Indonesia.* Honolulu: University of Hawaii Press.

International Organization of Migration (2010) *World Migration Report 2010 -The Future of Migration : Building Capacities for Change,* Geneva: IOM.

Iskan, Dahlan (2008) *Pelajaran dari Tiongkok.* [Teachings from China] Surabaya: JP Books.

Johnston, Alastair Iain (2013) "How New and Assertive Is China's New Assertiveness ?" *International Security,* Vol. 37, No. 4.

Karl, Rebecca (2002) *Staging the World : Chinese Nationalism at the*

turn of the Twentieth Century. Durham: Duke University Press.
Kurlantzick, Joshua (2007) *Charm Offensive : How China's Soft Power Is Transforming the World*. New Haven: Yale University Press.
Liu, Hong (2011) *China and the Shaping of Indonesia, 1959-1965*. Singapore and Kyoto: National University of Singapore Press and Kyoto University Press.
Liu, Hong (2012) "Beyond a Revisionist Turn: Networks, State, and the Changing Dynamics of Diasporic Chinese Entrepreneurship", *China : An International Journal*, Vol. 10, No. 3.
Liu, Hong and Els Van Dongen (2016) "China's Diaspora Policies as a New Mode of Transnational Governance," *Journal of Contemporary China*, September, forthcoming.
Liu, Lydia H. (1995) *Translingual Practice : Literature, National Culture, and Translated Modernity, China, 1900-1937*. Stanford: Stanford University Press.
Philpott, Simon (2000) *Rethinking Indonesia : Postcolonial Theory, Authoritarianism and Identity*. New York: St. Martin's Press.
Suehiro Akira (2008) *Catch-Up Industrialization : The Trajectory and Prospects of East Asian Economies*. Singapore: National University of Singapore Press.
Sugihara Kaoru (2005) "An Introduction," in idem, ed., *Japan, China, and the Growth of the Asian International Economy, 1850-1949*. Oxford: Oxford University Press.
Urata Shujiro (2008) "The Emergence and Proliferation of FTAs in East Asia," in Abe Shigeyuki and Bhanupong Nidhipraba eds., *East Asian Economies and New Regionalism*. Kyoto: Kyoto University Press.
Wimmer, Andreas and Nina Glick Schiller (2002) "Methodological Nationalism and Beyond: Nation-state Building, Migration and the Social Sciences," *Global Networks : A Journal of Transnational Affairs*, vol. 2, no. 4.
Winichakul, Thongchai (2003) "Writing at the Interstices: Southeast Asian Historians and Postnational Histories in Southeast Asia," in Abu Talib Ahmad and Tan Liok Ee eds., *New Terrains in Southeast Asian History*. Athens: Ohio University Press.
劉宏（2013）『跨界亜洲的理念与実践—中国模式，華人網絡，国際関係』南京大学出版社
劉宏・曹善玉（2013）「近代中国の南洋観と越境するアジア像—『南洋群島商業研究会雑誌』を中心に」松浦正孝編著『アジア主義は何を語るのか—記憶・権力・価値』ミネルヴァ書房
劉宏・廖赤陽（2006）「ネットワーク，アイデンティティと華人研究—20世紀の東アジア地域秩序を再検討する」『東南アジア研究』第43巻，第4期

【注記】 本研究は南洋理工大学科研プロジェクトの助成を受けた（プロジェクト番号M4081392）。

アジアを「想像」する

原爆投下と日米の歴史認識
■オバマ米大統領の広島訪問を踏まえて

高橋慶吉

　本稿は，2016年5月27日のオバマ米大統領の広島訪問をふまえ，日米の原爆投下に対する歴史認識を比較検討してみようとするものである。特に，何故アメリカは原爆を日本に投下したのか，原爆投下は必要だったのかという問題に注目し，それら問題に関わる日米の歴史認識を学界と世論という2つのレベルから検討する。
　近年，日中，日韓の間で歴史認識をめぐる摩擦が生じているが，本稿の内容に明らかなように歴史認識の相違自体は日米の間にも存在する。しかし日米は日中，日韓とは違い，良好な国家間関係を築いてきた。何故日米の間ではそれが可能で，日中，日韓では難しいのか。本稿はそうしたことについて考え，対話を行ううえでのひとつの材料となろう。

はじめに

　原爆投下から71年が経とうとしていた2016年5月27日，オバマ大統領が現職のアメリカ大統領として初めて広島を訪問した。安倍晋三首相とともにまず平和記念資料館を見学し，原爆死没者慰霊碑に献花，そして声明を読み上げ，「核なき世界」の実現を訴えたのである。声明のあとには，被爆者2人と言葉も交わした。
　オバマは声明で，原爆により「10万人を超える日本の男性，女性，子どもたち」が亡くなったことを認めた。しかし謝罪はせず，何故原爆を投下したのか説明することもなかった。そうした声明になることはかなりのところ，オバマの広島訪問前より明らかだった。訪問決定が発表された5月10日に，ローズ大統領副補佐官から，大統領は「第二次世界大戦末期の原爆使用の決定を再考することはない」という方針が示されていたからである。またオバマ自身も，訪問数日前のNHKのインタビューで，謝罪をするつもりはなく，原爆投下の是

広島平和記念公園で演説を行うオバマ大統領
（2016年5月27日）

（朝日新聞社提供）

非を検証するのは歴史家の仕事だという考えを明らかにしていた。

報道によれば，オバマ政権が広島訪問に際してこうした慎重な姿勢をとったのは，原爆の投下を正当と捉える歴史認識がアメリカ国内に根強く残っているためだった。しかし一方で，アメリカの歴史認識には変化も見られるという。本稿はオバマの広島訪問により注目を浴びたアメリカの原爆投下に対する歴史認識を少し掘り下げて検討するとともに，それとの関係から日本側の認識もみてみようとするものである。

具体的には，原爆投下の正当性の問題と深く関わる2つの論点，すなわち，何故アメリカは原爆を日本に投下したのか，原爆投下は必要だったのかという論点に注目し，それら論点に関する日米双方の歴史認識を学界と世論という2つのレベルからみることにしたい。

日米の原爆観については，いわゆるスミソニアン原爆展論争をひとつのきっかけに，1990年代に盛んに研究が行われている。おそらくその中で本稿の問題関心と最も近いのは，97年発表の麻田貞雄の研究だろう。同研究は，原爆投下の是非をめぐる日米両国民一般の意識の違いを指摘したうえで，その違いをもたらすひとつの要因として原爆投下の目的に関する認識の相違に着目するものである［Asada, 1997］。

この麻田の研究のように，1990年代に行われた研究は総じて，日米の原爆観の相違を指摘，強調するものとなっている。本稿はそうした先行研究を参考にしつつ，オバマの広島訪問という新たな展開をふまえ，日米の原爆観の再検討に取り組むものである。できるだけ新しいデータや出来事を取り上げることはもちろん，オバマの広島訪問自体に対しても本稿のテーマから外れない範囲で分析を加えたいと思う。

1 アメリカの学界の歴史認識

アメリカの学界には，「はじめに」で示した2つの論点との関係で重要な解釈が3つある。正統的解釈と修正主義解釈，そして折衷的解釈の3つである。

正統的解釈とは，原爆投下時のアメリカ大統領トルーマンや陸軍長官として原爆開発に対する実質的な責任者を務めたスティムソンの戦後の説明を支持するものである。その説明によれば，アメリカが原爆を投下したのは戦争を早期に終わらせるためだった。原爆投下は必要なことだった。何故なら，もし原爆を使わなければ日本本土への上陸作戦の敢行を余儀なくされ，アメリカ軍だけで50万から100万もの死傷者が出たであろうからである。

トルーマンやスティムソンのいう日本本土上陸作戦とは，沖縄戦が終わりを迎えつつあった1945年6月半ばに決定された2つの作戦，すなわち九州南部への上陸作戦と関東平野に対する上陸作戦をさす。前者は45年11月に，後者は46年3月に決行されることになっていた。

現在，インディアナ州のノートル・ダム大学でアメリカ史を教えるミスカンブルは，正統的解釈をとる代表的な歴史家のひとりである。彼は2011年に単著を出版し，それをもとにオバマの広島訪問が発表された翌日，ウォール・ストリート・ジャーナルに文章を寄稿している。その文章の中でミスカンブルは，原爆は戦争の早期終結のため落とされ，その結果，日本人を含む多くの命が救われたと典型的な正統的解釈を示したうえで，原爆投下についてアメリカが謝罪しなければならない理由は何もなく，そうした「まっとうな」歴史認識のもと広島を訪問するようオバマに対して求めたのだった［Miscamble, 2011：2016］。

一方，トルーマン，スティムソンの説明を否定するのが修正主義解釈である。ベトナム戦争の泥沼化に伴うアメリカ外交の倫理性に対する疑問の高まりを背景に，同解釈は60年代後半より盛んに唱えられるようになった。その代表的な論者としては歴史家アルペロビッツを挙げることができる。

アルペロビッツは，日本を降伏させるのに原爆も上陸作戦も必要ではなかったと考える。しかも，どちらも必要ではないとする認識が戦争末期のトルーマン政権内でも支配的だったというのである。アルペロビッツによれば，アメリ

カは通信傍受により，日本政府がソ連の仲介のもと，戦争の早期終結を図ろうとしていることを知っていた。また日本側が戦争を終結させるにあたり，天皇の地位保全を何より重視していることも把握していた。そのため，無条件降伏要求を緩和し，天皇の地位を保証すれば日本が降伏する可能性は高いとみられたし，そうした保証にソ連の参戦という衝撃が加われば日本は確実に降伏すると考えられたのである。だがトルーマン政権は，ポツダム宣言に天皇の地位を保証する文言をあえて盛り込まず，ソ連の参戦も待とうとはしなかった。あくまでも原爆によって戦争を終わらせようとしたのである。その背景には，原爆投下が第二次世界大戦を通して勢力を拡大しつつあったソ連に対する威嚇となり，アメリカによる戦後構築を容易にするとの考えがあった［Alperovitz, 1965；アルペロビッツ，1995］。

このように正統的解釈と修正主義解釈の原爆投下に対する捉え方には大きな違いがあるとはいえ，それをトルーマンの「決断」によるものとみる点で両解釈は一致する。まさにそうした見方を否定するのが3つ目の折衷的解釈である。

その代表的な論者である歴史家バーンスタインによれば，原爆を使うべきかどうかという問題が戦時のワシントンで真剣な考慮の対象となったことはなく，原爆を敵国に対して使用することはローズヴェルトの時代から「支配的な前提」となっていた。トルーマンはその前提に従ったにすぎない。確かに，トルーマンは大統領としてそれを否定することもできたはずである。だが，1945年4月のローズヴェルトの突然の死により，大統領になったばかりのトルーマンに，前任者の時代からの前提を覆すだけの胆力はまだなかった。また，そうするインセンティブも彼はもたなかったのである。というのも，原爆によって日本本土に対する上陸作戦が不要になるかもしれなかったし，日本人に対してだけでなくロシア人に対しても強い心理的インパクトを与えることができるかもしれなかったからである［Bernstein, 1975］。

ただしバーンスタインは，ソ連に対する原爆の政治的効果はあくまでも「ボーナス」（おまけ）と認識されていたと指摘する。たとえソ連の問題が存在しなくても，アメリカは原爆を日本に対して使用しただろうというのがバーンスタインの見方である［Bernstein, 1975］。

この点において，バーンスタインの議論は修正主義解釈よりも正統的解釈に近い。しかし一方でバーンスタインは，上陸作戦に伴うアメリカ軍死傷者に関するトルーマン，スティムソンの説明を否定する。つまり，上陸作戦により50万から100万の死傷者が出るという見通しを彼らがもっていたことを示す戦時中の資料はないというのである。次節でみるスミソニアン原爆展の企画案に影響を与えたと思われる1986年のバーンスタインの論文によれば，上陸作戦で死亡するアメリカ人は最小で2万人，最大でも4万6000人というのが戦時ワシントンにおける支配的な見方だった［Bernstein, 1986］。

　アメリカの指導者にとって，2万から4万6000人という数字であっても，原爆投下により回避すべき犠牲者数としては十分大きな数字だった。だが戦後，原爆の惨禍がアメリカでも徐々に知られるようになるなか，その使用が正しい選択だったと世論に訴えるには，実際に原爆で命を落とした日本人の数を大きく上回る推定数を示す必要があると考えられた。バーンスタインによれば，50万や100万という数字はそうした考えから捏造されたものだったのである［Bernstein, 1986；1999］。

　バーンスタインは，推定数の問題に関するトルーマン，スティムソンの説明を否定するばかりでなく，原爆の必要性に関する彼らの説明も否定する。つまり，アメリカが天皇制の保証，ソ連の参戦，通常爆弾による攻撃の継続など，「原爆の投下以外の戦略を採用していたとしても，気の進まない日本本土侵攻を行う前の段階，すなわち11月以前の段階で戦争は終結していた可能性が高い」とみるのである。特に，長崎への原爆投下は「ほぼ間違いなく不必要なものだった」とバーンスタインは言う［バーンスタイン, 1995：388, 402］。

　以上，アメリカの学界には原爆投下の目的と必要性に関する3つの解釈が存在する。実は，1990年代初頭，それらの間の論争は折衷的解釈の線でまとまるかにみえた。歴史家ウォーカーは90年に発表した研究史を振り返る論文において，アメリカの学界を正統的解釈と修正主義解釈に分断させてきた問題は「大方解消した」と指摘している［Walker, 1990］。しかし，90年代半ばのスミソニアン原爆展をめぐる騒動をきっかけに学界で論争が再燃する。そうしたなか，ウォーカーは2005年の論文で，90年論文の「結論は見事なほどに時の試練に耐えることはできなかった」と認めることになるのである［Walker, 2005］。

しかし，原爆投下から半世紀以上経つにもかかわらず，いまだそれについて歴史家が解釈を一致させることができないのは何故だろうか。まず原爆投下の目的に関しては，資料の不足によるところが大きい。特に，原爆投下を命じたトルーマンの意図を直接示す明確な資料がなく，雑多な間接的資料に頼らざるをえないところに歴史家の解釈が一致しない理由がある。一方，原爆投下の必要性に関しては，もし原爆の使用がなかったらといった仮定のもとで議論をせざるをえない点に，解釈が分かれる主たる原因を求めることができよう［西岡，2013］。

　なお現在，学界での論争は高校レベルのアメリカの教科書——百科事典並みに分厚く，日本の教科書とは違い，原爆に関する記述も豊富——では必ずといっていいほど取り上げられるようになっている。また教科書によっては，同時代に少数ながら存在した原爆投下反対論を紹介するものもある。アメリカの教科書というと，かつては正統的解釈で一色だったが，現在は決してそうではないのである。ただし学界での論争にしろ，原爆投下反対論にしろ，コラム欄に記載されがちで，肝心の本文は多くの場合，現在でも正統的解釈を強く反映したものになっている。

　アメリカの教科書は，採択の過程で開かれる州，もしくは学区の公聴会や各種委員会に一般市民が多く参加することができるようになっているため，社会の信念や通念を反映した内容になりやすいという［藤田，2012］。教科書に対する正統的解釈の影響が強いのは，それが学界において一定の支持を得ていることに加え，次節で詳しくみるように一般社会の方にそれに対する根強い支持が存在するためなのかもしれない。

2　アメリカの世論の歴史認識

　原爆投下に関するトルーマン，スティムソンの説明は，教科書をはじめ様々な媒体を通してアメリカ国民に広く伝えられてきた。そのため，それは学界においてだけでなく，一般にもよく知られたものになっている。アメリカにおいて，原爆投下を肯定的に評価する見解はだいたいのところ，トルーマン，スティムソンの説明，すなわち正統的解釈を根拠にしているとみてもよいだろ

う。

　そのアメリカでは今から20年ほど前，「ヒロシマをめぐる初めての国家的な議論」［リフトン，ミッチェル，1995：103］といわれる大論争が起きた。スミソニアン原爆展論争である。それは，スミソニアン協会のもとにある航空宇宙博物館が，原爆投下から50年という節目の年にあたる1995年に原爆展を開催することを企画したことから巻き起こった論争だった。その原爆展では目玉として，広島に原爆を投下した大型爆撃機B29，通称エノラ・ゲイが展示されることになっていた。長崎に原爆を投下したボックス・カーがオハイオ州デイトンの空軍博物館に長年，展示されていたのに対して，エノラ・ゲイは戦後スミソニアンの所有となっていたにもかかわらず一度も展示されたことがなかった。それを倉庫から運び出し，復旧作業を行ったうえで，特別展示することをスミソニアンは計画したのである。しかもボックス・カーのように機体だけを展示するのではなく，原爆投下の物語全体を提示することをめざしたのだった。

　しかし，そうした野心的な試みが世論の強い反発を招くことになる。物語全体を提示するとなると，キノコ雲の下の惨事にも目を向けざるをえない。実際，スミソニアンが1994年1月に完成させた企画の第一次案では，原爆展を構成する5つのセクションのうちのひとつで，爆心地の状況が多くの生々しい写真や遺品を通して紹介されることになっていた。また別のセクションでは，前節でみた学界の議論が紹介されることになっていたし，さらに別のセクションでは「広島と長崎の遺産」として，日本への原爆投下が米ソ間の核軍拡競争を引き起こし，冷戦を加熱させたという見方が提示されることになっていた。

　こうした内容の企画案に特に強く反発したのは，20万人の会員を擁する空軍協会と，300万人の会員をもつアメリカ最大の退役軍人団体，全米退役軍人協会だった。原爆こそが日本を降伏へと追い込み，上陸作戦で失われるはずだった50万から100万のアメリカ人兵士の命を救ったと固く信じるそれら団体は，「原爆展」という発想自体に否定的で，エノラ・ゲイもボックス・カーと同じように，「平和の象徴」として誇り高く，厳かに展示されることを望んでいた。そうした立場からすると，「揺り椅子に座り後知恵を働かせる批判者」［スウィーニー，2000：316］の説など紹介されてはならなかったし，キノコ雲の下の世界に踏み込むことなどもってのほかだった。また，原爆投下を冷戦と結びつ

ける見方も受け入れがたかった。要するに，スミソニアンの企画書はエノラ・ゲイの名誉を貶め，アメリカが勝ち取った栄光に泥を塗るものとしか両団体にはみえなかったのである。

　マスコミの多くもスミソニアンを批判する側に回った。また1994年夏には，世論の動向に敏感な連邦議会議員がスミソニアンに対する批判の大合唱に加わることになる。9月，上院では，原爆展の企画書を退役軍人にとって「侮辱的」と批判し，その修正を求める決議案が全会一致で採択された。

　そうしたなか，スミソニアンは空軍協会や退役軍人協会と協議を重ね，それら団体の意向を企画書に大幅に取り入れていった。とはいえ，スミソニアンは歴史家の見解を完全に無視しようとはしなかった。1995年1月，展示諮問委員会の委員を務めていた歴史家バーンスタインの意見を取り入れ，本土上陸作戦の推定死傷者数に関する記載を改める。それまで企画書には，100万という数字が信憑性のある数字として記されていた。その部分を改め，100万という数字は残すものの，それが「どこから出たのかは不明」と記載することにしたのである［ハーウィット，1997：第23章］。

　しかしこの変更に退役軍人協会が猛烈に反発し，原爆展への反対を表明するに至る。それを受けて，議会では展示に関する聴聞会の開催とハーウィット航空宇宙博物館長の辞任を求める声が上がった。1995年1月末，ついにスミソニアンは大型の特別展の開催を断念する。こうしてスミソニアン原爆展論争は，アメリカ社会において原爆投下を正当化しようとする力がいかに強いかをまざまざと示す結果に終わったのだった。

　現在，エノラ・ゲイはワシントン郊外にある航空宇宙博物館の別館に常設展示されている。その説明文はきわめて簡潔で，B29の一般的な説明に続き，「1945年8月6日，日本の広島に初めての実戦使用となる原爆を投下した」とあるのみである。だが，これがまさに退役軍人協会などが望んだ展示の形であったのかもしれない。

　その退役軍人協会は，オバマが広島を訪問することには反対しなかった。だが声明を発表し，原爆投下に対する再評価や謝罪に反対する姿勢を明確にしている。

　退役軍人協会のそうした姿勢は，アメリカ世論をどれほど代表しているとい

えるのだろうか。終戦直後の1945年8月26日に行われたギャラップの世論調査によると、原爆投下に対する支持は85％、不支持は10％だった。その後、45年ぶりに行われた90年のギャラップ調査では支持が53％、不支持が41％となっている。ギャラップは91年、94年、95年、2005年にも同様の調査を行っているが、いずれの調査でも支持は50％台、不支持は30％台後半から40％台前半だった。2005年のギャラップの分析記事は、「過半数が第二次世界大戦における日本への原爆使用を支持」という見出しのもと、原爆投下という歴史的出来事の60周年を迎えるにあたって示されたアメリカ人の原爆観は、10年前のそれと「ほとんど変わらない」と指摘する［Moore, 2005］。

航空宇宙博物館・別館のエノラ・ゲイ
（2016年8月23日筆者撮影）

　残念ながら、ギャラップによる調査は2005年を最後に行われていない。だがピュー・リサーチ・センターの2015年の調査では、原爆使用を正当とする回答が56％、正当でないとする回答が34％という結果が出ている。その分析記事は、1991年にデトロイト・フリー・プレスが行った調査と比較して、アメリカ人の原爆観の変化を指摘する［Stokes, 2015］。というのも、91年の調査では原爆使用を正当とする回答が63％と6割を超え、正当でないとする回答は29％と2割台に留まっていたからである。しかし、変化の幅は決して大きくはなく、過半数のアメリカ人が原爆使用を肯定的にみている状況に変化が生じたわけではない。

　もっとも、若年層に限ると肯定的評価は5割を切る。2015年のピュー・リサーチ・センター調査によると、18歳から29歳の世代では、原爆投下を正当とする回答は47％だった。報道ではこの数字が、アメリカ人の原爆観の変化を示すものとしてよく紹介された。だが、90年のギャラップ調査ですでに、原爆投下支持という回答が18歳から29歳の世代では38％と、全体と比べてかなり低い

数字が出ている。それと比べると，ピュー・リサーチ・センター調査の47％という数字はむしろ高くみえる。少なくとも，若年層の原爆観に近年大きな変化が生じているわけではないということはいえそうである。

　以上のことから本稿では，アメリカの原爆観について変化の兆しがみえるというに留めたい。確かに，顕著な変化が起きていることをうかがわせるデータもあるにはある。オバマの広島訪問決定を受け行われたCBS調査では，原爆投下に対する支持が43％と5割を切り，不支持が44％と支持を上回ったのである。だがこの結果はやや唐突で，一過性のものに終わる可能性も否定できないように思われる。しかもCBS調査とほぼ同じ時期に行われたユーカブの世論調査では大きく異なる結果が出ている。原爆投下を正しい決定だったとする回答が45％，間違った決定だったとする回答が25％と，原爆投下に対する肯定的評価は5割を切ったものの，その割合は否定的評価のおよそ2倍となったのである。この結果は前年のユーカブの調査結果とほとんど変わらない。

　2009年4月のプラハ演説でオバマは，アメリカは「核兵器を使用したことがあるただ1つの核保有国」として，「核なき世界」の実現のために行動する「道義的な責任」をもつと述べた。だが原爆投下に対する肯定的評価が根強く残るなか，オバマのそうした訴えはアメリカ社会で広い共感を得られていない。2010年にCNNがアメリカ国民を対象に行った世論調査では，回答者の49％が「アメリカを含む少数の大国は他国からの攻撃を防ぐのに十分な核兵器を保有すべき」と答えている。しかも2016年3月には，大統領選挙の共和党候補指名争いでトップを走っていたトランプが，過激派組織「イスラム国」掃討作戦で戦術核兵器の使用を排除しない考えを明らかにした[2]。

　多くの報道でいわれていたとおり，広島訪問を決断したオバマには自身のレガシーを作りたいという思いがあったであろう。また，広島訪問が日米関係の強化に資するという判断もあったに違いない。だが何より，過去の核使用を正当化し，核にしがみつこうとするアメリカ国民に「道徳的な覚醒」（オバマの広島演説より）の必要性を訴えたいという考えがあったのではないだろうか。もちろん，それを訴えたい相手はロシアや北朝鮮など他にもいただろう。だが，「核なき世界」の実現のため行動する，アメリカの「道義的責任」を説いたアメリカの大統領として，オバマが最も意識していたのはアメリカ国民だったは

ずである。

　そのオバマの脳裏には，核兵器が拡散し，核テロの危険も増大しているとみられるなか，「核なき世界」の実現こそアメリカの国益に適うとする認識——「核なき世界」構想の下敷きとなったといわれるキッシンジャーなどいわゆる「四賢人」の主張に基づく認識——があったと思われる。またブッシュ前政権の時代に傷ついたアメリカの道徳的威信を回復し，道徳的な高みに立つことが国益に適うという，オバマなりの国益観もあったのかもしれない。

　とはいえ，オバマは原爆投下に関する正統的解釈を真っ向から否定するような言動は慎む必要があった。そうした言動は，かつてスミソニアンの原爆展を中止に追い込んだ保守的な世論を刺激し，「核なき世界」構想の推進がますます困難になるばかりか，トランプ陣営をかえって勢いづかせることになりかねなかったからである。

　また原爆投下の問題で保守的な世論が湧き立つと，日米関係が揺らぎかねないという問題もあった。幸いなことに，スミソニアン原爆展論争の際には日米両政府の抑制的な対応により，アメリカ国内の論争が日米間の論争に発展することはなかった。それでも原爆展中止の発表を受け，日本では広島・長崎を中心に反発が広がり，村山富市首相も「今回の事態は日本の国民感情からすると遺憾」と発言するなど，日米間に緊張が走ったのは確かである。これと同様の事態が起きることは，日米関係を重視するオバマとしては避けたかったはずである。

　こうした事情からオバマは，広島訪問の目的を第二次世界大戦で死亡したすべての罪のない人々を追悼するためと規定することで，広島行きそのものが謝罪の意味合いを帯びることを防ごうとした。また2009年に来日したときには日本の慣習だからと天皇に対して深く頭を下げたにもかかわらず，原爆死没者慰霊碑に対しては頭を下げようとしなかったのである。もちろん，「はじめに」で述べたように広島で謝罪の言葉を発することもなかった。

　はたしてこうしたオバマの広島訪問により，どれほどのアメリカ人が感化されたかはわからない。だが，広島訪問に対する保守派からの批判的言辞は限られ，訪問により支持率が下がることもなかったことを考えれば，オバマはアメリカ世論の強い反発を回避することには成功したといえそうである。

3 日本の学界・世論の歴史認識

　本稿では，原爆投下の問題に関する日本の学界での議論と世論状況をまとめてみてみたい。まず日本の学界である。アメリカの学界では3つの解釈が鼎立した状況にあるのに対して，日本の学界では修正主義解釈がきわめて強い。日本における初の本格的な研究として知られる西島有厚の研究も，修正主義の立場から，原爆投下の主たる要因としてソ連要因を挙げている［西島, 1968］。

　西島研究のひとつの特徴は，アメリカ人による研究ではあまり利用されてこなかった日本側の資料を使い，日本政府内の動きを詳細に分析することで，原爆投下の必要性を否定している点にある。同研究によれば，原爆は当時日本政府内で指導権を握っていた主戦派に降伏を決意させるほどのインパクトを与えなかった。というのも，もともと彼らは日本本土を焦土にしてでも戦い続けるという考えだったからである。しかしソ連参戦の衝撃は大きく，それを機に，主戦派の態度が徹底抗戦というものから，降伏を前提に有利な降伏条件の獲得をめざすというものに変化する。その背景には，ソ連の中立が主戦派の唱えていた本土決戦計画の「絶対的な前提条件」となっていたという事情があった。ソ連参戦によりそれが崩れてしまったために，主戦派は降伏それ自体は認めざるをえなくなったのである。こうした見方から西島は，「原爆投下は，日本の降伏を実現するうえで，なくもがなの行動であった」と指摘する。さらに，「原爆によって死んだ人はけっして，戦争を終わらせ，日本の国民に平和をもたらすための尊い人柱であったのではない。原爆で死んだ人々は，事実上，無駄にその尊い命を奪われてしまったのだといってもけっして過言ではない」と言うのである［西島, 1968］。

　もちろん，こうした見方に否定的な研究が日本にないわけではない。そのひとつ麻田貞雄の研究によれば，ソ連参戦は確かに本土決戦を主唱していた陸軍にとって「戦略的破綻」を意味したものの，ある程度事前に予測できたことだった。そのため陸軍をはじめとする主戦派により大きなショックを与えたのは原爆だったのである。しかも原爆は軍部の面子を救ってくれるものでもあった。というのも，原爆によって，日本が戦争に負けたのは科学力の差によるの

であって，軍部の力不足のためではないということが可能になったからである。こうした見方から麻田は，原爆投下なしに日本が1945年8月に降伏した可能性はきわめて少なく，九州上陸作戦が予定されていた同年11月までに降伏した可能性も「5分5分もしくはそれ以下」だっただろうと指摘する。また原爆により上陸作戦が回避された結果，「日米双方で広島・長崎をはるかに上回る大量殺戮が避けられた」とも言うのである［麻田，1997］[4]。

　では，一般世論のレベルで原爆投下はどのようにみられているのだろうか。前節で紹介した1991年のデトロイト・フリー・プレスの調査と2015年のピュー・リサーチ・センターの調査は日本においても行われている。まずデトロイト・フリー・プレス調査では，原爆投下を正当とする回答が29％，正当でないとする回答が64％だった。それに対して，ピュー・リサーチ・センター調査の結果はそれぞれ14％と79％である。すなわち，原爆投下を正当とする回答は15％減り，正当でないとする回答は15％増えている。前節で示したように，アメリカ国民を対象にした調査でも正当とする回答は減り，正当でないとする回答は増えているが，日本におけるほどの変化はみられなかった。そのことから，日米間の原爆観の相違は縮小するどころか，ますます拡大しているということができるのである。

　しかし，日本人の多くが原爆投下を正当でないと考える理由は何なのだろうか。実は，この点に関する十分な調査はなされていない。だが，「はじめに」で挙げた2つの論点との関係から考えると，原爆投下には，戦争の早期終結のためというアメリカ人が言う目的とは異なる目的があったと日本人がみている可能性をまず指摘することができる。また原爆が上陸作戦に代わる唯一の手段であったとはみていない可能性もあろう。

　前者については，「はじめに」で紹介した麻田の研究が76年と91年，94年に同志社大学の学生を対象に調査を行っている。その調査結果から同研究は，日本においては学界に限らず一般においても，ソ連要因に原爆投下の目的を求める傾向が強いと指摘する。一方，後者に関する調査は管見の限りない。だが戦争の早期終結のためというアメリカ人の説明を日本人が受け入れようとしないのは，原爆の必要性に疑問をもっている証左ともいえよう。

　もちろん，ほかにも日本人が原爆投下を否定的に捉える理由は考えることが

できる。例えば次のような考え方，すなわち「原爆の使用はどのような状況であったとしても決して正当化することのできない非人道的な残虐行為であった」という考え方が広い支持を得ている可能性もあろう［木村・カズニック，2010：17］。

いずれにせよ，日本では原爆投下を否定的に捉える見解が強く，それを正当化する言説はタブーに近い。第一次安倍内閣で防衛大臣を務めた久間章生は，長崎出身の政治家であるにもかかわらず，その点をよく理解していなかったのだろうか。2007年6月の講演会において，原爆で「戦争が終わったんだ，という頭の整理で今，しょうがないな，という風に思っている」と述べ，猛烈な批判を浴びることになる。結局，久間はその発言の数日後，防衛相を辞任せざるをえなくなり，その年の長崎平和記念式典に参列することも適わなかった。

オバマの広島訪問に際して，日本政府は謝罪を求めず，日本の世論の中にも謝罪を求める声は多くはなかった。とはいえオバマは広島訪問を成功させるには，アメリカ世論だけでなく，原爆投下の正当化に強い拒絶反応を示す日本世論のことも考慮に入れる必要があった。そうしたところに，オバマが広島での演説で，アメリカ人でもなく日本人でもない，人類の視点をとったひとつの理由があろう。オバマによれば，第二次世界大戦を記録する場所は世界に数多くあるものの，広島の「空に立ち上がったキノコ雲のイメージのなかで最も，私たちは人間性の中にある根本的な矛盾を突きつけられる。私たちを人類たらしめているもの，つまり私たちの考えや想像力，言語，道具をつくる能力，自然を自らと区別して自らの意思のために変化させる能力といったものこそが，とてつもない破壊能力を私たち自身にもたらすという矛盾」である。オバマは，こう述べたうえで，人類はこの矛盾から脱し，「核なき世界」を追求しなければならないこと，そしてそのためには「道徳的な覚醒」が必要なことを訴えたのである。

この人類の視点は，少なくとも広島にとってはなじみのあるものである。よく知られているように，オバマが献花をした原爆死没者慰霊碑には，「安らかに眠って下さい　過ちは繰返しませぬから」と刻まれている。この碑文の主語は，広島市の説明では「人類」ということになっている。広島は，オバマの訪問を受けるはるか前から，人類の視点に立って「核なき世界」の実現を訴えて

きたのである。オバマは訪問に際して、そうした広島の努力を参考にしたのかもしれない。

オバマの広島訪問は、日本の世論との関係では大成功に終わったといえよう。日経新聞の調査で、それを評価するという回答は92％にも上った。

オバマの広島訪問がこれほど多くの日本国民に評価されたのは、オバマが被爆者を抱き寄せるなどしてその痛みに理解を示し、「ノーモア・ヒロシマ」（No More Hiroshimas）という点で日本国民と未来を分かち合う姿勢を示したからではないだろうか。つまり、オバマの広島訪問は、原爆投下に対する解釈や評価は別にして、「痛みの共有」とめざすべき「未来の共有」ができたと感じさせるものだったために、多くの日本国民がそれを評価したものと思われる。オバマの広島訪問は、少なくとも日米関係にとっては意味あるものだったといえそうである。

まとめ

戦後アメリカでは、目的と必要性の観点から原爆投下を正当とするトルーマン、スティムソンの説明が広く流布してきた。それに対するアメリカ国民の反応には変化の兆しもみられる。だが、依然として多数の国民によって支持されているのが現状である。またトルーマン、スティムソンの説明は正統的解釈として、アメリカの学界においても一定の支持を得ている。一方、日本の学界では正統的解釈を否定する修正主義解釈が強く、一般世論のレベルにおいても、根拠はかならずしも明確ではないが、やはり原爆投下の正当性を否定する見解が強い。

以上のことから本稿においても、1990年代に行われた研究と同様、日米間には大きな原爆観の相違があるといわざるをえない。しかもいくつかの世論調査からは、90年代以降、その相違がさらに拡大している様子もうかがうことができるのである。

日米の間にはほかにも歴史認識の相違がある。例えば東京裁判（極東国際軍事裁判）に関する認識の相違である。アメリカではそれを「文明の裁き」と捉える見解が強いのに対して、日本では「勝者の裁き」とみる傾向が強い。しか

しこのように日米は大きな歴史認識の相違を抱えながらも，戦後強固な同盟関係を築いてきた。オバマの広島訪問もそれゆえに可能になったものだとみるべきだろう。

　戦後，日米が歴史認識の相違を抱えながらも良好な国家間関係を築いてきたことは，ともすると忘れられがちである。だが，そうした日米関係の歴史は日中，日韓の間で歴史認識問題が深刻なものとなっているだけに，忘れてはならないものだろう。何故なら，歴史認識の相違を抱えながらも良好な国家間関係を築くためのヒントがそこにはあるように思われるからである。

●注
1) イギリス人科学者ジェームズ・スミソンが合衆国に寄付した遺産をもとに，1846年に連邦議会によって設立された学術研究機関。その予算の6割から7割が連邦政府支出によって賄われ，協会の管理運営に責任をもつ理事会は副大統領や連邦最高裁長官から成る。
2) トランプは，中国と北朝鮮への抑止力として日本，韓国が核兵器を保有することを容認する考えも明らかにしていた。
3) 「四賢人」とは，キッシンジャー（ニクソン政権とフォード政権で国務長官）に，シュルツ（レーガン政権の国務長官），ペリー（クリントン政権の国防長官），ナン（元上院議員）を加えた4人をさす。彼らは，2007年1月4日と2008年1月15日にウォール・ストリート・ジャーナルに寄稿した文章の中で，核兵器の拡散を防ぎつつ，核兵器への依存度を減らし，究極的には核兵器のない世界をめざすべきと訴えた。
4) 2014年9月9日の産経新聞の記事によると，2014年公開の『昭和天皇実録』からは，昭和天皇に対しては原爆投下よりソ連参戦の方が大きな衝撃を与えたことがうかがわれるという。

◆参考文献
麻田貞雄（1997）「原爆投下の衝撃と降伏の決定」細谷千博・入江昭ほか編『太平洋戦争の終結―アジア・太平洋の戦後形成』柏書房
アルペロビッツ，ガー（鈴木俊彦ほか訳）（1995）『原爆投下決断の内幕―悲劇のヒロシマ・ナガサキ』ほるぷ出版
木村朗，ピーター・カズニック（乗松聡子訳）（2010）『広島・長崎への原爆投下再考―日米の視点』法律文化社
スウィーニー，チャールズ・W（黒田剛訳）（2000）『私はヒロシマ，ナガサキに原爆を投下した』原書房
西岡達裕（2013）「原爆投下・正義・道徳―研究史と考察」『国際学研究』第3号
西島有厚（1968）『原爆はなぜ投下されたか―日本降伏をめぐる戦略と外交』青木書店
ハーウィット，マーティン（山岡清二ほか訳）（1997）『拒絶された原爆展―歴史のな

かの「エノラ・ゲイ」』みすず書房
バーンスタイン，バートン（竹下興喜監訳）（1995）「検証・原爆投下決定までの三百日」『中央公論』1995年2月号
藤田怜史（2012）「アメリカ中等教育用歴史教科書における原爆投下決定の記述―1949年-2010年」『明治大学人文科学研究所紀要』第71巻
リフトン，R・J，G・ミッチェル（大塚隆訳）（1995）『アメリカの中のヒロシマ（下）』岩波書店
Alperovitz, Gar (1965) *Atomic Diplomacy : Hiroshima and Potsdam*, Simon and Schuster
Asada Sadao (1997) "The Mushroom Cloud and National Psyches: Japanese and American Perceptions of the Atomic Bomb Decision, 1945-1995," in Laura Hein and Mark Selden, eds., *Living with the Bomb : American and Japanese Cultural Conflicts in the Nuclear Age*, M. E. Sharpe
Bernstein, Barton J. (1975) "Roosevelt, Truman and the Atomic Bomb, 1941-1945: A Reinterpretation," *Political Science Quarterly*, Vol. 90, No. 1
Bernstein, Barton J. (1986) "A Postwar Myth: 500,000 U. S. Lives Saved," *Bulletin of the Atomic Scientists*, Vol. 42, Issue 6
Bernstein, Barton J. (1999) "Reconsidering Truman's Claim of 'Half a Million American Lives' Saved by the Atomic Bomb: The Construction and Deconstruction of a Myth," *Journal of Strategic Studies*, Vol. 22, Issue 1
Miscamble, Wilson D. (2011) *The Most Controversial Decision : Truman, the Atomic Bombs, and the Defeat of Japan*, Cambridge University Press
Miscamble, Wilson D. (2016) "Obama, Truman and Hiroshima," *The Wall Street Journal*
Moore, David W. (2005) "Majority Supports Use of Atomic Bomb on Japan in WWII," Gallup Com
http://www.gallup.com/poll/17677/majority-supports-use-atomic-bomb-japan-wwii.aspx (accessed September 29, 2016)
Stokes, Bruce (2015) "70 Years after Hiroshima, Opinions Have Shifted on Use of Atomic Bomb," Pew Research Center
http://www.pewresearch.org/fact-tank/2015/08/04/70-years-after-hiroshima-opinions-have-shifted-on-use-of-atomic-bomb/ (accessed September 29, 2016)
Walker, J. Samuel (1990) "The Decision to Use the Bomb: A Historiographical Update," *Diplomatic History*, Vol. 14, Issue 1
Walker, J. Samuel (2005) "Recent Literature on Truman's Atomic Bomb Decision: A Search for Middle Ground," *Diplomatic History*, Vol. 29, Issue 2

第Ⅲ篇

韓国・台湾・中国の歴史認識

韓国・台湾・中国の歴史認識

自国史の帝国性を問う
■韓中日3国の東アジア地域史比較

柳　鏞泰

　本稿では「東アジア地域社会に通用する歴史認識」を獲得する努力の一環として，この作業における最大の障碍「歴史における帝国性」をどのように扱うべきかについて論じる。ここでいう帝国性（empireness）とは，帝国の形成，維持，拡張の傾向とそれによって生起される客観的イメージである。自国史の帝国性に対して自省史観と自慢史観の2種類の見方が存在する。いわゆる東アジア地域史は単一の自国史と異なり，国境を越えてそれぞれの国家に通用しうるものであり，ゆえに地域史としての東アジア史を真摯に省察することによって，自国史における帝国性を検証する必要がある。これまで筆者は，自国史において常に当然とみなされてきたいくつかの論点（対応的防御論に対する近代史の認識体系，帝国の夢と帝国化の起点，華夷論的歴史用語など）が地域史にどのように現出してきたのかを比較・考察してきた。本稿では，最近，韓中日3カ国で出版された東アジア史の著作を検討する。自慢史観は隣国に危害を加えた膨張指向の帝国性を栄光ある国威として顕彰するが，この自慢史観を自省史観の角度から捉え直してみよう。

はじめに

　東アジアでよく知られている「一日三省」と「以史為鑑」という言葉は，自己省察が骨身を削る努力を通じてやっと獲得しうる至難な課題であることを示している。いかなる国家においても自国史を認識し叙述するにあたって，往々にして自省史観と自慢史観が対立することもそのためであろう。自慢史観は自国史を自民族の視角から成功物語として構成するため，それに相容れない物語を縮小・隠蔽しようとする傾向がみられる。ある国の自慢史観は，国境を越えた途端に隣国では通用しがたい場合が多い。
　東アジア近代史上の「植民地支配と侵略」をどのように認識すべきかという問題は，これまで70年の間持ち越してきた韓中日3国の懸案である。この点に

ついての日本人の歴史認識は,「戦後歴史学」の成果に基づいて着実に改善されてきた。しかし,近年になって,やっと成し遂げられた自省史観の成果を否定する自慢史観も増大しているが,これは1990年代後半から勢いを増した右傾化の傾向を反映している［鄭, 2014：8, 261-263］。このような状況のなかで,ひとりの日本人学者が「現代日本の歴史学と私たちの視座」を提起しながら,「植民地支配を受けた側の人びと」との「緊張関係を自覚すること」と,「される側」「された側の視点を意識すること」の必要性を喚起したことは意味深い［君島編, 2014：1-2］。

　本稿は,「東アジア地域社会に通用する」歴史認識と「歴史の語り」の獲得のための連続講義の一部として準備したものである。ここでは,その最も大きな障害とみられる自国史の帝国性とどのように向き合うべきかという点に焦点をあて,そのひとつの方法として近年韓中日3国で出版された東アジア地域史を比較・分析する。他国の帝国性に対する批判よりも自国の帝国性に対する省察こそが,東アジア地域史を構想するうえでの成否に関わるカギであると考えるからである。ここでいう帝国性（empireness）とは,帝国（empire）を形成し維持・拡張しようとする指向と,それによって生起する客観的態様をさす。また,帝国には伝統的帝国と近代的帝国を含む。

　本稿で検討する東アジア地域史とは,2000年代に韓中日3国で刊行された東アジア史の著作をさす。その中には各国の執筆者によって執筆された一国版と3国の執筆者によって共同執筆された共同版がある。自国史の自国中心主義的認識体系がどれだけ相対化されたかを考察するため,帝国性がクリアに現れると思われる一国版の自国史認識を検討したい。とりわけ,日本版東アジア史が自国の帝国性をどのように認識しているかに重点をおいて検討する。これをもって,隣国への侵略や加害として現れるほかない膨張指向の帝国性を光栄な国威として顕彰する自慢史観を直視し,疎通のための省察の視角を導き出しうる契機としたい。

1　東アジア地域史出版の経緯と現況

　近年,韓中日3国では,それぞれの国の執筆者による東アジア史が相次いで

出版された。すなわち，楊軍・張乃和主編『東亜史：従史前至 20世紀末』（長春出版社，2006年），三谷博・並木頼寿・月脚達彦編『大人のための近現代史：19世紀編』（東京大学出版会，2009年），柳鏞泰・朴晋雨・朴泰均『一緒に読む東アジア近現代史：1・2』（創批，2010～11年）などである。便宜上，以下これらを「長春版」「東大版」「創批版」と称し，「一国版」と一括する。「長春版」と「創批版」は，それぞれ中国と韓国で出版された最初の東アジア史であるが，日本では「東大版」に先だって出版された著作もある。

これらの「一国版」の出版は，おそらく韓中日3国で共同執筆した『未来をひらく歴史：韓中日三国の近現代史』（2005年）の影響があると思われる。前記の「一国版」と異なり，同書は3カ国語で同時出版され，大きな反響を呼んだ。次いで，この共同執筆の経験を活かして，2回目の3国「共同版」である『新しい東アジアの近現代史：上・下』（2012年）が3国で同時出版された。

このように「共同版」と「一国版」が競い合うように「東アジア史」の叙述を進めたが，2007年，韓国では「東アジア史」を高校の選択科目として新設することになり，2012年には『東アジア史』教科書が出版された。先に東アジア史の必要性を唱えてきた日本でも1995年，「東アジア史」を高校の科目として導入してはどうかという提案がなされたものの，実現には至っていない。

2000年代に入り各国で多様な形態の東アジア史が次々に出版された背景には，脱冷戦と民主化の進展がある。その結果，東西のイデオロギー対立と独裁政権のもとで抑圧されていた脱植民地という課題が遅れて提起されることによって，帝国性に対する省察へのよい転機となった。

しかし，このような客観条件だけで東アジア地域史が登場したわけではない。そこには歴史学と歴史教育における主体的努力も考えなければならない。つまり，既存の自国史と世界史は，国民国家を歴史の到達点として把握する観点に基づいて構成され，国民国家とその拡張である植民地帝国の侵略性と抑圧性，すなわち帝国性を当然視する歴史認識を内面化していた。一方，東アジア地域史は，このような認識体系に立ち向かって省察する思考の実験室になることができる［白永, 2007；柳, 2009：380-384］。

最近出版された東アジア史の序文や後記にはその執筆動機が現れている。「創批版」は，自国史と世界史との溝および自国史における自国中心主義と世

界史におけるヨーロッパ中心主義という歴史教育内部の問題を検討していたころ，2000年代初めの韓中日３国における歴史認識をめぐる葛藤（日本の扶桑社教科書，中国の東北工程）の深刻化をきっかけに2004年に企画された。「東大版」は，2005年，韓国・中国から日本の歴史認識に対する抗議行動が展開されたことを契機に，「日本人は20世紀前半に自分の先祖の行ったことに無反省なのではないかという懸念」から企画された。これは日本国民が「学校教育を通じ日本の侵略と支配について詳しく学んでいる近隣の国民」に比して歴史的事実を知らず，さらに隣国の歴史を理解していないという判断に基づいている。したがって同書は，「東アジア全体の歴史」に対する日本人の「記憶の空白」を埋めるために企画されたという。これに対して「長春版」は，「2003年から政治・経済の領域内において東アジア関連の討論が急速に増加する」なかで「国内外の学術界と交流するために東アジアの通史が必要」となり2004年に企画された。自省の必要性について，「長春版」は前記の２書ほど意識されていないが，このことは実際の叙述に反映されている。

　以上のような事情から，地域史を構成する方法は三者三様である。「東大版」「長春版」は国家の活動に重点をおき，国際関係史を主たる内容として各国史の展開を付加するかたちで構成されており，比較の方法はそれほど留意されていない。これに対して「創批版」は，いくつかの主題を地域・国家・民衆の３つのレベルに分けて構成し，連関（地域レベル）と比較（国家・民衆レベル）をめざした。関係史や交流史が直接的・短期的な relation の把握をめざすとすれば，連関史はそれらを含めて構造的・長期持続的な connection までも視野におさめることを目標とする。連関の方法によって歴史主体の間の直接・間接の相互連関性を示し，他方，比較の方法を用いて構成主体の独自性を明らかにして，思考の実験がさらに深化することを企図している［柳ほか，2010：30-32］。このことは長期間の努力によってのみ達成できる目標として，将来国境を越えて相互に通用する歴史認識を形成するうえで助けとなるであろう。

　各国版の東アジア史の目次構成をみると，「東大版」と「長春版」は国家別に章と節に分けて構成しているのに対して，「創批版」はひとつの主題を設けたうえで各国の事情について，連関と比較の方法を用いて構成している。そのなかで，前者が東西の対比という構図となっているのに対して，後者は域内の

関係を重視する構図となっている。「東大版」が近世から日清戦争までを扱っているため，三者の比較・検討はその時期に限定する。

2　認識体系における2つの軸——東西対比と対応的防御

「東大版」と「長春版」は主として国際関係史で構成されており，章・節の配置や叙述内容，叙述構造やイデオロギーの両方から看取しうる認識体系の核心は東西対比と対応的防御である。欧米列強の東アジア「進出」（東大版）もしくは「侵略」（長春版）と，それに対する東アジア各国の対応が，朝貢体制と条約体制という東西対比の構図を形成している。この結果，東アジア域内における国家間の相互関係は軽視されざるをえない。なお，東アジア各国の対応のなかで日本・清の対応は，結局のところ近代帝国化を招来したが，この自国の帝国化はただ単に対応的防衛であるとみなされたが，そのようにみるだけでよいのだろうか。

「東大版」の構成をみると，日本と露・英・米との関係，とりわけロシアの脅威が重視されていることがわかる。このために，全27章のなかで4つの章を割いている。欧米列強の脅威が実際以上に誇張されていたという研究成果は，あまり考慮されていない[1]。それに対して，東アジア地域内における各国間の相互関係と相互認識についてはかなり疎略に述べられている。フランスのインドシナ侵略と2回のサイゴン条約は，日本が対清政策を急進化するうえで重大な影響があったのにまったく言及がない。この点は，同書が国際関係を追求していることからすれば理解しがたい。

このようにして，露・英・米の動向を重視し，それに対する日本の「賢明な」対応が特に強調されることになる。このことは，「日本史」ではなく「東アジア史」の第1章の表題としては特異な「日本開国への決断」を含めて，4つの章にわたって取り上げられる。その主たる内容は，当時の外国掛老中・堀田正睦が1857年に自主的に開国を決断したというものである。近代東アジアにおける日本の成功要因を指導者の賢明な判断に求めるという観点によるものであろう[2]。1864年に関税を20％から5％に引き下げたこと，天皇が列強の要求に屈して不平等条約を勅許したことは言及されていないのも，そのためであると

考えられる。

　欧米勢力に対する韓中日３国の対応が条約関係の受容と近代国家に向けた制度改革に具体化される事情については，第15〜26章で扱っている。日清両国の軍備拡張は日清戦争につながり，日本の軍事行動は単に清国とロシアの動向に対する対応的な防御にすぎないと認識する。

　「長春版」は朝貢体制から条約体制への転換を中心に構成されている。そのことは，東西の対比を述べる第13〜14章において，16世紀以来の欧米各国による東南アジア植民地化のために冊封朝貢体制が萎縮し，西欧列強と崛起した日本によってそれが瓦解する過程としていることで明らかである。隣接するロシアの「中国領土の侵略」を強調することも「東大版」と類似しているが，1874年を東アジア地域秩序の重大な分岐点として重視していることは，「東大版」と異なっている。1874年にフランスがサイゴン条約を結んで「ベトナムに対する中国の宗主国の地位にとって代り」，日本が「台湾を侵犯」して北京専款を結び「中国の属国たる琉球を併呑」したことによって，冊封朝貢体制は域内外２方面から衝撃を受け全面瓦解が始まった，とする（韓国語訳，36頁，375頁）。

　このことと連関して，瓦解しつつある冊封朝貢体制の守護をめざす対応的防御の論理も浮き彫りとなる。第14章では，露・英・仏・日等の侵略による中国辺境の危機と朝貢国喪失について地図史料を用いて強調し，それに対処する清国の動向を叙述する。つまり，ロシアのイリ占領と日本の台湾侵略を契機に，異域・異族領域の新疆と台湾を1884〜85年に直轄省としたことと，1884〜94年，朝鮮に対する監国政策（事実上の保護国化政策）を当然視し，それを日本による朝鮮併合の脅威への対処として強調していることなどである。

　第15章「条約体制へ」は，1895年から1919年に至る時期について「中国の救亡図存」「日本植民帝国の建設」「東南アジアの植民地化と条約体制」の各節で構成される。中国の救亡図存（犠牲者）と日本の植民帝国（侵略者）とを対比する構図である。東西対比の構図は，日清戦争以降しだいに中日対比の構図に転換する。このことは，事実上1882〜94年の清朝の朝鮮に対する監国政策が日本の侵略への対応として認識されたことを時期的に引き延ばしたものである。

　これに比して「創批版」の認識体系は，東西対比や対応的防御と距離をおき，東アジア地域内部における相互関連と比較を重視する。東アジア地域史の

意義と必要性を提起する序章に続いて，第1章では海禁時期（17～19世紀前半）の地域秩序と域内各国の状況を概括し，第2章では欧米勢力による世界市場の拡大と地域秩序の変化について扱う。すなわち，不平等条約に起因する国家的危機，および国家と民衆の対応を相互に連関づけて理解することを試みる。第3章では，東アジアそれぞれの国家における国民国家に向けた構想と実践（改革と革命）が相互に影響を与え合いながら展開されたことを叙述する。さらに第4章「帝国主義侵略と反帝民族運動」を「清日露三帝国の覇権競争」という節から始めるのは，東西対比と対応的防御の論理を同時に乗り越える構成だといえる。このような構成は帝国性を直視することを促すものである。東アジア5国における国家と社会を2類型に区分した「文人の国家と武士の国家」「農民社会と民乱」などの節は比較の方法を用いた例である。

　要するに「東大版」「長春版」は，どちらも西洋の進出・侵略に対する「対応的防御」の構図と論理に依っている点で本質的に同じである。これは進化論的文明史観に基づき，当時の東アジア世界を列強のパワーポリティックスの観点から認識した結果である。開港当時，清・日・朝鮮・琉球・越（ベトナム）の5国はいずれも欧米列強の軍事的侵略や脅威を受け，その砲艦外交の威圧によって不平等条約を結び国家主権のかなりの部分を失った。ここに「対応的防御」の論理が供給される源泉がある。

　とはいえ，それ以降の日本・清とその隣国との関係をこの認識だけで判断することはできない。列強の侵略に対する日本と中国の「対応的防御」は，隣国・小国にとっては「競争的侵略」となったのである。日本は自身の主権を侵犯された状況でも，1874年より琉球・朝鮮・中国の主権を侵犯して「亜列強」となった。それは「帝国化」の始まりであった。清国は1882～94年に朝鮮の保護国化を図った。「東大版」では欧米列強の東アジア進出だけが記され，侵略の叙述はない（ロシアについては例外的に「侵略」と表記）。同様の論理によって，東アジアに対する日本の「国権拡張」や「海外膨張」が語られ，それが侵略であったとはされていない。「拡張」「膨張」はその対象の主権を否定し，あたかも無主地であるかのようにみなす意識を前提としている[3]。これに対して「長春版」は，東アジアに対する欧米・日本の侵略があるだけで，隣国に対する中国自身の侵略は記されない。

ここでいう「侵略」という用語は，1982年の日本政府の定義によると，「相手国の国土と主権を侵害する目的で武力を行使する」ことである〔鄭，1998：207〕。さらに1974年に国際連合が採択した「侵略」の定義も，「他国の主権・領土もしくは政治的独立を侵犯すること」である。したがって，欧米列強が東アジア5国と締結した不平等条約は，すべて「侵略」に該当する。

　日本も不平等条約によって主権を侵されたにもかかわらず，「東大版」では，近代日本が欧米に侵略されたことを明示する歴史認識や具体的な記述を見出しえない。このことは，「長春版」「創批版」ではみられない特徴である。東西対比の構図のなかで日本の国家危機を強く強調しているのであるから，このことが意味するものは何であろうか。思うに，それを侵略と明示した瞬間に隣国に対する自国の侵略行為を自認することになるからか，あるいは他国を侵略したことも他国の侵略を受けたこともないという神国意識と関連するのではなかろうか。

3　帝国，帝国の夢，帝国化

　筆者は，前節で近代日本の帝国化は1874年から始まるとした。これとは異なり，ほとんどの『日本史』がそうであるように「東大版」東アジア史もその起点を日清戦争以降の台湾領有としているが，はたしてそうであろうか。さらに，日本の帝国化に対応する清国の近代的帝国政策は，「長春版」ではどのように認識されているのであろうか。

　漢語としての「帝国」は，幕府末期におけるオランダ語の「keizerrijk」と英語の「empire」の訳語に由来する。東洋でも西洋でも歴史上の帝国は様々な形態をもったが，前近代では絶対的支配者の広域的支配領域を意味した。立憲制が出現する近代以降，絶対的支配者の有無にかかわらず，「帝国」は近代国家自身の異域と異族を位階的に含む広域支配体制をさすようになった。ホブズボームがいうように，皇帝と帝国は古いものであるが，帝国主義は新しい現象であり，その新しさは近代国家を支配の主体とする帝国を追求するという点にある[4]。これに対して「帝国性」は近代帝国に限定されず，帝国が存在する限り成立しうる概念である。

周知のように，歴代の中国王朝はたとえ自らを帝国と名づけていなくとも，秦漢以来そのような前近代の帝国であった。朝鮮，日本，ベトナムも唐の帝国システムを自身の国家モデルとして受容したので，ある程度「帝国の夢」を共有していた。特にこの3国は，「東大版」「長春版」「創批版」が共通して言及しているように，それまで夷狄とみなしていた満洲族が清を建国して中国を統治するようになると，それぞれの国が自らを「中華」と自任し「小中心秩序（小中華秩序）」の構築を図った。ただそれを実現する主体的・客観的条件は異なっていたため，その実現の程度も違っていただけである。

　伝統的な「帝国の夢」が中国から発源したのであれば，近代的な「帝国の夢」は日本で発源した。東アジア各国が伝統的な「帝国の夢」を共有する歴史的環境のもとで，19世紀半ばにヨーロッパ近代帝国の脅威を受けるようになったとき，それに対して最も早く強烈に反応して「帝国化」をめざしたのは日本であった。

　日本が公文書で「帝国」を自称したのは，1854年の米日和親条約からである。当時の日本の国名は，英文テキストでは「Empire of Japan」としており，日本語のテキストでは「帝国日本」と表記された。このように江戸幕府によって作り上げた用語「日本帝国」は，主として西洋国家との関係において対外的自主と自尊，さらにそれを裏づける富国強兵という目標意識が内面化した概念として用いられた。1856年，徳川斉昭は，「神国の領土はたとえ狭くとも，外夷から帝国と仰ぎ尊敬され恐れられるのは，つまり古代の神功皇后の三韓征伐，中世のモンゴル撃退，近世の秀吉の朝鮮征伐など明断と武威を海外に輝かすからである」と述べた［朴，2004：109］。

　この用例は維新後も継承され，それは明治日本の最初の対外軍事行動である1874年の台湾侵攻以降，徐々に一般化された。1874年2月，明治政府の参議・大久保利通と大隈重信は「我藩属である琉球人民を殺害した行為に復讐することは日本帝国政府の義務であり，討蕃の公理もここに大基を得る」とした［李，2014：217］。江華島侵攻直後の1875年12月，ある民間の建白書は，「朝鮮はもともと西北の一小国であり，古来より我が帝国に服属していたにもかかわらず，中世から朝貢していない。その罪をどうして許すことができようか」［朴，2004：113］と征韓を主張した。ここで「討蕃」「朝貢」という華夷論的用語と

ともに，日本を「帝国」と称していることが注目される。これをもって，近代日本の「帝国の夢」が，前近代の論理をふまえながら近代の論理を受容して形成されたことがわかる。

　明治日本は，朝鮮に対する江華島侵攻直後に「大日本帝国」という国名を用いた。台湾侵攻を契機に琉球王国の内政と外交を掌握して，事実上帝国化の第一歩を踏み出したという自負心の反映であったと思われる。江華島侵攻はその継続であった。1874〜75年，日本国内において，日本を「自由独立国」，中国を「約束独立国」，朝鮮を「貢納独立国」として位階化し，日本の国際的地位を東アジアの第1に高め，「西にイギリス，東に日本」としようとする強烈な希望が鼓吹されたのもこのような変化を反映していた［金編，2011：210-211；朴，1984：100-101］。事実，1876年の江華島条約は，日本が朝鮮を開国させ国際的地位を確保することによって世界体制の半周辺部に上昇するとともに，朝鮮の米と金を強制的に収奪して資本蓄積の基盤を獲得する決定的契機となった［白ほか，2009：23］。

　「東大版」は明治日本が北海道と琉球を領土化したことを「植民地化の過程」として把握しているが（192頁），これは注目すべき省察的歴史認識の一表現だと考えられる。この植民地化は，異域と異族に属する別の地域・国家を「併合」したもので，近代日本の帝国化を示す最初の事例である。和田春樹ほか編『講座東アジア近現代史』第1巻において，井上勝生は日本による北海道併合と朝鮮併合を一括して「ふたつの併合」と称した。これに琉球併合を含めて明治日本の「3つの併合」と呼んでもよいだろう。このうち2つの併合が日清戦争以前のことであり，このような一連の帝国政策の結果が日清戦争であった。「東大版」が北海道と琉球王国の「植民地化」を直視しながらも，これを「帝国化」の起点と認識していないことは残念である。

　したがって，近代日本の「帝国化」の起点を日清戦争とすることは，ヨーロッパ中心主義に偏重した見方であるとしなければならない。このようにみる理由は以下の2つである。第1に，近代の帝国を西欧列強からみられる独占資本主義の対外拡張という視座に限定して理解することによって，欧米に対しては対応的防御であるものの，東アジア隣国に対しては先制的な侵略を断行した日本帝国主義の特殊性を直視することができない。第2に，日本が自国の不平

等条約を改定し主権の平等を実現してこそ,「帝国」であるという観点から西欧列強との関係のみを重視し,東アジアの隣国との関係を看過していることである。

　以上のような明治日本の「帝国化」は,ロシアのイリ占領とともに伝統的帝国・清国の近代帝国化を促進した。1884～85年の新疆省設置,さらに1882～94年の朝鮮の内外政に対する干渉と保護国化の企図がそれである。この間,清国は朝貢国をほとんど失い,そのため最後の朝貢国・朝鮮を対象とする清国の近代的帝国化への欲求は一層強烈にならざるをえなかった。このことは監国政策として具体化され,袁世凱が「監国」となり,軍権を背景に顧問を介して朝鮮の財政権と外交権を相当程度掌握した。これは事実上,朝鮮を清国の保護国とする過程であったが,日清戦争で負けたためその望みは叶えられなかった。

　清国がこのように近代帝国化を推進するなかで,民間の知識人たちもまたこの政策を積極的に支持して「民族帝国主義」を提唱した。梁啓超は,1902年から帝国と帝国が競争する世界の大勢にあわせて中国もその域内の諸民族を合わせて「ひとつの大民族を形成」し,これをもとに「ひとつの民族帝国を形成」しなければならないとし,いま「華族」も彼らの活躍を見習ってラテン民族やチュートン民族のように植民地を領有すべきであると主張した［柳,2008：35-36］。大民族＝中華民族の形成が近代帝国化の対内政策であれば,植民地の領有はその対外政策である。近代中国の帝国性は,結局のところその対内政策の実現に留まってしまったという点で日本の帝国性とは異なっている。

　この間,朝鮮は清日露3帝国の競争的侵略の対象とされて窮地に陥り,自救策の一環として1897年に大韓帝国の成立を宣布した。これは名義の変更にすぎず,実質的帝国化とは距離があったが,各国の「帝国の夢」が競争的に噴出し激突した時代の反映であったといえる。大韓帝国は,清日露3帝国の競争の渦中で徐々に国権を奪われ,結局,日本帝国によって強制併合され廃滅した。「大南帝国」を自称したベトナム阮朝は,それ以前にフランスの植民地となった。

　要するに,東アジアの4国は,華夷思想に基づいた伝統的な「帝国の夢」と進化論的富国強兵を追求した近代の「帝国の夢」を共有したが,その程度と実現如何は異なっていた。したがって今日の歴史認識において,自省史観を妨害

する帝国性の程度も異なっているとしなければならない。日本と中国の帝国性は，韓国に比してはるかに強烈な歴史的根拠を有している。「東アジア史」が自国史の「帝国性」の省察を経て初めて構築されることからすれば，日中両国に対して，各々が自国の帝国性と真摯に格闘することが求められる。このことは，日本版（「東大版」）と中国版（「長春版」）東アジア史の認識体系を構成・理解する基礎条件となろう。

4 自省史観の可能性と限界

以上のように，「東大版」と「長春版」の認識体系は帝国性を擁護する自慢史観を有しており，これは個別事実の記述にもそのまま反映されている。とはいえ，それでも自省史観の可能性を示す部分があり，この点に注目したい。すなわち，「東大版」が日本の帝国性に対する自己省察の可能性を示しているのは，「長春版」と異なる点である。

第1に，開港前後の日朝関係を客観的に説明している。両国は「互いに自らを相手より上位に置く」と考え，「両属の対馬」を介して結果的に「抗礼（対等）関係」を形成し維持したと述べている（12頁）。これは，幕末〜明治時期，日本が朝鮮を属国とみなしたことを省察的に認識する契機となる。さらに，1875年の江華島侵攻は日本政府が江華島で故意に戦闘を挑発した結果として起こったし，これを隠蔽するために朝鮮側が故意に発砲したと虚偽報告を行ったことを明らかにしている。朝鮮側が故意に発砲したという虚偽報告は当時日本の各新聞を通じて報道され，朝鮮への憎悪心と「征韓」熱を沸騰させた。

第2に，「近世」琉球王国について独立の章を立て，それを朝鮮・中国・日本と対等に扱うとともに，明治政府が1879年に断行したいわゆる「琉球処分」を国家間の併合を意味する「琉球併合」と表記していることである。また明治政府が蝦夷と琉球を植民地化したと明示していることも，同様である。さらに，琉球民殺害事件をめぐる交渉過程において，清側の発言が琉球を日本の属地と認めたわけでもなかったのに，日本政府はこれを恣意的に解釈して出兵を正当化した（169頁），と指摘した。

第3に，日清戦争によって日本が帝国化した事実を相対化し，再認識しうる

可能性を示した。戦争の結果，日本が台湾を領有して欧米列強と同様な植民地帝国となったことは，日本人の自尊心を高めてくれた文明化の成功だとしながら，他方，別の評価も可能であることを示している。夏目漱石の日記を紹介し，こうした「日本の成功は，無理をした空虚なもの」であり，「心ある人は日本人と呼ばるるよりも，支那人といはるるを名誉とすべきなり」とコメントした（260-261頁）。さらに，日清戦争当時，日本軍が行った民間人に対する暴虐行為を紹介したことも注目される。

第4に，国民国家の形成過程において各国が自国中心の脱亜主義を内面化させた事実を直視しようとした。第27章「国際公共材の形成」において，「中国も日本もともに，西洋近代を自らのものにするために周辺国を否定的に捉える対象を見出す，というソフトウエアを受容した」（277頁）と，「国民国家が形成される過程で，周囲の国々を否定的にとらえながら，自己正当化を図ることが広く見られようになった」（271頁）としたのがその例である。

以上はいずれも「東大版」の可能性を示すものであるが，「長春版」においては近代中国の帝国性を省察する事例は見あたらない。近現代の韓国から帝国性を示す例外的な事例は，ベトナム戦争でアメリカの帝国性に便乗したことであろう。「創批版」第2巻は，韓国軍参戦の性格と民間人に対する加害問題などについて，1990年代後半からこの戦争を地元人の立場に寄り添い省察する真実究明運動が登場して，従来の自慢史観一辺倒の認識に亀裂を起こし，やがて韓国大統領がベトナム国家主席に対面して直接謝罪したことを，自省史観の視角から扱った［柳, 2010：113-146］。

他方，「東大版」には，近代日本の帝国性を積極的に擁護したり，粉飾したりする事例も存在する。これらは，何気なく自慢史観の叙述構造や認識に制約を受けて叙述された場合よりも，さらに懸念される部分である。

第1に，不平等条約の基本的性格を糊塗している。叙述の論調上，形式的に対等な条約であることを強調する一方，司法主権と関税主権を侵犯したという事実を明らかにしていない。しかもそれが「不平等だったのか」という項目までも設定し，イギリスなどの列強が関連諸条約の条項について「特権的に利用したというわけではない面もある」と積極的に弁護している（124-125頁）。協定関税によって，「たとえ輸出関税が低く抑えられたとしても，それは関税収

入がほしい政府にとって不利なのであって，輸出産業の担い手である企業にとってはむしろ有利な条件となった」(125頁)とも述べている。それなら，朝・日・清が条約改正を求めた理由は何であろうか。にもかかわらず，日本の条約改定の努力とその成功物語，すなわち賢明な指導者の努力による成就のみが強調されることになるのである。これに対して「創批版」は，イギリス本国で禁止されていた中毒性麻薬のアヘンの貿易が条約体制のもとで，1890年代初めまでイギリスの対中国輸出品の第1位であったこと，当時欧米諸国が自国の輸出入商品に対して30〜40％の高関税を課されたことを叙述し，両者を比較できるようにした。

　第2に，条約体制を朝貢体制と対照し，それを偏向的な論述によって帝国性を粉飾することである。例えば，「公法の外交のルール」を受け入れた日本は近隣の諸国に対しても「それと同じルール」に基づいて再編成しようとしたことを強調する(143頁)ことなどがこうした事例である。とはいえ，ベトナム・ミャンマー・朝鮮などは条約によって廃滅されたのであり，琉球は条約さえなしに廃滅されたが，そのうちの2国が日本によるものである。このような事実から目を逸らして，条約体制の近代性・公共材的性格を強調するというのは偏向である。「創批版」は，「朝貢体制はその儀礼を受容する朝貢国の自主を認めたが，条約体制はその条文を履行する条約国を併合するか植民地化した」という事実を喚起している(142頁)。また「長春版」は，「列強は東アジアにいわゆる条約体制，事実上の植民地体制を強要した」として，条約体制を植民地体制とみなしている(376頁)。

　上記の「東大版」の記述は，幕末以来の近代日本の為政者や識者の公法観とも適合しない。彼らは，万国公法を実定法というより自然法的な理想として捉えたため，そもそも国家相互間を対等に律するルールをほとんど信じていなかった。木戸孝允や大久保利通などにとって，いわゆる「公法」は，列強には自分の地位を保持して「弱小国を奪う道具」だが，小国においては使い道のないものであった［芝原，1988：466-470］。

　第3に，征韓論者の意図を積極的に弁護して帝国性を糊塗したうえで，日清戦争に至る過程と朝鮮に対する侵略を粉飾・否認している。開戦に至る過程で「外征を主張する勢力もあったが，それがあったことと，政府の政策として採

択されたこととの間には大きな差がある」(232頁) としたことはその一例である。公議と公論が近代日本政治の根幹であれば (111頁)，朝鮮に対する日本の政策は，これに基づいて持続し実行されたのである。「東大版」において，琉球・朝鮮に対する日本の「外征」または「国権拡張」が侵略であったという認識を見出すことはできない。

　このように朝鮮の立場を無視した歴史認識は，日清戦争後の朝鮮政策にもつながる。戦争当時の朝鮮に対する日本の「内政干渉」(または「介入」) が，結局清国とロシアを排除して朝鮮を「支配」すること，すなわち1905年に韓国の外交権を「接収」することへとつながった，と述べられる。この叙述は1875年に琉球藩の外交権を「回収」したという認識とも相通ずるものである。すなわち，「干渉・介入・接収」しただけで「侵入・侵略・奪取」はしていないという歴史認識である。この認識と論理は，「朝鮮が昔日のように属国となり天皇に服属しなければならない」とする征韓論からどれだけの距離があるというのだろうか。さらに「征韓は維新の理念にかなった正論であるがゆえに，反論がむずかしい」というコメントが付加されている (183頁)。「征韓」の「征伐」は下国の無道を匡正する上国の正当な責務であり，決して「侵略」とはいえない。「征韓」は前述した「討蕃」と関連する華夷論的用語であり，帝国性を擁護する理論をはらんでいるので，適切な歴史用語とはいえない。

　「東大版」より先に日本で出版された上原一慶ほか『東アジア近現代史』(1994年) がかえって明治期日本の侵略性を直視している点で，一歩先んじる。同書は「台湾出兵」の代わりに「台湾侵略」と表記し，「壬午軍乱を契機に，日本政府は朝鮮侵略と対清戦争を準備するための軍備拡張に着手した。日本の本格的な軍国主義が始まったのである」と述べた。こうした点で，「東大版」は15年前の歴史認識より後退しているといえる。

　最後に，靖国神社について一切言及されていないことも注目に値する。靖国神社には維新以来第二次世界大戦の終戦まで，天皇の名のもとに内戦と対外軍事行動に出た戦死者が合祀されている。この対外軍事行動の最初の事例が台湾侵略であることは，日本帝国の膨張の起点がいつであるかを示している。靖国神社社憲には「慰霊」と「顕彰」という2つの機能が明示されている [坂元, 2014：779-780]。したがって靖国神社は単なる慰霊施設ではなく，日本帝国の

膨張，つまり対外侵略を積極的に顕彰する意味が込められている。

まとめ

　中国と日本は，それぞれの前近代と近代の帝国経験によって直視すべき帝国性が韓国に比べてはるかに強い。にもかかわらず，「長春版」とは違って，「東大版」がこのことを直視し省察できる自省史観への可能性を示していることは，一歩前進であるといえる。とはいえ，それは個別の事件の記述に限定したものであり，その近代史の認識体系は依然として自慢史から脱していない。

　「東大版」の自省史観を制約する認識体系の根幹には２つ問題点がある。第１に，東西対比と対応的防御を２つの軸によっている。これは大国・帝国間の関係のみを重視する観点の所産である。第２に，日本指導者の姿勢が開国と改革では積極的・主導的な決断を示したものの，膨張と侵略では消極的・対応的な防御に変わったというものである。こうした認識体系による限り，東アジア隣国に対する日本の侵略を認められないことになる。それでは東アジア史の趣旨を活かすことは困難である。

　だが，今後出版される「東大版」の20世紀編が1931年以降の日本の膨張を侵略と位置づけた東京裁判史観を否定することはないと考えられる。それ以前の膨張を侵略ではなく，文明化であるという分節的歴史認識に対して吉田裕は，「対外的には東京裁判の判決を受け入れて必要最小限の戦争責任を認め」，「日本内では戦争責任問題を事実上否定し，不問に付す」という歴史認識のダブル・スタンダードを指摘したことがある［吉田（河・李訳），2004：91］。

　1990年代以来，歴代首相による謝罪談話にもかかわらず，それよりもっと多くの閣僚・首相がその談話を翻したり，否認したりすることが繰り返されているのは，こうした歴史認識のダブル・スタンダードを行き来するものである。2015年８月に行われて特別な関心を集めた安倍総理の「戦後70年談話」もまたこの枠組みを脱しなかった。12月28日，安倍内閣と韓国の朴槿恵（パク・クネ）政府が，いわゆる「日本軍慰安婦」問題を「最終的・不可逆的に」合意すると発表したのは，両国の政治的リーダーシップが「自慢」に偏っていることを示している。そのため，「東アジア地域社会に通用する歴史認識」とは，政治的

リーダーシップと歴史研究・歴史教育がともに進んでこそ，初めて獲得しうるものである。歴史研究と教育が，民主主義の進展を重要な課題と認識しなければならない理由がここにある。

　韓国の著名な文学評論家・黄鉉産（ファン・ヒョンサン）は，近代日本の植民支配と侵略について，次のように述べた。「過去に対する現在の日本は，過去の日本に対する主体でもあり，過去を乗り越えて立ち上がった他者でもあります。……他者として客観化してみれば，多くの問題を解くことができます。……国家や民族を離れて，純粋に人間という立場からその罪を客観化することが大切です。このような客観化は，韓国よりもむしろ日本の将来の幸不幸がかかっているのです」［黄, 2015：102］。

　現在の日本は過去の日本に対する主体であると同時に他者でもあるというこの理路は，韓国・中国・ベトナムにも同じく当てはまる。それぞれの国家と国民もまた，それぞれの時期と事例により被害者となり，同時に加害者となる。ならば自国の国家暴力に対する自省の程度が，その国の未来の幸不幸につながることもまた同様である。しかも自省の欠乏による一国の幸不幸は，決して一国の事柄として終わらないという問題意識こそ地域史の出発点である。未来の不幸を最小限に抑えるためには，侵略と加害の「事実を認める」ことから始め，それを自国の学生に歴史として教える勇気が伴わなければならない。これこそ，「以史為鑑」ということである。筆者は，日本の歴史教育において近代史が自慢史観として認識されて教えられることこそ，総理の謝罪談話が否定されることよりもさらに憂うべきことであると思う。

（李香淑・金銀英訳）

●注
1）明治政府が欧米列強の世界分轄競争とロシア南下の脅威を強調し，それによる日本独立の危機を訴えることは明らかに「誇張で文飾」であった。むしろ明治政府自らが琉球と朝鮮に膨張を図ることによって日清対決を激化させたのである［坂野, 1977：10-11；芝原, 1988：479-480；高橋, 1996：523-524］。
2）これは従来の幕府外交に対する消極評価を批判し，積極的に再評価しようとする傾向の反映でもある［岩波新書編集部（徐訳）, 2013：27］。
3）徳富蘇峰によると，当時の日本人にとって「膨脹とは他国を侵略すること

ではなく，日本国民が世界に雄飛して世界に向かって大義を広げる」ものであり，「国民として健全な存在を保障するため」であった［張, 2010：308-309］。
4） 帝国の概念については，［李, 2014：第1, 3部］，［山本編, 2004：3-30］を参照。
5） 「東大版」東アジア史と異なり，「大阪大学版」世界史は，英米が砲艦外交によって日中を開国させて締結した不平等条約による自由貿易体制を「自由貿易帝国主義」と規定し，この不平等条約の改定を欧米諸国に要求した日本が「隣国朝鮮に同様の条約を押しつけ開国を強制した点が，後の日本の対アジア政策の方向性を示唆している」と指摘している［大阪大学歴史教育研究会編, 2014：187-189］。

◆参考文献
大阪大学歴史教育研究会編（2014）『市民のための世界史』大阪大学出版会
君島和彦編（2014）『近代の日本と朝鮮―「された」側からの視座』東京堂出版
坂元一哉（2014）「首相の靖国参拝と日中関係―何が議論を混乱させるのか」『阪大法学』第64号
芝原拓自（1988）「対外観とナショナリズム」芝原拓自ほか編『対外観』［日本近代思想史大系12］岩波書店
高橋秀直（1996）『日清戦争への道』創元社
坂野潤治（1977）『明治・思想の実像』創文社
白永瑞（2007）「自国史と地域史の疎通―東アジア人の歴史叙述についての省察」『現代思想』35巻10号
柳鏞泰［岩方久彦訳］（2009）『歓声のなかの警鐘―東アジア歴史認識と歴史教育の省察』明石書店
山本有造編（2004）「"帝国"とはなにか」『帝国の研究』名古屋大学出版会
岩波新書編集部（徐民教訳）（2013）『일본 근현대사를 어떻게 볼 것인가（日本近現代史をどのようにみるのか）』［シリーズ日本現代史10］語文学社
金容徳編（2011）『日本史의 變革期를 본다: 社會認識과 思想（日本史の変革期を見る―社会認識と思想）』知識産業社
黃鉉産（2015）「다르게 사는 법을 배워야 한다（異なる生き方を学ばねばならない）」『週刊京郷』第1128号
鄭在貞（1998）『日本의 論理：轉換期의 歷史教育과 韓國認識（日本の論理―転換期の歴史教育と韓国認識）』玄音社
鄭在貞（2014）『韓日의 歷史葛藤과 歷史對話（韓日の歴史葛藤と歴史対話）』玄音社
張寅成（2010）「근대 동아시아 국제사회에서의 '秩序'와 '正義'：근대 일본 지식인의 동아시아 국제사회관（近代東アジアの"秩序"と正義―近代日本知識人の東アジア国際社会観）」『東北アジア歴史論叢』第28号
白永瑞ほか（2009）『동아시아 근대이행의 세 갈래（東アジア：近代移行の三分岐）』ソウル：創批
朴英宰（1984）「近代日本의 韓國認識（近代日本の韓国認識）」歴史学界編『日本의 侵略政策史研究』一潮閣

朴晋雨(2004)『近代 日本 形成期의 國家와 民衆(近代日本形成期の国家と民衆)』J&C

李三星(2014)『帝国』[韓国概念史叢書8] 小花

柳鏞泰(2010)「한국의 베트남전쟁 인식과 역사화해의길(韓国のベトナム戦争認識と歴史和解への道)」『동북아시아아와 동남아시아의 역사화해(東北アジアと東南アジアの歴史和解)』ソウル：UNESCO韓国委員会

柳鏞泰ほか(2010)『함께 읽는 동아시아 근현대사(共に読む東アジア近現代史)』第1巻，創批

吉田裕(2004)(河棕文・李愛淑訳)『日本人의 戰爭觀(日本人の戦争観)』歴史批評社

柳鏞泰(2008)「民族大一統論和內在化了的帝国性在近代中国」『学海』江蘇省社会科学院，第5期

韓国・台湾・中国の歴史認識

東アジア共同研究と台湾の歴史認識

許　育銘

　歴史認識とは，広義には，国家民族が過去に起きた様々な事柄に対する歴史的解釈を通して自己認識を構築し，さらに未来はどうあるべきかについての指導原則を求めることである。狭義には，それはもっぱら歴史事実の記述をさすが，実際に起こったことをどのように選択して記述するかは，特に歴史教育で用いる教科書の編集において問題となる。台湾でも歴史認識問題が存在することはいうまでもない。「本土化」(Taiwanization)に伴う政党政治の展開の過程で歴史教育に関する論争が起き，その結果，社会科と歴史科の教科書が一新された。さらに新たな歴史教育における「去中国化」(De-Sinicization)の趨勢のもと，歴史認識問題は中台関係の緊張，矛盾を招来するひとつの要因となった。

　一方，東アジアの政治環境において，台湾は日本にとって非常に親密なパートナーであるものの，例えば三国共同の歴史教科書の編纂にみられるように，東アジアの問題を討議する際に台湾が無視されることが多い。本稿では，日本の歴史教科書問題に関する台湾での研究概況を簡単に振り返り，あわせて台湾で起きた歴史認識問題の論争を紹介することによって，東アジア歴史認識問題を考えるうえで台湾が各国との対話を進める立ち位置がどのようなものでありうるのかを検討する。

1　歴史認識論争における教科書問題

　「歴史認識」問題は，東アジアの国際関係における1つの重要な焦点であり，日本の国内政治を中心としたものが国際問題へ発展してきた。台湾を含む東アジア諸国すべてで歴史認識問題が存在していたが，それが「歴史認識」の名目で現れることはなかった。台湾に限っていえば，「歴史認識」問題は，もっぱら日本で発生した事柄をさす固有名詞になっている。よって，東アジアの歴史認識を論ずるとき，それは日本を中心に議論の場が形成されており，事態の経過は日本の情勢と密接に関連しているのである。一方で，いわゆる「歴史認識」問題にも広義と狭義の部分があり，広義では，歴史を通して国家民族の過

去における種々の出来事を説明することや，アイデンティティを構築し未来はどちらに進むのかを導くことを意味する。狭義では，歴史叙述に限定して用いられ，発生した事物をどのように選別するか，特に歴史教育における教科書叙述を意味する。当然ながら台湾にも「歴史認識」問題は存在しており，近年，論争はより激しさを増している。台湾と日本の状況には差異があるけれども，東アジアという視点からみれば共通する関連性がないわけではない。また，東アジアの相互協力を促進すると同時に，双方の相互理解を深めることが必要であるのみならず，共通性を探求し協力の基礎を強固にすることは非常に有意義である。

　日本の歴史認識問題をめぐる論争は，1990年代初期の慰安婦問題に溯るといわれている。日本政府に謝罪と賠償を求める声が絶えず高まり続け，日本の国内世論が「東京裁判史観」「自虐史観」を批判するなかで，論争を引き起こす事件が多発した。2001年，扶桑社出版の『新しい歴史教科書』が検定を通過し出版されたことに国内外から批判が集まったことはその例である。しかし3度にわたる日本の教科書事件の経過と国際情勢から観察すれば，1950年代に歴史認識問題に関する教科書改訂と訴訟はすでに発生しており，1982年に国内問題から国際問題へと発展したのである。中国，韓国などは当時の日本文部省が教科書検定に関与したこと，つまり史実に背く改訂，例えば慰安婦に関する記述を削除し，「侵略」の代わりに「進出」を使用するように要求したことについて抗議した。本来は日本の国内問題であった教科書問題が国際的大事件となり，最終的には日本政府が教科書検定の基準に「近隣諸国条項」を追加することで収拾を図った。教科書の記述は，日本国内における歴史認識問題をめぐる論争に関連しているだけでなく，国際理解や国際協力も考慮しなければならなくなった。したがって，これ以降の東アジアにおける歴史認識問題は基本的に日本の歴史認識が中心となり，同時に国内と国際の2つのレベルが存在するようになったのである。

　メディアを通じて台湾に伝達された日本国内の状況は，複雑な影響をもたらした。台湾社会において，日本という国は戦争への反省が足らず，戦争責任を薄めているというイメージが定着した一方，民主化が進む台湾社会で教科書の記述の影響が認識されることになり，国家機構に対して歴史の解釈権を掌握す

ることを緩和するよう求める動きがみられるようになった。国家の関与を最も代表しているのが歴史教科書の課程綱要の改訂であり，国家が改訂した課程綱要は民間が教科書を執筆し出版する際の根拠となる。台湾の歴史認識問題は，歴史教科書の課程綱要の定期的な改訂をめぐる問題を中心として発展してきており，日本国内における教科書問題の展開と多くの類似点をもつ。

　歴史教科書は重要性だけではなく，指標性ももつ。歴史学の視点からみると，歴史は1つの客観的な過程であるが，歴史認識は人為的に構築される。民族の歴史は歴史教育を通じて構築，記憶，伝承されるものであり，歴史教科書は歴史の記憶を伝承する最も重要な媒介となる。加えて，歴史教科書は公的権威と正式で普遍的特徴を有しており，民族の歴史的記憶を学習者の精神世界に深く刻み込んでいる。また，民族の体系化された記憶は，この重要な記憶の場所に依拠している。ゆえに教科書は，社会においてどのような知識が認知されれば合法的で真実であるのかを決定することに参与しているのである。このため台湾の民主化過程においても，本土派は，国民党の長期的な権威統治が作り出した歴史認識は歪曲されており，歴史の解釈権の掌握を改めなければならないと考えてきた。

　1990年代の後半，日本国内で教科書問題および「自由主義史観」をめぐる激しい論争が展開されていたころ，台湾でも歴史観の規範が転換しつつあった。台湾の主体性が強調され，台湾の本土意識に対してアイデンティティが要求されるようになると，台湾本土史観が従来の大中国史観に取って代わり，しだいにそれが政府の主流の論述になっていった。1997年政府出版の中学歴史教科書『認識台湾』はまさにこの規範の転換を代表していた。この本の出版を契機に，台湾社会において歴史観の規範をめぐる激しい対立がみられるようになった。『認識台湾』に代表される台湾本土史観に反対する者は，日本の植民地統治を肯定することは，日本の右派（右翼）が戦前の歴史を美化することと同じであると批判した。この後，教科書課程綱要の改訂問題が繰り返し発生した結果，使用する用語についての論争が社会の各レベルに広がった。例えば，「日治」と「日拠」，「終戦」と「光復」などの論争であり，台湾の歴史認識問題と日本の右派（的論調）の連結は，東アジアの歴史認識問題における台湾の立場を苦しく曖昧なものにしてしまった［汪，2014：72-94］。

2 台湾における日本の歴史教科書問題の研究状況

　東アジア共同研究の話題に入る前に，台湾における日本歴史教科書の研究状況を簡単に振り返ってみたい。あらかじめ強調したいのは，これは日本国内－国際－台湾国内という国境を越えた問題である。台湾の歴史教科書問題は確かに日本の歴史教科書問題の影響を受けてはいるが，日本の歴史教科書問題に関する研究は多くない。しかし，台湾本土の教科書と歴史教育問題は一貫して研究の重点となってきた。教科書研究では，教育やカリキュラムに関する議論に集中しており，藍順徳の『教科書意識形態』［藍，2010］が例として挙げられる。ここでは従来の教科書に関する研究を整理したうえで，イデオロギーの視点から教科書の分析を試みており，政治，ジェンダー，エスニシティ，宗教，階級，地域といった分類を使用し，教科書イデオロギーに関する1979年から2008年までの博士論文，雑誌論文および国家科学委員会（国科会）のテーマ報告の内容分析を通じて，以下の結論を導いた。すなわち，2000年以前は，教科書研究の重点が政治面におけるイデオロギー批判におかれており，社会科の教科書が分析資料として最も使用されていた。しかし2000年以後，『認識台湾』の出現に伴い，台湾で「中国化」と「本土化」をめぐる初めての論争が勃発したことを背景に，教科書研究の重心は両岸（台湾と中国大陸）の教科書の比較と戒厳令解除前後の教科書の比較に移され，台湾における国内教科書研究の関心が本土化の発展を重視し始めたことがわかる［黄，2013：5］。この点に関しては，王甫昌の「民族想像，族群意識与歴史―『認識台湾』教科書争議風波的内容与脈絡分析」［王，2001：145-208］が参考になる。ここでは主に新聞やメディアの報道と分析から，『認識台湾』の教科書論争によって顕在化した民族（ネイション）の想像，エスニック・アイデンティティと歴史の記憶の関連性を明らかにしている。

　台湾における教科書問題と歴史認識問題に関する議論は，歴史教育に関する定期刊行物に比較的多く現れる。定期刊行物は単なる論述の場ではなくイデオロギー的主張を発する場になりがちである。例えば，民族文化精神の強調を主旨とし，中華文化を発揚し輝かしいものにするように主張する『海峡評論』は

中国化史観を代表する雑誌である。一方，学校教育を中心として歴史教育の改善を主張する『歴史教育』『清華歴史教学』『歴史月刊』などでも台湾国内における歴史教育の状況と政策に関する議論が常になされており，「中国化」と「本土化」をめぐる議論が最大のテーマである。台湾本土史観の代表的団体である「台湾歴史学会」は『歴史意識与歴史教科書論文集』(2003年) を編纂し，歴史教育と国家アイデンティティの問題を扱っている。基本的に台湾国内の教科書制度に関する研究は日本の状況について多少は言及しているか参考にしており，日本の教科書制度を専門的に検討した論文も少なくない。しかし，数は限られており，多くは教育に着目したものである。歴史的観点を切り口として日本の歴史教育問題を論じたものは全体的にみてかなり少ないが，質の高いものが多い。例えば，上記学会の会報に収録されている何義麟「日本歴史教科書問題之演変―擺蕩在「国際考量」与「本国中心」之間」［何, 2002：69-78］がその代表である。

多くの台湾の学者が日本の歴史認識問題を考察する目的は，台湾における歴史認識の良好な発展を増進するためである。筆者は「戦争魅影―日本歴史教科書的中日戦争」［許, 2005：84-115］において，日本における歴史認識問題と歴史教科書論争を主に検討し，日本国内における歴史教科書の内容を比較するとともに政治闘争の影響下にある歴史教科書の発展を考察した。また，「站列法庭的歴史学―家永三郎与日本教科書審定訴訟之研究」［許, 2006：251-282］において，歴史と法律の視点から家永三郎の訴訟問題を分析した。具体的には，日本の教科書検定制度と憲法で保障される学術自由は衝突するかどうかという問題を検討したうえで，歴史教育を重視するが歴史教科書の質を軽視するという台湾歴史教育の現状を反省し，大学教授の教科書編纂への参与を促し，さらにそれを正式な研究成果として捉えるように呼びかけた。羅志平は「歴史修正主義与新民族主義―日本修改教科書争議的政治効応」［羅, 2006：81-106］において，日本が歴史教科書を修正しようとする深層心理は，新たなナショナリズムの創造にあると論じた。日本の戦前と戦後の民族意識の違いをふまえつつ，日本天皇に忠誠をつくす戦前の皇国史観を呼び覚ましたいがゆえに，戦後の「反省する日本」に反対し，それを「自虐史観」とみなすのであり，日本国内に歴史修正主義が出現したと主張する。

日本が歴史教科書を修正しようとする深層心理について，汪宏倫は「従『戦争論』到『新歴史教科書』─試論日本当代民族主義的怨恨心態及其制度成因」［汪, 2010：147-202］において，社会学および心理学の視点から日本右派の深層心理を検討した。汪は社会学の理論を用いて日本のナショナリズムの深層心理を分析し，全体として主にマックス・シェーラー（Max scheler）が取り上げたルサンチマンを用いて現代日本のナショナリズムを構築し理解しようとした。この問題を議論するにあたって，まず戦前と戦後における日本の自己認識に巨大な断裂が生じたことを理解する必要がある。つまり，戦前における英明なる「神武皇国の民」が，戦後には謝罪し続けなければならない「歴史の罪人」となったわけである。連合国軍（アメリカ）が日本を占領したとき，乱暴かつ強制的な方式で日本に民主国家を樹立させたものの，戦前の天皇制度や皇国史観を完全には排除しなかった。大きな論争を起こすこれらの事実が，ルサンチマンの種を植えつけたと論じたのである。論文の重点は，新たなナショナリストによって新しい歴史教科書が現れた社会的背景と，社会学の理論からこのナショナリストの精神構造の成立を理解・分析することにおかれている［黃, 2013：7］。

　日本右派の『新しい歴史教科書』については，黃自進の「日本歴史教科書問題─『新歴史教科書編纂会』的個案探討」［黃, 2004］が代表的な研究として挙げられる[1]。黃によれば，教科書問題は日本的価値体系の再建および周辺隣国との外交関係に関連しているため，日本社会の動態を探るうえで最適の指標である。また，日本の歴史教科書問題と国内の政治経済問題は密接な関連性をもつため，日本の国内矛盾が存在する限り，教科書問題も幕を閉じることはない。甘懐真は「台湾与日本的中学歴史教科書之比較」［甘, 2009：151-170］において，台湾と日本の歴史教科書の課程綱要と学習指導要領を比較し，日本のそれが形成された歴史的背景には左派史学と右派政府の衝突があったことを論じたうえで，台湾の教科書制度を検討し，建議と反省を提示した。

　このような比較の視点は，歴史認識問題についての東アジア共同研究への第一歩である。黃綉媛は「中日初中歴史教育的比較─民族主義与世界主義的糾葛」［黃, 1994］において，台湾，日本，中国大陸の歴史教科書における歴史教育の目標，ナショナリズムとグローバリズムの関係を分析した。日本政府は国

際平和の理念に基づく教育改革を強調する一方，歴史教科書における戦争反省は薄められつつあるが，戦争に対する反省は依然として教科書に現れているとしている。このことから，日本政府と歴史学界，教科書編纂者の間における認識の不一致がみられる。この不一致は日本政府が国家民族意識を統合することを難しくさせているが，日本が再び極端な国家主義に走る可能性は否定できない。中国の歴史教育は明らかに政府がすべてを主導するという。そこでは歴史教育を国情教育と政治思想教育の一環とし，多くの国家の重要政策は歴史教育を通じて宣伝されている。教科書は国際平和に関する議題について国際的な友好協力と各国の進歩繁栄の促進が提唱されるが，国内民主と人権に関する議題については政府の政策と背馳する現象がみられた。台湾に関していえば，これまで中国化を中心とする歴史教科書は，故郷と祖国を守るという基本精神に基づいており，対内的には学生の中華文化に対する連帯感を育成することで国家統一の基礎を築き，対外的には国際協力を強調することで国際的地位をアピールしていた。このような叙述は1990年代前半までの台湾の内外状況を反映している［黄, 2013：8］。

3　東アジアが歴史教科書を共同編纂することに対する台湾の注目点

　従来，台湾が公的に歴史教科書を管轄する代表的な機構は国立編訳館であった。これは1932年に設立された国家図書編纂機構であり，教育部に属し，学術文化書籍，教科書および学術名詞の編訳事務を担当してきた。この機構は政府とともに台湾に移転したが，その編訳成果の効力も時代によって異なっている。教育部が民間の教科書編纂・出版を認めた1997年まで，国立編訳館は中華民国中小学校各学年の教科書の唯一の提供者であった。しかし2011年に，国立編訳館は国家教育研究院に合併された。国家教育研究院はこれまで教育制度・政策の研究，教育政策と世論調査のデータベースの設置，教育政策を決定するうえで必要な情報と専門的な諮問の提供といった役割を果たしてきたが，国立編訳館との合併により教科書研究およびその審査の権限も掌握し，中小学校の教科書の審査機構として中小学校の教員が参加する研修活動を多く行ってきた。
　2012年 6 月，国家教育研究院と国立台湾師範大学共同主催の「東亜歴史教科

書共構工作坊」が行われた。注目すべきなのは，このワークショップは国境を越えた歴史教科書の共同編纂に関する議論，すなわち，どのように国境を越えて協力し，共同執筆し，争点となる議題にどのように対応するか，といった問題に対して詳細かつ平易に議論した最初の場であった。これまで，東アジアに位置する台湾は，中国大陸，日本，韓国と密接な関係をもっているにもかかわらず，国際的に歴史教科書を共同で編纂するという課題，あるいは歴史認識についての国際的協力研究に対して，政府は基本的な態度を示してこなかった。

国境を越えた歴史教科書の共同編纂は，単一民族国家としての自己認識を超えた記述方式を通して，多国家・多民族間の対話にまで達し，国境を越えた協力のために相互理解の基礎を提供するといわれている。現在，歴史教科書の国境を越えた共同編纂は西洋において多くの成果があり，近年，東アジアの主要な国家も積極的に行動しており，中国・日本・韓国はみな歴史教科書の共同編纂を行っている。『東亜三国的近現代史』（2005年，『未来をひらく歴史―東アジア三国の近現代史』）に続き，『超越国境的東亜近代史』（2013年，『新しい東アジアの近現代史』）が出版された。このような国際発展の趨勢に台湾は反応を示さず，とりわけ中国・日本・韓国による（歴史教科書共同編纂の）協力過程において，台湾は外交等の内外の要因からいわば失語状態に陥っていた。しかしこれとは逆に，台湾内部では，国家アイデンティティの構築に関わる教科書課程綱要論争や歴史認識問題，特に日本の統治時代をどのように定義するかをめぐって鋭く対立する激烈な論戦が展開された。すなわち，台湾の歴史認識問題には内を重んじ外を軽んじる傾向があり，それは時間的・空間的制約によるものである。

上述の2012年に公的機関が主催したような研究活動は，台湾における国際的な歴史教科書の共同編纂に向けた第一歩とみなすことができるかもしれない。この研究活動は東アジア歴史教科書の共同編纂に携わってきた学者を集めて基調報告を行ったものであり，中国社会科学院近代史研究所の歩平，日本の都留文科大学の笠原十九司が招かれ，また国立台湾大学歴史学科の周婉窈と中央研究院社会学研究所の汪宏倫が，台湾の観点および歴史社会学の視角から基調報告を行った。かつて東アジア歴史教科書の共同編纂事業に携わった歩と笠原は中国と日本におけるこの種の課題に関する代表的な学者であり，研究活動の参

加者に最新鋭の情報を提供した。さらに，2人の台湾学者の基調報告は，中日韓3国による歴史教科書の共同編纂に対する台湾学界の観点を反映したものであった。

周婉窈は「試論東亜歴史共通教材書写的可能性及其局限」において，国境を越えた歴史教科書の共同編纂に潜む国家の主体性，歴史的記憶と国際政治などの深刻な問題を指摘した。まず，中日韓共同編纂の『東アジア三国の近現代史』は，日本帝国圏を中心として書かれているため，辺境とされた台湾や琉球などの主体性に関する記述が欠如しており，よって誰の東アジア史かという問題を追求するとき，辺境にいる者の自主性の欠如が現れるとした。そのうえ，日本帝国圏内にあった台湾，琉球，韓国などは共通の経験を有していたのかという問題も存在する。これらの欠点は東アジアの教材を共同で編纂する際に考慮されなければならない事象であると指摘した。さらに，同氏は，多国間で共通の歴史を叙述する際に直面する試練を以下のように述べる。「理論上は一国の歴史を超越して越境する叙述を行うべきであるが，各国の歴史にはそれぞれの文脈があり，往々にして相容れず，共通の歴史事件に対する叙述に関してその立論と視角も異なっており，その上，各国は各自の核心となる歴史問題を処理し，各自の国家の意義と民族精神の伝統に直面しなければならない」［詹・陳, 2012：171］。

以上の見方や意見には台湾のある種の焦りが示されている。中日韓などが東アジアに関する共同研究を行う際，台湾を意図的に排除はしないが，東アジアの歴史認識を議論する際には，台湾は周辺化されないとしても，見落とされてしまう。また，台湾本土史観と日本右派との論述の結合も台湾を窮地に立たせている。そのため，台湾は現段階においてどのように平和的な対話に基づく東アジアの歴史認識をめぐる議論に参与すべきか，またどのような視点から台湾人の東アジア史を確立すべきか，このことは考究に値する問題である。

このワークショップにおいて得られた共通認識は，参考にすることができ，東アジアと共同で歴史認識を研究するうえでの第一歩になるであろう。以下のようにまとめることができる。

① 意義と価値について，会議参加者は一致して肯定的な態度を示した。すなわち，東アジアにおける歴史教科書の共同編纂は，自己の視角を超えて結果

よりも過程を重視したものであり，ネイション・ステイトの枠組みに対して勇敢に挑戦するものである。
② 必要条件として，表現の自由と開かれた対話がなければならない。しかし，ナショナリズムの感情論に陥ってはならない。
③ 共有すべきテーマとして，戦前と戦後の民主化，民主化後の移行期の正義をどのように捉えるかが含まれる。
④ 直面する困難と挑戦として，まず，中台関係を避けることはできない。相互の「理解の過程」は非常に重要であり，この過程においてまず台湾の主体性を前提としなければならない。次に，加害者と被害者の二元対立の問題である。最後に，ナショナリズムの影響を突破する問題である。つまり，ナショナリズムがもたらす悪影響を警戒しながら，ナショナリズムを克服し超越した後，誰に対して最も有益か構想することである。
⑤ 共同研究の契機として，台湾が中日韓という国際的ネットワークに参与することが考えられる。カギとなるケーススタディにおいて形成された共通認識を教科書の中に書き込み，子供たちに平和的な思考様式を学習させることによって，平和的に「不理解」から「対話理解」への実現を目指す必要がある。［詹・陳, 2012：172-173］。

まとめ

台湾本土史観をもつ学者は，歴史教育の改革が民主化を推進できると深く信じている。歴史教育の改革は歴史認識の問題として扱われてこなかったが，両者は同じ問題である。この観点は2014年3月に勃発したひまわり学生運動によって証明されている。戒厳令解除後に生まれた学生たちは，自由化，民主化の時代に育ち，多くの学生は高校で「九五暫綱」（民国95年＝2006年暫行課程綱要）の歴史教育を受けていた。この課程綱要は2004年，民進党執政時の教育部長であった杜正勝の時期に「普通高級中学暫行課程綱要」として公布，2006年に施行され「九五暫綱」と呼ばれた。「九五暫綱」において台湾史は初めて独自の教科書となり，中国史の範囲から抜け出して教育することができるようになった［王, 2011］。今回の学生運動の参加者たちの国家アイデンティティや，

民主，人権に対する認識は「九五暫綱」によって形成されたと多くの人たちが信じている。

　台湾の歴史認識，歴史教育がグローバル・スタンダードな立場に立ち，東アジア諸国との協力を求めることには多大な可能性がまだ残っている。どの国においても，歴史教科書は以下の２つの働きをもっている。すなわち，過去と現代の間に一種の「記憶」のつながりを提供し，公認の歴史叙述を伝達する一方，現代社会の需要に基づいて過去を書きかえることである。こうした歴史教科書にみられる偏見，差別，ステレオタイプを解消することは，歴史遺産から脱却する大きな手助けとなり，国境を越えた歴史教科書の共同編纂や東アジア歴史認識についての共同研究は，この種の歴史遺産を打破するインパクトであり，平和教育に対する具体的な実践にほかならない。

（和田英男・周妍訳）

● 注
1）　黄氏が最近発表した書評も非常に参考に値する［黄, 2014：105-113］。

◆ 参考資料
汪宏倫（2010）「従『戦争論』到『新歴史教科書』：試論日本当代民族主義的怨恨心態及其制度成因」『台灣社會學』第19期
汪宏倫（2014）「台灣的『歴史認識問題』初探：史観，戦争，框架」『21世紀東アジア社会学』第６号
王仲孚（2011）「論『高中歴史新課綱』的根本問題」『海峡評論』（ネット版）247期，http://www.haixiainfo.com.tw/247-8199.html.
王甫昌（2001）「民族想像，族群意識与歴史―認識台灣教科書爭議風波的内容与脈絡性分析」『台灣史研究』８巻２期
何義麟（2002）「日本歴史教科書問題之演変―擺蕩在『国際考量』与『本国中心』之間」『台灣歴史学会会訊』13/14期
甘懐真（2009）「台灣与日本的中学歴史教科書之比較」『歴史教育』第14期
許育銘（2005）「戦争魅影―日本歴史教科書中的中日戦争」『近代中国』第163期
許育銘（2006）「站列法庭的歴史学：家永三郎与日本教科書審定訴訟之研究」『東華人文学報』第９期
黄自進（2004）「日本歴史教科書問題―『新歴史教科書編纂会』的簡案探討」『中研院亜太区域研究専題中心』
黄自進（2014）「東亜歴史教科書問題的組成―評菊池一隆著『東アジア歴史教科書問題の構図―日本・中国・台湾・韓国，および在日朝鮮人学校』（法律文化社，2013）」『教科書研究』第７巻第１期
黄綉媛（1994）「中日初中歴史教育的比較―民族主義与世界主義的糾葛」国立台灣師範大学歴史研究所博士論文

黄貞瑜（2013）「歴史認識与書写—台，日，中高中歴史教科書比較研究」国立東華大学歴史学系碩士班碩士論文

詹美華・陳姵琁（2012）「2012東亜歴史教科書共構工作坊」『教科書研究』第 5 巻第 2 期

羅志平（2006）「歴史修正主義与新民族主義：日本修改教科書争議的政治効応」『問題与研究』第45期

藍順徳（2010）『教科書意識形態—歴史回顧与実徴分析』台北：頂文書局

韓国・台湾・中国の歴史認識
東アジア共同研究と中国の歴史認識

江　沛

　　グローバリゼーションが日増しに発展する今日において，東アジア地域では非常に特殊な問題が発生している。それは東アジア各国の歴史，特に「第二次世界大戦」の歴史認識に対する認識の相違である。この相違は表面的には歴史認識の差異だが，実質的には他国の利益と相互関係にまで及ぶ複雑な背景が存在している。

　　中国についていえば，中国人の歴史的思考には習慣的に道徳判断が内在する。それは西洋を侵略者・陰謀家とみなしながら，同時に西洋が近代文明の唱道者や伝播者であることを認めざるをえないという，明らかに矛盾した世界観を呈している。伝統的な朝貢システムの影響下で，中国人は統一的で中央集権を核心とする天下観で東アジアの紛争問題を考察するのに慣れており，自己中心意識が非常に強い。このほか，近代以来の革命史観は中国で引き続き存在しており，東アジアの歴史は，中国では西洋の侵略に反抗し，伝統文化に反対する革命の歴史であると描写される。さらに，近30年，中国経済の調整と成長を背景に激しく現れてきたナショナリズムの感情は，民族の自尊心と自大意識を知らず知らずのうちに成長させた。これらの思考が中国人の歴史観に影響を与えていることについて，真摯な省察が必要である。

　　東アジア共同研究と歴史認識を検討する場合，それぞれの思考回路や視野，利益追求を広く包摂しなければならない。これは各国の知識人たちが東アジア政治の現実的な影響を突破し，民間の力で現実政治における利害や紛争を緩和する思考の基礎を構築しようと努力する試みであろう。

1　問題の所在

　ハーバード大学入江昭教授らが唱える国際歴史学やウイリアム・マクニール（William H. McNeill）が1963年に提議したグローバルヒストリーあるいは「新世界史」と呼ばれる歴史研究方法は，歴史学に広く影響を及ぼした。方法論の一種として，それは国民国家の限界を打ち破ろうとするものであり，国家，地区，民族，文化を越えた歴史を研究対象としており，ある意味では，それは経

済のグローバル化，文化一体化のうねりに対する歴史学の一種の反応であり，歴史学の総合的で融合し合い一体化するマクロ的趨勢を体現するものである。しかし東アジア地域において，歴史家は意外にも「どのようにして東アジア共同研究と歴史認識を理解するか」という議題を提出しており，東アジア共同研究を実現できるかどうか，東アジア諸国では共通の歴史認識がなされる可能性があるかといったことに気をもんでいる。何故こうした事態になったのかには，感慨深いものがある（東アジア各国特有の政治文化，民族意識，輿論の圧力は，たとえ台湾と日本が言論の自由を称えたとしても，学者たちも大衆の怒りには逆らうことはできないのだ）。

東アジアの歴史と現実に対する認識は，単純に学術上の問題であるわけではなく，多くの国の利益や相互関係に及ぶと同時に，複雑でめまぐるしく変わる国家間の利益関係に深く規定されている。1つの特有現象に，東アジア各国が等しく近代化の後発組ということがある。日本の明治維新が決然と「脱亜入欧」のスローガンを出しても，やはり儒教文明の思考を脱却することは難しい。続けて起こった，日米で覇を競ったアジア太平洋戦争，冷戦および日米同盟，日中紛争の背景をもつ日本は，なお近代の価値観でもって，伝統的日本文化を淘汰する時間をまだ十分に有しておらず，現代において正常な国家に戻ることを熱望するなかで，民族主義の束縛を超越することができない。台湾と大陸は1949年以降，政治的原因で長きにわたって決別したままであり，文化上の違いが日ごとに増している。また，台湾では最近の政治民主化および族群間の争いによって，中国大陸を「悪魔」化する認識がさらに加わってきている。北朝鮮と韓国両国も同じように政治的に分離した状態にあり，日本と中国に対して，ともに一種の「被害者」的感情をもっており，文化的アイデンティティと歴史認識は非常に敏感な問題であり，また非常に強い民族の自尊心をもっている。「天下の中心」である中国は1840年から長期にわたって西洋や日本の侵略を受け，抑圧された民族主義的思潮が中国人の思想を支配してきた。2010年に中国のGDPは日本を超え，中国人は大国の地位に復帰したと自認する偽りの意識が助長され，民族主義の感情がネットによってすぐに高まるようになった。

今日このように，政治的分離と国家利益の主張に起因する利益と文化の差異化が引き起こされた東アジア地域で，知識人による「東アジア共同研究と歴

認識」の可能性を討論することは，東アジアの発展と地域の安定に関して未来を展望する課題であるだけでなく，この課題そのものが同時代イデオロギーに先行するという問題を内包している。予想可能な未来において，この研究は当然認められないものであり，我々は孤独な先駆者となるであろう。

　2005年から2014年に至るまで，日中の民間機構が日中両国の民意を調査した。中国側は領土問題の選択肢が最高で，2013年の77.5％に比べると落ちてはいるが，64.8％を占めた。同時にまた「日本の歴史認識と歴史教育問題」を日中関係の進展に影響する1つの重要な選択肢だとも見ていた。日本側は「領土問題」が最大の妨げではないと認識している（中国日報2014年9月9日）。中国大陸と台湾の民意調査に関してはまだわかっていないが，両岸関係に影響を及ぼす最大の障害とは，おそらくすでに誰が中国において政治的正統性をもつのかではなく，台湾が自決権をもつのか否かということへ移ってきているのではないかと思う。このため，台湾当局は中国史の内容を世界史に編入し，台湾の歴史を強調して中華民国史の延長に替える歴史教育をとるようになってきた。また藍色陣営（国民党）と緑色陣営（民進党）の党派紛争がもたらした非理性的感情が，歴史認識に対する最低限の理性と客観性にかなり深刻な影響を与えた。いまなお対峙している北朝鮮と韓国両国は自国民族の歴史，とりわけ民族の分裂を招いた朝鮮戦争史をめぐる解釈には，相違点がある。

　これにより我々は1つの結論を出さざるをえない。東アジア共同研究と歴史認識の形成において，1つの基本前提は政治問題の解決，領土問題の解決，各国間の利害紛争の緩和であり，これを除いて他の方法はない。

　そう考えると，次のような疑問が出てくる。国家・地区・民族レベルの利害紛争が近いうちに解決できなければ，東アジア共同研究および共通する歴史認識の形成はあくまでも実現しえない夢となるのではなかろうか。さらにいうと，東アジア共同研究と歴史認識の形成が各国間の相互認知・相互理解の推進には無意味なのだろうか。答えは勿論，否である。中韓，日中，日韓は，いずれも領土紛争に悩まされており，北朝鮮と韓国，中国大陸と台湾は，さらに民族分裂と政治的正統性の争いという問題を抱えている。このような紛争は，常に政治・外交上の需要に応じて，メディアによって大げさに表現されている。そして，民衆の感情は日増しに対立するようになり，徐々に感情的で極端な言

動や行動へと転換する。さらには，これが極端な民族主義の空気へと発展すると，政治家や政治集団は民意を口実にして国防予算の拡大や貿易保護主義の推進を図り，これがまた極端な民族主義的思潮を盛り上げ，民衆間の感情的対立をさらに激しいものにする。このような感情的対立は国家体制・軍事力レベルから文化的伝統と歴史上の誤りに対してまでお互いに非難が及ぶこととなる。

したがって，ある意味では，各国の歴史認識を通して東アジア共同研究を推進することによって，各国の民間的理解と文化交流の和やかな雰囲気を作り出し，政治上の緊張関係と外交上の紛争がもたらした敵意を緩和することが，非常に重要である。

東アジア共同研究と歴史認識を討論するには，各方面の思考，視野や利益追求を包括的に検討しなければならない。これこそがこの議題の意義である。個人的にいえば，この研究は，各国の知識人たちが東アジア紛争の現実に対して長期的な見通しと高い見識を示す行為であり，また知識人が政治的現実の影響を突破し，民間の力で現実の政治紛争の利益を解決し，思考の基礎を構築しようとする試みだと考える。予測可能な未来において，この研究で取得できる，突破性のある進展がみられる可能性は大きくはない。しかし，良識ある知識人たちがこの中に関わるべきであろう。もしかすると我々の努力が，東アジア地域が平穏な平和共同体へと向かう重要な要因となるかもしれない。

資料と視野の関係上，本稿ではここ最近十数年来の日中両国の関係が冷えていく背景のもと，日中関係史を中心とする中国の歴史認識を例として，2004年に中国全国中小学校教材審査委員会の第1回審査を通過した「普通高校課程標準実験教科書」の『歴史』部門の1と2（以下，『歴史(1)』『歴史(2)』），中国の代表的な日本史研究や，中国における最近の日中戦争に関する研究状況に基づき，中国の知識人たちの東アジア共同研究と歴史認識に対する見解を，できる限り客観的かつ理性的に検討する。

2　中国の歴史認識の特徴と苦境

中華人民共和国が成立した1949年以降の中国において，歴史認識，とりわけ中国近現代史，日中関係史に対する認識は，常にイデオロギーの構築や民族の

自尊心を高揚するための宣伝，あるいは日本の侵略によりもたらされた憎しみが混在しており，またそれは，思考様式・文化的伝統・国際的な視野にも関連している。そこに現れている問題は，下記の5つの特徴がある。

● **習慣的道徳判断**

　道徳判断は，中国人の伝統的な歴史観における1つの特徴であり，法と理性が是非を判断する基準になるわけではなく，長期にわたって血縁関係を中心とする家父長制社会から継続している家族愛・道徳・感情を是非の判断基準とするという意識である。いうまでもなく，それは近代的価値判断の基準ではない。現在でも，中国の高校教科書，ひいては大学の教科書において，1840年のイギリスによる中国侵略戦争を出発点として中国近代史を言及するとき，それは民族の屈辱的な歴史・国恥の歴史であり，「血と涙の結晶」であるとされている。こうした文脈に沿って，中国の軍隊と人民がその時代以降，侵略に反対したという英雄の一章を書き加えてきたことは自明の理となっている［人民教育出版社課程教材研究所・歴史課程教材研究開発中心編著，2004：26］。

　このように，領土分割・経済損失・侵略戦争という視点からロシアと日本が近代中国を最も多く侵略し，最もひどく傷つけた2つの国家であるとみなしている教科書は少なくない。国民国家の立場からすれば，中国人が民族の存続と独立自主の権利を守ることは否定すべきものではない。しかし，このような歴史認識は常にそこで留まっており，何故近代の中国が侵略されたのか，結局はどのような原因だったのかという反省が非常に足りない。李鴻章が指摘した「三千年来の未曾有に変化する時局」という世界の趨勢に直面して，ただ涙腺をゆるめて憎しみを掻き立てるだけで，精神を啓蒙しないなら，歴史の発展と変化に与えられた教訓を充分に理解できないことは当たり前である。

● **矛盾する世界観**

　西洋列強と日本については，中国を「半植民地半封建」時代へ進ませ，独立自主を失わせた悪者だとみなす一方，西洋から導入した近代文明の普及を中国が封建社会に反対を唱えたカギとなっているとみなしている。また，進歩的な中国人が中国の振興のために西洋を学び，資本主義を発展させるよう呼びか

け，西洋の物質文明と制度文明が中国と列強との協力のもと，中国で迅速に広がったといっている。他方で，帝国主義列強は中国が資本主義を発展させるのを許さないとも述べている［人民教育出版社課程教材研究所・歴史課程教材研究開発中心編著,2004：33］。

　武力によって中国に進出した侵略者であると同時に現代技術を導入した経済と文明の開拓者に直面して，中国人の心理状態と歴史教育は常に受け身であり矛盾するものである［江,2008］。例えば，『歴史（1）』の近代中国の歴史過程を述べるところでは，西洋と日本に対して情け容赦なく批判し譴責している。しかし，『歴史（2）』の西洋の中国進出の描写においては，自然経済の解体，洋務運動の展開，また中国の社会構造の深層的変革をもたらしたと書かれており，民族資本主義の発展を時代の進歩とみなしている。同じように，中国全国で統一されている大学の政治理論課程の教材である『中国近現代史綱要』には，中国と西洋に関する叙述が分裂している。両者は補足し合うようにみえるが，実際には上記の矛盾する世界観をまさに具体化している。

● 統一と中央集権を中核とする天下の観念

　中国の歴史は，秦の統一以前は長きにわたり，諸国が独立していた。徐々に西周時代からゆるやかな連邦制の帝国が形成され，春秋戦国時代に入ると，諸侯が林立する分裂状態となり，ついに秦の時代で統一された中央集権政権が樹立された。その後，王朝政治の影響で，中国人の歴史観は中央集権を基準とするようになり，分裂が譴責されるべきものとされた。統一と分裂の認定は領土あるいは境域を基準とした。「天朝大国」のイデオロギーのもと，中国は周辺の民族や国家との関係を「朝貢体制」によって維持し，自己中心意識がきわめて強かった。近代以降，統一の基準は境域の発展から中央政権の認識へと広がった。中華民国初期の共和制，また知識界は，民主と自由の理念追求に対しても，この基準を認識に加えた。東アジア地域に対する認識についていえば，一部の研究は常に東アジア地区を儒家文化圏とみなす傾向がある。そこでは，中華文明の影響力を強調しすぎる一方，東アジアにおける諸国や諸地域の各自の歴史とその特性を見落とし，「ヨーロッパ中心主義」を批判すると同時に無意識に「中華中心主義」に陥っている。

● 革命史観の継続

　1890年代から，特にロシア革命の成功以降，革命は社会変革と民族独立を実現する最も有効な手段であるという認識が，中国のエリート層や知識人の間で思想の主流となった。これより，革命は絶対的正当性をもつようになった。1949年以降，中国近代史，中国共産党史に関する支配的叙述は中国革命の正当性を突出させることを中心とし，これによって中国共産党政権の合法性を主張してきた。それゆえに革命は歴史観を評価する唯一の基準になった。このような文脈の中で，中国近代史は反侵略・反封建主義の革命史として描かれており，「目を開けて世界を見る第一人者」といわれる林則徐をはじめ，西洋経済・制度の導入を主張する魏源，薛福成，鄭観応，王韜，康有為，梁啓超らが反封建を進めていく人物とみなされ，また太平天国，義和団，孫文が指導する同盟会に参加した人物が反侵略の革命者とみなされている。しかし，彼らはいずれも徹底的革命者ではないという評価が下されている。

　また，この革命史観によれば，西洋はいつも悪意を抱いており，日本はいつも陰謀者であり，ロシアは野蛮な国であり，中国の統治者は誰であれ封建主義の代表者なのである。それらはすべて中国革命に反対する敵であり，革命の対象とすべきものである。そして，民主共和制は中国において，本当の進歩を実現できず，西洋の抑圧のもと，近代経済の成長を実現することは難しく，革命によってのみ国民国家の独立自主を確立し，初めて真の政治的自由を獲得して社会の進歩を推し進めることができるのである。中国共産党はまさに徹底的革命者の代表と革命の唯一の指導者である［『中国近現代史綱要』編写組編，2013：71-72］。革命史観は，中国共産党（以下，中共）によるイデオロギーの構築に伴って，中国史研究界に明らかに影響を及ぼしているだけでなく，芸術，映画，ドラマ，劇，ひいては文化界，教育界に対しても影響力を深めている。これらは，中学卒業後に改めて真剣に歴史を学ぶ機会がほとんどない青年世代に，浅くて，曖昧だが，比較的共通する歴史認識の一部を養成した。

● 経済の急速な成長後に再び噴出した民族主義理念

　何千年も前から，農耕文明を中心としてきた中華文化は，東アジア地域において特有の優位性をもち，周辺の遊牧文明との関係を天下観や朝貢体制によっ

て維持してきた。「徳が備わる者は天下を取る」という天下観と「天下を取る者に貢物を捧げる」王朝観は，長い間中国人の政治観を支配してきた。また，中華文明は周辺地域より優位であったからこそ，何度侵略されても周辺民族の文化を同化することで自身の存続に成功したため，優越感のある，「天朝上国」の心理を形成するようになった。近代に入ると，外国の侵略によって中華文明の優位性が失われ，劣等感と西洋崇拝の心理が入り混じり，「天朝上国」の心理は抑えつけられた。

　1980年代から30年間，改革開放政策がもたらした経済の高度成長によって，中国は世界第2の経済大国になった。このため，これまで100年間にわたって抑圧されてきた「天朝上国」の心理や中国人の民族感情が出てくるようになった。喪失した権益を回収し，以前の天朝大国のような優位性を取り戻し，歴史の傷を治すため武力に訴えて周辺国や地域と紛争を解決しようとする心理は，正しい歴史観に基づく教育が欠けている青年世代の間で密かに増えている。また，インターネットの発達に伴い，匿名での発信が可能になったため，こういった心理はさらに広範囲に迅速に広がっている。そのなかには民族の自尊心や狭隘で尊大ぶる民族的心理も現れ，憂慮すべき思想を形成している。

　以上に挙げたように，現在中国における歴史認識の5つの特徴は，中国人の伝統的思考様式，イデオロギーの構築や国際環境などに関わっている。一部の歴史認識には問題が生じているものがあり，理性的判断が欠如し，歴史過程の筋道に対する深い理解力に欠け，周辺国家，地域文化，民族の特性に対する認識や理解も欠けている。このようなイデオロギーや国際関係の変化に非常に影響される中国の歴史認識は，現在の価値という面において，深く反省する必要がある。

3　東アジア関係史・日中関係史に対する認識形態

　紙幅の関係上，本節は主に中国の歴史学研究，世論および民衆の東アジア関係史・近代日中関係史に対する認識を論じる。
　東アジアとは何か。これは近代世界史の成立後，ヨーロッパおよび西洋に対

する1つの共同体の概念であり，1つの地域性の概念であり，1つの工業化生産様式に後れをとった農業文明の概念である。

　この意義からいえば，日本が以前に提起した「大アジア主義」の理論は，アジアを侵略して西洋の植民主義者を排除し，東アジアの覇者の地位を争い，正当性に依拠した思想的策略を提供しただけでなく，自国地域の利益主導をもともとの出発点とする権利の主張であった。ただ，それが真に東アジア各国のニーズを代表したかどうかはまた別の議論である。100年余り前，福沢諭吉は，日清戦争を1つの「開化対保守の戦争」「文明対野蛮の戦争」と解釈し，「日本人の眼中には，支那人なく支那国なし，ただ世界文明の進歩を目的として，その目的に反対してこれを妨ぐるものを打ち倒したるまでのことなれば，人と人，国と国との事にあらずして，一種の宗教争いと見るも可なり」と述べた［福沢，1961：492］。

　ところが，このような中国に近い東アジア地域は，中国の国家利益に最も密接に関係する地域であり，そこには友好関係にある国，競争関係にある国，親善関係にない国々が林立しているにもかかわらず，中国の歴史認識においては，それらに対する理解と関心が不足していた。近代以来の100余年，特に最近の30年余りの間，世界をリードする欧米諸国とその技術と経済が支える生活様式は，中国に対する影響力を日増しに高めている。このため，中国人の国際社会に対する認識は，常にアジア諸国を見過ごして欧米諸国ばかり注目している。結果，多くの青年は，欧米の都市・生活・文化の特徴を十分に把握してはいるものの，近隣の日本と韓国に関する知識がきわめて限られており，台湾についても阿里山，日月潭，台北の故宮，台北101などの観光地しか知らない。現在の中国で普及している高校の教科書と大学の教科書には，「東アジア」という概念の解釈または東アジア地域の重要性に関する解釈はほとんどない。それは本当に理解しがたいことである。

　東アジア地域にある国の歴史および国家関係史に関わる叙述は，古代であれば，アジア地域における中華文明の優位と朝貢体制しか言及しておらず，近代であれば，中国を侵略した日本とロシアが常に触れられているが，韓国・朝鮮と台湾はほとんど視野に入っていない。つまり，東アジアという概念に対しては，中国人の頭の中ではほぼ空白であるか，あるいは日本の代替品として理解

している。例えば，インドとの国境紛争について，高校の教科書と大学の政治教科書ではまったく言及していない。朝鮮戦争については，高校の教科書には依然として書かれておらず，大学の政治教科書には書いているがほんのわずかしか言及されていない。

　世論や民衆の眼中には，東アジアの範疇にはおおよそ中国，日本，韓国，朝鮮が含まれている。しかし，台湾は東南アジアに属しているようだ。また，東アジアはいつまでも分裂しているようであり，日中間は友好から紛争に向かっており，日韓は表面上仲良くしているが，内心はしっくりいかないようである。北朝鮮と韓国はいうまでもなく分裂しており，中国と北朝鮮との関係は昔の「同志・兄弟」という関係から冷えた関係になっているようだ。このため，東アジア共同認識という課題は，まったく議論しえない話題となっている。

　近代の日中関係史に対する認識においては，世論と民衆の認識は依然として遣唐使のイメージで留まっており，昔の日本は文化面では中国の教え子であり，近代になると恩義を忘れて先生としての中国をいじめたことを強調している。日中戦争および日本軍の暴行に関しては，常に日中外交の必要に応じて関連する報道が多くなったり少なくなったりしている。近年，日本の政治家による幾度にもわたる靖国神社参拝と偶発的な反中言論が示す中国に対する強行的姿勢によって生じる誇張と刺激によって，民衆の間には，日本は公式に謝罪したくない，客観的に日中戦争史を叙述したくないという悪いイメージが形成されている。

　メディアによって連続してなされる反日報道と一連の「抗戦ドラマ」「抗戦映画」の製作を基本的要素として，特に戦争に対する深い省察をしない環境と市場経済の需要に影響され，「抗日神話ドラマ」（抗日神劇）という皮肉な表現で呼ばれるものが大量に現れてきている。その内容はいつも低俗ででたらめでありえないものであり，そこに一貫しているのは日本軍・傀儡軍を悪魔化することである。中国の持続的経済成長と工業化の進展につれて，経済面では日中間のひらきが小さくなり，中国が日本を追い越したようにみえる。このため，中国民衆の心に隠れている「天朝上国」の心理が再び浮上している。国土の面積と人口数を基準にして，「小日本」という蔑視するような意味をもつ呼称が再び使用されるようになった。その背後には，軽率な大国心理と見かけだけの

過度な自尊心が満ちている。

しかし，次のような事情は非常に興味深い。中国民衆が抱く日本製の商品に対する良いイメージは，1980年代から出現し，今なお持続している。モダンな生活様式を追求する中国人は，日中戦争がもたらした日本に対する政治上の反感を現実の生活に関連させず，日本製の電化製品やその他の生活用品は依然として高品質のシンボルとなっている。例えば，ユニクロ，無印良品，伊勢丹などは若者や中間層の間で非常に人気があり，居酒屋と日本料理は未曾有のスピードで成長している。先進的文化と品質のよい商品を追求する点からいえば，中国人はあまり政治的感情を持ち出さない。

18世紀の末から19世紀の中頃まで，日中間では，日清戦争，日本も関与した義和団事件，中国東北地域で戦った日露戦争，日本による山東出兵と青島占領，また，1937年から日中全面戦争が発生し，当時の中国は日本の在華勢力拡張を阻止することがまったくできなかった。日中両国の競争は実は2種類の文明の競争であり，中国の負けは避けられないものであった。その後の長い間，中国の近代化の過程において，日本は架け橋の役割を果たし，西洋の技術と文明を中国に輸入することに大きく貢献した。当時の日本は，マルクスが指摘したアヘン戦争を起こしたイギリスと同じように，「歴史の進歩に意図せざる役割を演じた」のではないだろうか。これは検討する価値があるきわめて興味深い問題である。

日中関係史の全体に対する理解についていえば，中国史と国際関係史の分野では，地政学，現代経済の指標，福沢諭吉をはじめとする思想家の影響といった様々な視角がある。そこに共通する原則は，日本による中国侵略が「大陸政策」に依拠したことを強調し，「陰謀論」の存在を主張する。このような理解は，常に意識的に，時には無意識的に日本政府と軍部を同一視し，日本内部の分裂，国際環境の制約，また日中関係史における複雑性が無視されかねない。長期にわたって，中国は秘密に包まれた無秩序の王朝政治によって支配されてきたので，中国人は政策形成過程が「陰謀」の結果であることを信じてきた。三国時代の諸葛孔明は優れている政治家の典型と認められ，彼の知恵は抜群であり，柔をもって剛を制することが彼の特徴である。このように，政治家は知恵の代表者であり，政治は知恵の対決であるとみなされている。これに対し

て，武力や暴力は恐ろしいものであり，下等なものとみなされている。近代の日中関係において，優位性をもつ日本が支配的な地位を占め，中国があらゆる辛酸をなめたため，日中関係史上あるいは戦時期の日本の政治家と軍人に対して，中国人は常に①正義感のない陰謀者，②人権意識のない残虐者というイメージを抱いており，道徳的には非常に低く位置づけている。

　高校の歴史教科書において，抗日戦争に関する叙述はわずか5頁の分量であり，戦争の勃発と終結に関する必要で簡潔な説明以外では，日本軍の暴行と中国共産党による抗戦を記述しているだけである。蔣介石が指導する国民革命軍の抗戦，また国民政府統治区，中国共産党根拠地および被占領地における民衆の生活などについてはまったく言及していない［人民教育出版社課程教材研究所・歴史課程教材研究開発中心編著, 2004：35-39］。このような歴史叙述は，不十分な歴史知識と歴史認識を学生に提供しており，一方的なものである。

　大学の政治理論課程のひとつである『中国近現代史綱要』には，最近変化がみられた。その第6章では，「国民党と抗日の正面戦場」を内容とする節が立てられており，わずか2頁半ではあるが，抗戦史に対する認識の重大な前進と突破だといえよう。しかし，その前におかれた2つの節では，「武装抗日の旗印を掲げた中国共産党」というタイトルで，満洲事変以降，中共が指導した局地的抗戦が特に強調されている。日中全面戦争が勃発した後の国共合作についても，著者は明らかに意図的に中共による「合作抗戦」の推進を国民党より先に述べている。このような書き方は，中共が国民党に抗戦を促したような感覚を読者にあたえるだろう。また，第4節は「中国共産党は抗日戦争の大黒柱となった」をタイトルにし，中共による武力抗戦・銃後動員，中共組織の発展などを述べており，それは12頁半の分量を占めている［『中国近現代史綱要』編写組編, 2013：142-151］（以下の引用は同書の頁数のみを表示）。中共が指導するゲリラ戦に関しては，「中共が指導した武装兵力は12.5万回の作戦を行い，171.4万あまりの日本軍と傀儡軍を殲滅した。その中で，殲滅した日本軍の人数は52.7万人に達している」［154］と叙述されている。満洲事変から日中全面戦争が終結するまでの中国の抗戦の全体の成果を総括するとき，「150万あまりの日本軍を殲滅した」という結論が下されている［165］。そうであれば，1931年の満洲事変から1937年7月前までの局地的抗戦において，日本軍の損失が100万人に

上っているのではないだろうか。どうしたら，そのようなことが可能になるのだろうか。またそうだとすれば，全面抗戦の意義と重要性をどのように説明することができるのであろうか。

　日中戦争史の叙述において，中国人の歴史認識が十分に表されている。それは，世界の近代化の進展に全面的に遅れていた中国の国力の弱さに対してまったく反省がないということであり，過去の弱い中国を認めれば自国の民族をけなしているようにみえるかのようである。日本の対中侵略政策は日本を中心とする新たな東アジア国際秩序の構築に応じたものであり，日本の対中政策の失策は対中認識の誤りがもたらしたものである，というような考えと認識は中国においてきわめて少ない［宋・田, 2010：2-3］。日本の対中侵略を道徳的に譴責する考えが普通である。したがって，日本軍と傀儡政権が支配した被占領地の経済や生活の実態を分析するものがなく，被占領地における麻薬，遊女屋，強制連行，慰安婦など暗い面を強調する歴史叙述が歴史の全体像とされている。

　さらに，一部の歴史叙述は事実を誇張しているか歪曲している。例えば，1939年に天津の大洪水で日本租界が災害援助のために排水工事を行ったことは，冀東遊撃隊を溺死するための陰謀と解釈されている（冀東遊撃隊が活動する主な地域は天津北部の山岳地帯であることを無視できない）。また史料の真偽と信憑性を選別しない研究も見られる。例えば，1942年の河北省の水害は，日本軍が白洋淀の堰を100数か所切ったことで，河北省の40余りの県が被害を受けたと記載されている（白洋淀の水量からみれば，そのような可能性はない）。また，日本軍の暴行の記述に関しては多くの箇所が誇張されており，他の原因による死亡も，よく日本軍が原因とされている。例えば，ある研究は，8年間の抗戦で中国人は3500万の死傷者が出たが，その中で捕虜と強制連行者が1000万人に達していると称している［何編著, 2013：15］。

　1980～90年代，日中政府間の関係は経済のニーズが大幅に増えた結果，緊密になった。民間の関係も日本側の罪悪感，中国側の日本の近代的技術や生産品に対する憧れによっておおむね友好であったが，問題は密かに潜伏していた。2000年以降，特に最近の10年間は日中国交成立後，政府間関係から民間の認識に至るまで，双方の認識が急速に低下した10年であった。両国のマイナス要因を緩和するほとんどすべての要因が弱体化した（中国経済が強大になり，日本側

の戦争責任感が大幅に減り，中国側は日本の技術を羨むことがなくなった）。

　このような背景下で，100年来，アジアのトップであることに慣れてしまった日本国民に対し，また100年前に有していた東アジアトップの地位を回復したいと願っている中国民衆に対して，2010年における日中のGDP順位の逆転は重要な歴史的画期としての意義がある。2013年，中国のボアオ・アジア・フォーラム（BOAO Forum for Asia）で発表された「アジア経済競争力2014年度報告書」では，アジア37カ国中，日本は23位にまで下降したと述べている。経済の急速な成長を経験した日本の民衆にとって，これにより生まれた喪失感は火を見るより明らかで，国民の意識は重い陰に覆われた。また世論の保守化や英雄的政治家の出現を待ち望む声もここから生まれた。中国の民衆の，大国が出現したという意識や自国を誇る意識もまたここから高くなっていった。この後，こういった背景下で日中民族の心理はきわめて複雑な変化を形成し，長期にわたって，中国が低く日本が高い，中国が弱くて日本が強い，中国が劣等で日本が優等であるという雰囲気が，徐々に日中が平等というように変わり，さらには，素養に欠け伝統的思考を好むかなりの中国人に「天朝大国」の夜郎自大的心理が再び現れることとなった。相互の食い違い，焦り，敵視および蔑視によって，両国それぞれに，過去のもはや重要ではなくなった歴史問題の食い違いや認識が「新しい問題」に変化した。民意の絶えまない圧力のもと，日本側は閣僚が靖国神社参拝で強硬な態度を示し，中国側は国家規模の慰霊で応酬するに至り，民意は国家レベルにおける政治表明の対抗を推し進めるようになった。この趨勢は民間で引き続き熟成され，両国の民衆がお互いのマイナス面への認識を拡大させることになろう。

まとめ

　中国人の東アジア，近代日中関係史および現代日中関係に対する認識を振り返ったうえで，各国の「東アジア」概念をめぐる差異をどのように小さくするか，いかにして東アジアの歴史に関する客観的で真実に基づいた共通認識を形成するかといった課題が，ナショナリズムを抑制し，東アジア地区の安定を促進して各国の関係を改善することに関してきわめて重要な問題であることを，

我々は深く意識している。

2014年9月9日，チャイナデイリーと日本の「言論NPO」は共同で第10回「日中関係輿論調査」とその結果を公表した（1000名の日本人と1539名の中国人を対象とした）。日本人の中国に対する「印象は良くない」とする者は93％に達し，前回（2013年）より2.9％上昇し，それは2005年以来のピークとなった。日本に対して「印象は良くない」と答えた中国人は6％減って86.8％で，改善がみられた（中国日報2014年9月9日）。

図1　日中関係輿論調査（中国日報網「2014中日同歩輿論調査」より）
①中国人の日本に対する全体的印象（2014年）

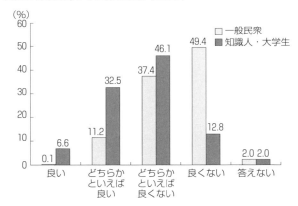

②中国人の民間交流を通じた日中関係改善の重要性に対する判断（2014年）

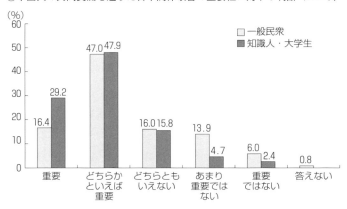

③過去10年間における日中国民の相手側に対する印象

④過去10年間における日中国民の両国関係発展の動向に対する判断

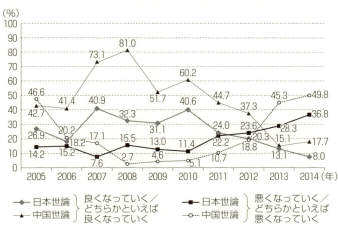

⑤過去10年間の日中国民の両国関係の重要さに対する認識

　以上で見てきた調査の結果に示されたように，過去10年間，とりわけ2010年は，日中両国の民間相互認識が悪化しつつある動向が現れる分岐点であった。このような民意の動向は，東アジア共同研究と日中両国の歴史認識にかなりの圧力を与えている。現段階で日中双方が公然と対立しえない前提のもとで，客観的歴史を無視して，相手側の歴史を意図的に歪曲して泥を塗るのは，不満を表現する重要な形式となっている。

　グローバル化の時代において，西洋工業体系が全世界へ拡張し，物質財産が非常に豊富な現実にあって，西洋の価値体系を排斥するのは難しい。中国は自国のイデオロギーおよび政治利益は同じではないといっているが，実質的には自由，民主，平等，公正，法治の理念を，新しく公布された「社会主義の中心価値観」の中に編入せざるをえなかった。日本と台湾もこれらの価値観および民族権利等について承認している。問題は，これらが字面からみれば東アジア各国の共通認識になってはいるが，国家利益に及ぶと同じではないというところにある。中国では日本や台湾に理解を示す担当者は「漢奸」と呼ばれ，台湾では「売国奴」と呼ばれることがある。日本でも同様の圧力が存在すると思われる。このため，学術レベルでの「東アジア共同研究」を本当に展開できるかどうかのカギは，学術界でも歴史学界でもなく，現在のすべての国と民族が国家―民族の立場を放棄できないことにある。これこそが，東アジアが中心的価

値観を打ち立てることに影響を及ぼし，共同研究ならびに同じ歴史認識への形成を阻むカギとなっている。この意義から，新しい時代において，歴史学者がいかに独立して考え，いかに民衆と世論を喚起してグローバルヒストリーや国際史の視野で東アジアの関係を考察し，歴史を思考するかということが，もはやただ1つの歴史学的方法論の問題ではなく，地域関係の調和がとれ，情勢が安定的なものとなりうるかどうかという大問題となっている。

　今日の東アジア各国についていえば，歴史事実の認識，客観的な真相の記述をまず確認しなければならない。各国の政治的要求，民族感情が何であれ，大きな影響を与えてはいないだろうか。知識人たちはもともと時代の先導者であって，烏合の衆に迫られ偏った考え方を論証する者ではない。図1の②が示すように，知識人は一般民衆よりも日中関係を重視している。もし自らを時代のエリートと称する知識人が，率先して客観的真実を探索する道を歩むすべがないとすれば，どのような共通認識を語れというのだろうか。

　次に，歴史認識のレベル，事実に関わる諸々の原因や様相の認定，および史料が豊富かどうか等については様々な議論があるが，「歴史的事実」の形成そのものには，歴史知識の一般的本質と神話的性質との関係という問題が存在する。1923年5月，中国の学者である顧頡剛は胡適が主宰する月刊『読書雑誌』において，いわゆる「積み重ねられた中国古代史」の現象を提起し，その性質が史料学的レベルにあるだけではなく，その近代性は歴史本体がいかに形成され，歴史知識がいかに積み重ねられ，歴史形態がいかにつくられるかという重大な問題である，と提起した。今日，各国の立場に基づいて絶えず展開される政治スローガンによって，だんだんと民衆の思考が固定化され，したがって絶えず人の精神と知恵が妨げられている。

　第3に，いずれにしても我々は，真実の，実像に近接する歴史が存在することを信じている。人々は歴史認識に対して視野を広げ，精神と知恵を解放し，利益を超越することによって，徐々に客観的認識に接近することができる。歴史的真相の追求は期待できるものであり，無数の証拠が人々の良知と理性を動かして思考を推し進めてくれる。我々はしっかりとした信念をもたねばならない。

（鄒燦・根岸智代訳）

◆参考文献

何天義編著(2013)『日軍侵華戦俘営総論』社会科学文献出版社

江沛(2008)「自由主義と民族主義の葛藤─1930〜40年代中国の『戦国策派』の思潮を例として」『近きに在りて』第54号

人民教育出版社課程教材研究所・歴史課程教材研究開発中心編著(2004)『普通高中課程標準実験教科書歴史⑴』人民教育出版社

宋志勇・田慶立(2010)『日本近現代対華関係史』世界知識出版社

『中国近現代史綱要』編写組編(2013)『中国近現代史綱要』(2013年修訂版), 高等教育出版社, 第5版

福沢諭吉(1961)「日清の戦争は文野の戦争なり」(1895年7月29日)『福沢諭吉全集』第14巻, 岩波書店

中国日報網「2014中日同歩輿論調査」
　//world. chinadaily. com. cn/2014zrlt/2014-09/09/content_18580477.htm.

言論NPO「第10回日中共同世論調査(2014年)」
　//www.genron-npo.net/pdf/2014forum.pdf

あとがき

　本書は，ワンアジア財団・アジア共同体講座開設助成を受けて大阪大学法学部で開講した特別講義「21世紀世界の"歴史の語り"：アジア共同体の創成に向けて」（2015年度）をもとに行った共同研究の成果である。

　この講座の講師陣は，編者が参与する3つの研究グループによって編成された。1つは大学共同利用機関法人・人間文化研究機構による現代中国地域研究プログラムの東洋文庫拠点（第2期2012～2017年）が組織した政治史資料研究班である。同班では，20世紀中国政治に関わる諸状況と課題についてのセミナーやワークショップを通して共同研究を行ってきた。2つは大阪大学政治史研究会で，編者が所属する法学研究科で政治史を専攻する教員・大学院生を中心とする研鑽の場である。3つは大阪大学中国文化フォーラムが中国・南開大学歴史学院，台湾・東華大学歴史学系とともに2007年から毎年開催してきた国際セミナー「現代中国と東アジアの新環境」で，そこでは地域研究の学際性と歴史研究の総合性との対話を掲げ，学校間交流の形式で東アジアの学術交流を企図している。

　中国近現代政治史，政治学をふまえた政治史，そして中国・台湾・韓国・シンガポールからみた歴史叙述など様々なバックグラウンドを有する歴史研究者が，いま東アジアに通用する「歴史の語り」は可能か，東アジアに通用する「歴史の語り」のためにどのような，どのように思索と対話に読者を誘おうとするのかという喫緊の課題について，受講生に語り，さらに執筆者の間で熱い討論を行うことは得がたい貴重な機会であった。

　最後に，こうした機会を与えていただいたワンアジア財団，そして成果出版に向けて存分に取りくむための良好な環境を与えてくださった大阪大学法学研究科事務部と法律文化社・田靡純子氏にお礼もうしあげます。

田中　仁

年　表

年代	中　国	台　湾	日　本	韓　国	世　界
1850	太平天国				
1851					
1852					
1853			ペリー来航		クリミア戦争
1854			日米和親条約；日英和親条約		
1855			日露和親条約		
1856	アロー戦争				
1857					
1858	天津条約；アイグン条約	天津条約で安平・淡水開港			
1859					
1860	北京協定				
1861	総理各国事務衙門設置				第一次サイゴン条約
1862					
1863	新疆大反乱、ヤークーブ・ベク政権				第一インターナショナル
1864					
1865			開国決定		
1866				ジェネラル・シャーマン号事件：仏艦隊、江華島攻撃	
1867					万国通信同盟
1868			明治維新		
1869					
1870					ドイツ統一；パリコミューン
1871	［露］イリ占領	牡丹社事件（台湾事件）	日清修好条規	閔氏政権成立	
1872	アメリカに留学生派遣		陸軍省・海軍省設置		
1873			常備軍制度確立		
1874			台湾出兵		第二次サイゴン条約

年	中国	日本	朝鮮	その他
1875	沈葆楨、弁理台湾海防事務就任	樺太千島交換条約	雲揚号事件	[英]スエズ運河株買収
1876	芝罘条約		江華島条約	
1877				
1878		海軍兵学校設置		ベルリン会議
1879	李鴻章、海軍を創設	竹橋事件；参謀本部設置；「琉球処分」靖国神社設置		
1880	第二イリ条約			
1881		軍人勅諭		
1882			壬午軍乱；米英独などと通商条約	独伊墺三国同盟結成
1883				
1884	清仏戦争：新疆省設置	秩父事件；内閣制度制定；伊藤博文初代総理大臣に就任	郵便局設置；甲申政変；[英]巨文島占領；ソウル—仁川間電信開設	
1885	2つの天津条約			
1886	[清]台湾建省			
1887	葡清修好通商条約調印（マカオ割譲）			
1888	北洋艦隊編成 台湾郵政開業			
1889	光緒帝親政 シッキム・チベット条約	大日本帝国憲法発布		
1890		教育勅語	咸鏡道で防穀令	第二インターナショナル
1891				
1892				
1893				
1894	日清戦争	清国に宣戦布告	東学蜂起；甲午改革；乙未事変；太陽暦使用	
1895	下関条約、台湾割譲 台湾総督府、軍政開始「六三法」三段警備制	[露独仏]三国干渉		
1896	露清密約（東清鉄道）			
1897	保甲条例 台湾銀行開業	元帥府設置	大韓帝国	
1898	戊戌政変	中国出兵；軍部大臣現役武官制	万民共同会開催	
1899	解纏足運動			[米]門戸開放宣言
1900	義和団蜂起、八カ国連合軍、北京天津に進出：八カ国連合軍、北京入城；ロシア軍、東北占領		活貧党活発化	

年代	中 国	台 湾	日 本	韓 国	世 界
1901	新政の詔勅；辛丑条約	臨時台湾旧慣調査会設置；台湾神社鎮座式		済州島農民抗争（李在守）	
1902			日英同盟	全南農民抗争	シベリア鉄道開通
1903	東清鉄道開通			木浦埠頭労働者、抗日労働争議	
1904	ラサ条約	総督府、大租権整理令	日露戦争 旅順開城；ポーツマス条約	韓日議定書；京釜線竣工 米日、桂・タフト密約；乙巳保護条約	英仏協商
1905	対米ボイコット運動；中国同盟会結成；科挙廃止				
1906	預備立憲の詔		南満州鉄道株式会社設立	総督府設置；抗日義兵蜂起	
1907	東北で省制施行	「三一五」北埔事件	第一次日韓協約；日露協約	国債報償運動；ハーグに特使派遣；高宗退位；軍隊解散	英露協商
1908	欽定憲法大綱；宣統帝即位		安重根、伊藤博文射殺	東洋拓殖株式会社設立	青年トルコ党革命
1909					
1910		総督府、大科崁の役	韓国「併合」；帝国在郷軍人会結成	[日]韓国南部大討伐 韓日合併	英領南アフリカ成立
1911	鉄道国有令；武昌蜂起；モンゴル独立宣言	阿里山鉄道開通；断髪不改装会		土地収用令	
1912	中華民国臨時政府成立；清朝滅亡	林杞埔事件	明治天皇死去	土地調査事業開始	第一次バルカン戦争；第3回日露密約
1913	第二革命；中露協定	苗栗事件	大正政変		第二次バルカン戦争
1914	国会解散；中華革命党結成	太魯閣蕃の役；台湾同化会発足	シーメンス事件；青島占領		第一次世界大戦
1915	二一ヵ条受諾、帝政を表明	噍吧哖事件	対華二一ヵ条要求		ロンドン秘密協定
1916	袁世凱死去；旧約法に復帰			長谷川好道、朝鮮総督就任	[露]レーニン「帝国主義論」
1917	国会招集 張勲復辟；対独宣戦；護法軍政府成立		西原借款		[露]十月革命
1918	日中軍事協定	「六三法」撤廃運動	シベリア出兵宣言；米騒動	李東輝・金立など韓人社会党結成	ウィルソン十四ヵ条；独降伏

年	中国	台湾	朝鮮	日本	国際
1919	五・四運動；カラハン宣言；中国国民党結成	台湾教育令；台湾軍司令部条例	三・一独立運動；大韓民国臨時政府樹立；斎藤実、総督に赴任	国際連盟・ILOに加盟	コミンテルン結成；ベルサイユ条約
1920	安直戦争；国際連盟加入；連省自治運動	新民会結成	鳳梧洞・青山里戦闘；『朝鮮日報』・『東亜日報』創刊	尼港事件	国際連盟成立
1921	日中軍事協定廃棄；中国共産党成立	台湾議会設置請願運動		皇太子裕仁訪欧	ワシントン会議
1922	香港海員スト；第一次奉直戦争；陳烱明反乱	「法三号」発効；日本人と台湾人の「共学制」開始	朝鮮労働共済会開催；メーデー記念講演会	ワシントン軍縮条約；日英同盟廃棄	九カ国条約；ソ連邦成立
1923	二・七惨案；旅大回収運動		岩泰島小作争議	関東大震災；朝鮮人大虐殺；虎ノ門事件	トルコ共和国成立
1924	国民党一全大会；第二次奉直戦争；孫文死去；中ソ協定	治警事件	朝鮮共産党結成	第二次護憲運動	[伊]ファシスト党政権
1925	国民政府成立（広州）	治安維持法；二林事件	治安維持法；日ソ基本条約		ロカルノ条約
1926	三・一八惨案；中山艦事件；北伐開始	花東鉄道開通；台湾農民組合設立	六・一〇万歳運動	大正天皇死去	[英]対華新政策
1927	四・一二クーデター；武漢政府崩壊；南昌蜂起	台湾民衆党	新幹会結成	山東出兵；東方会議	コミンテルン第六回大会；不戦条約
1928	北伐再開；張作霖爆殺；北伐京京入城；易幟	台湾工友総連盟；台湾共産党		三・一五事件	
1929	編遣会議；中東鉄路問題	石塚英蔵総督就任	元山ゼネスト；光州学生事件	四・一六事件	世界大恐慌
1930	中原大戦；第一次「囲剿」	台湾地方自治連盟；霧社事件	平壌ゴム労働者ゼネスト	金本位制に復帰	ロンドン海軍軍縮会議
1931	柳条湖事件；[中華ソビエト共和国]成立；上海事件；「満洲国」成立；中ソ復交		新幹会解散決議；宇垣一成、総督赴任	満洲事変；錦州爆撃；高橋財政開始	スペイン共和革命；国際労働機構リットン委員会
1932	熱河作戦；塘沽停戦協定；福建事件		桜田門事件（李奉昌）；尹奉吉、上海で爆弾投擲	血盟団事件；五・一五事件；日満議定書	アムステルダム国際反戦大会
1933			農村振興運動開始；抗日遊撃隊、咸北・慶源警察を襲撃	国際連盟脱退；出版法・関税法改正；米穀統制法	[独]ヒトラー内閣成立；[米]ニューディール

年代	中 国	台 湾	日 本	韓 国	世 界
1934	新生活運動；長征		ワシントン条約廃棄通告	労働禁地令	[米] 銀買上法；[ソ] 国際連盟加入
1935	遵義会議；八・一宣言；幣制改革；一二・九運動	台中大地震・始政四十年記念博覧会	大皇機関説問題；国体明徴声明発表；相沢事件		コミンテルン第七回大会；[伊] エチオピア侵入
1936	全国各界救国連合会成立；綏遠事件；西安事件	台湾拓殖株式会社	二・二六事件；日独防共協定		スペイン内乱
1937	盧溝橋事件；第二次国共合作；南京事件	総督府, 国民総動員本部設置	第二次上海事変；南京占領	在満韓人による祖国光復会結成；日章旗抹殺事件	[独] 隣離演説；ブリュッセル会議
1938	抗戦建国綱領；国民参政会；広州・武漢陥落	寺廟整理運動	近衛声明；国家総動員法	抗日遊撃隊戒南, 普天堡を襲撃	[独] オーストリア併合；ミュンヘン協定
1939	国民精神総動員綱領；異党活動制限弁法	皇民化・工業化・南進基地化の三大政策	ノモンハン事件；平沼内閣辞職	創氏改名；韓国光復軍創設	独ソ不可侵条約；[独] ポーランド侵入
1940	毛沢東「新民主主義論」；南京[国民政府]成立；百団大戦	戸口規則改訂 (台湾人の改姓名許可)	〔基本〕北進仏印進駐；大政翼賛会成立；紀元二千六百年祭		[独] パリ占領；日独伊三国同盟
1941	皖南事件；田賦中央移管；中国民主政団同盟結成	皇民奉公会	日ソ不可侵条約；東条英機内閣；マレー；真珠湾奇襲		独ソ戦；大西洋憲章；太平洋戦争
1942	整風運動；中米英平等条約撤	台湾陸軍志願兵初入隊	ミッドウェー海戦	華北朝鮮独立同盟結成；朝鮮語学会事件；兵役法	連合国宣言
1943	廃；蒋介石「中国の命運」	六年制義務教育；海軍志願兵制度	学徒出陣；大東亜会議	徴兵制	コミンテルン解散；カイロ宣言
1944	民主同盟結成；スティルウェル召還	徴兵制	大陸打通作戦；沖縄一〇・一〇空襲；レイテ沖海戦	女子挺身隊勤務令；総動員法による徴用実施；建国同盟結成 (呂運亨)	ノルマンディー作戦
1945	中共七全大会；国民党六全大会；中ソ友好同盟条約；双十協定	日本統治終結	原爆投下；終戦詔書	八・一五解放；[米ソ] 軍政実施；建国準備委員会結成	ヤルタ会談；[独] 降伏；ポツダム宣言
1946	政治協商会議；国民大会	日産処理委員会設置；台湾省国語推進委員会成立	東京裁判開廷；新憲法公布	第一次米ソ共同委員会開催	国際連合成立；フルトン演説
1947	人民解放軍宣言；土地法大綱；中華民国憲法公布	二・二八事件	マッカーサー・ゼネスト中止指令	呂運亨暗殺；国連臨時朝鮮委員会設置	マーシャルプラン；インド・パキスタン独立

210

年	中国	台湾	日本	朝鮮	世界
1948	国民大会：華北人民政府：遼瀋戦役	米援運用委員会成立	帝銀事件：芦田均内閣：教育勅語・軍人勅諭失効：東京裁判判決	南北朝鮮成立：反民族行為処罰特別委員会設置	イスラエル建国：ベルリン封鎖
1949	新政治協商会議：中華人民共和国成立：毛沢東、モスクワ訪問	戒厳令：白色テロ	ドッジ・ライン、経済安定政策明示	国会フラクション事件：農地改革法	コメコン結成：[米]NATO結成：中国白書：西東ドイツ成立
1950	中ソ友好同盟相互援助条約：土地改革法：人民義勇軍、朝鮮出動	[米]台湾海峡「中立化」	公職選挙法：警察予備隊創設：平和を守る会結成	朝鮮戦争	
1951	ラサ進駐	米軍顧問団成立	サンフランシスコ講和条約：日米安全保障条約		サンフランシスコ講和会議
1952	土地改革終了	日華平和条約「耕者有其田」	第四次吉田内閣		[英]スエズ運河封鎖
1953	「過渡期の総路線」：中ソ経済技術援助協定		日本自由党結党：池田・ロバートソン会談	休戦協定：第一次通貨改革	[ソ]スターリン死去
1954	第一期全人代（憲法公布）	内政部、原住民九族の名称確定：米華相互防衛条約：孫文入祀			四捨五入改憲 SEATO創設
1955	毛沢東「農業協同化の問題について」		社会党統一：自由民主党結成		バンドン会議：ワルシャワ条約：[ソ]原水爆禁止世界大会：[ソ]スターリン批判：ハンガリー事件
1956	毛沢東「十大関係論」「百花斉放、百家争鳴」：中共八全大会	台湾警備総司令部成立：八・二三砲戦	国連加盟：石橋湛山内閣：ビルマ遺骨蒐集団：砂川事件		
1957	反右派闘争：毛沢東「東風は西風を圧倒する」	中華開発信託公司成立：八・七水害	憲法調査会発足：国連常任理事国当選	進歩党事件	EEC発足：[ソ]スプートニク1号 イラク革命
1958	社会主義建設の総路線：人民公社：二三砲戦：チベット動乱：中印国境衝突		藤山・ダレス会談：長崎中国国旗事件		
1959	[ソ]在中国技術者の引揚	中華開発信託公司成立：八・七水害	安保改定阻止国民会議：日越賠償協定		キューバ革命：米ソ首脳会談
1960	調整政策：呉晗「海瑞罷官」	「動員戡乱鎮定時期臨時条項」修正：雷震逮捕：農地再区画	新日米安保条約：民主社会党結成 日韓会談	三・一五不正選挙：四・一九革命：第二共和国樹立	OECD設立
1961				五・一六軍クーデター	

年代	中 国	台 湾	日 本	韓 国	世 界
1962	毛沢東「階級闘争継続論」；中印国境紛争		「日中長期総合貿易に関する覚書」	金鍾泌・大平会談	[米] ベトナム戦争介入；キューバ危機
1963	「富農に学べ」運動／農村社会主義教育運動；中ソ公開論争	反日運動		第三共和国	アフリカ統一機構成立；[米] ケネディー暗殺
1964	毛沢東、内陸部建設方針；最初の核実験	石門ダム竣工	佐藤栄作内閣；第18回東京オリンピック		[米] トンキン湾事件
1965	林彪、人民戦争勝利万歳論文発表；支匯鍛論文	[米] 経済援助計画終了	日韓基本条約	韓日会談反対デモ（六・三事態）；ベトナム派兵	[ソ] フルシチョフ失脚；[米] 北爆開始；インドネシア政変
1966	五・一六通知；プロレタリア文化大革命	輸出加工区設置	建国記念の日制定	韓米行政協定	[仏] NATO脱退
1967	上海コミューン；武漢事件	国家安全局成立	家永三郎の教科書裁判		EC成立；ASEAN結成
1968	革命委員会成立；劉少奇除名決議	九年制国民義務教育	明治百年式典	武装スパイ31人ソウル侵入；国民教育憲章	[米] 北爆停止；チェコ事件
1969	中ソ国境紛争；中共九全大会；劉少奇獄死		佐藤・ニクソン共同声明	三選改憲	[米] アポロ月面着陸
1970	初の人工衛星；陳伯達批判			全泰壱焼身自殺	核拡散防止条約；[米] カンボジア侵攻
1971	林彪事件；中国国連復帰	「保釣運動」；国連脱退		第7代大統領選挙；広州大団地暴動事件	[米] 金・ドル交換停止
1972	ニクソン訪中；田中首相訪中	日台断交	沖縄返還；日中国交正常化	七・四南北共同声明；十月維新、第四共和国樹立	[米] ウォーターゲート事件
1973	鄧小平復活；中共十全大会（四人組台頭）	「十大建設」	金大中事件	朴正熙六・二三宣言（平和統一外交）	ベトナム和平協定；石油危機
1974	批林批孔運動；鄧小平「三つの世界」論；李一哲大字報		田中首相，ASEAN歴訪	大統領緊急措置	
1975	75年憲法	蔣介石死去，厳家淦総統			ベトナム戦争終結；第1回サミット；南北ベトナム統一
1976	周恩来死去；天安門事件；毛沢東死去；四人組逮捕	台中開港	ロッキード事件	「民主救国宣言」	

年	中国	日本	韓国	世界
1977	鄧小平復活；中共十一全大会	中壢事件		ベトナム・カンボジア紛争
1978	78年憲法；真理基準論争；中共十一期三中全会	日中平和友好条約	蔣経国総統；南北高速道路全線開通	ベトナム華僑大量帰国
1979	中米国交；魏京生逮捕	元号法；対中ODA開始	米台断交；美麗島事件（高雄事件）	イラン・イスラム革命；[英]サッチャー首相；エジプト・イスラエル国交；イラン・イラク戦争
1980	鄧小宅名誉回復；深圳など経済特区設置		北回り鉄道開通；新竹科学工業園区開始	釜馬抗争；一〇・二六朴正熙射殺事件；光州民衆抗争
1981	林彪・四人組裁判；歴史決議	中国残留孤児初来日	国民党「三民主義による中国統一」案	第五共和国成立：全斗煥大統領、米訪問；[米]レーガン大統領；サダト暗殺
1982	82年憲法；中共十二全大会	中曽根首相韓国訪問；歴史教科書問題	蔣経国「対中三不政策」	釜山・米国文化院放火事件；[愛]ワレサ氏ノーベル平和賞
1983	中共、整党決議			KAL機撃墜；アウンサン・フォークランド紛争；ガンジー暗殺
1984	国営企業改革決定；鄧小平「一国両制」提起；中英香港共同声明	全斗煥大統領来日	江南事件	大学生デモ激化；インディラ・ガンジー暗殺
1985	人民公社解体、郷政府樹立	中曽根首相、靖国神社公式参拝		第12代国会議員選挙
1986	義務教育法；合肥で学生運動；社会主義精神文明		「反デュポン」デモ；民進党結成	新民党改憲運動宣言、五・三川事件	フィリピン革命；[ソ]チェルノブイリ事故；[ソ]ウラジオストック提案
1987	胡耀邦辞任；中共十三全大会	竹下内閣	戒厳令解除；大陸への親族訪問解禁	大統領選挙（盧泰愚当選）	[ソ]ペレストロイカ政策；ASEAN、マニラ宣言
1988		竹下訪中円借款	報禁解除；蔣経国死去、李登輝総統	第六共和国成立；七・七宣言；第13代国会議員選挙；ソウルオリンピック	[ソ]アフガニスタンから撤退；イラン・イラク戦争終結
1989	胡耀邦死去；天安門事件；江沢民総書記；ダライ・ラマ、ノーベル平和賞	昭和天皇死去		「韓民族共同体統一方案」	[ベルリンの壁]崩壊；マルタ会談
1990	浦東開発承認；香港基本法（草案）			民自党結成；南北総理会談	イラク軍、クウェート侵攻；東西ドイツ統一

年代	中 国	台 湾	日 本	韓 国	世 界
1991	愛国主義教育キャンペーン	[動員戡乱時期」終結:[万年国会」廃止	金学順、東京地裁に提訴	[韓ソ]トップ会談:[韓朝]国連加入:朝鮮半島非核化宣言	アパルトヘイト廃止:ソ連解体
1992	鄧小平南方視察:中韓国交:中共十四全大会([社会主義市場経済])	九・二コンセンサス	PKO法案、天皇、中国訪問	第14代国会議員選挙:第14代大統領選挙(金泳三当選)	ユーゴスラビア解体:世界記憶遺産始まる
1993	中越国境協定	第一回辜汪会談:汪道涵会談	五五年体制崩壊:河野談話	金融実名制:[朝]NPT脱退宣言	マーストリヒト条約:第1回APEC首脳会議
1994	外貨兌換券発行停止:三峡ダム着工	統一試験で「三民主義」科目廃止		[朝]金日成死去	WTO発足
1995	香港立法評議会選挙:中米首脳会談([江八点](対中国政策))	二・二八事件記念碑(李登輝公式謝罪):[李六条](対中国政策):[李登輝訪米当選)	阪神淡路大地震:村山談話		
1996	台湾付近で軍事演習:江沢民主席訪韓	総統直接選挙(李登輝当選)	日米安保宣言	OECD加盟	第1回ASEM:包括的核実験禁止条約
1997	鄧小平死去:香港返還:中共十五全大会([鄧小平理論])	中学教科書「認識台湾」採用	日米新ガイドライン:[新しい教科書をつくる会]結成		アスタナグム条約:東アジア通貨危機
1998	朱鎔基総理就任:村系組織法:日中共同宣言	地方自治法:李登輝「国論」:中部大地震	国旗国歌法	金大中政権発足	[米]中台関係で「三つのノー」
1999	マカオ返還:[在ユーゴ大使館誤爆]事件	陳水扁総統、中国に「五つのノー」表明			単一通貨ユーロ導入:ASEAN10発足
2000	西部大開発:[台湾白書]	小三通解禁:民進党躍進	朱鎔基総理訪日	南北共同宣言:京義線復旧工事開始	
2001	上海協力機構設立:北京五輪決定:WTO加盟	小三通解禁:民進党躍進	[中]小泉首相、靖国参拝:歴史教科書問題		[米]九・一一事件:[米英]アフガン攻撃
2002	中共十六大会(胡錦濤総書記):SARS発生:南水北調プロジェクト	WTO加盟:陳水扁「一辺一国」主張	小泉首相、訪朝		W杯日韓共催:東チモール独立
2003	温家宝総理:孫志剛事件:神舟5号	[TAIWAN]表記の新旅券発行:[国名]変更要求デモ		[朝]六者協議開始	日中韓首脳会合共同宣言(バリ)

年	中国	台湾	日本	韓国	国際
2004	「社会主義和諧社会」提唱	陳水扁再選		反民族行為真相究明法	EU25カ国に拡大：ASEAN＋3首脳会議
2005	反国家分裂法：反日デモ：「三農問題」提起	国民党主席連戦訪中：改正案国民大会で採択			「京都議定書」発効：クアラルンプール宣言　[朝]ミサイル発射
2006	農業税廃止：青蔵鉄道開通	中台直行便運航開始：陳水扁総統罷免案：九五断議文 [正常国家決議文]			
2007	中共十七全大会：物権法		温家宝総理来日	高校の選択科目に「東アジア史」新設	EU27カ国に拡大
2008	チベット騒乱：日中共同声明：四川大地震：北京五輪：「零八憲章」　ウイグル騒乱	馬英九総統：胡錦涛両岸関係に関する六項目提案	ギョーザ事件		[米]リーマン破綻：G20緊急首脳会議
2009		「両岸経済協力枠組み協定」交渉開始	民主党政権		[米]オバマ大統領
2010	上海万博：尖閣漁船衝突事件：劉暁波、ノーベル平和賞：GDP世界2位	少子化：中台が相互に観光事務所を設置			
2011	高速鉄道事故		東日本大震災	慰安婦像設置運動開始	
2012	薄熙来事件：尖閣国有化で反日デモ：中共十八全大会（習近平総書記）		安倍内閣	朴槿恵大統領	
2013	北京PM2.5問題：東シナ海に防空識別圏設定				
2014	[抗日戦勝・南京追悼日記念日制定]：日中首脳会談	ひまわり学生運動（三・一八太陽花学運）			[露]クリミア編入
2015	一人っ子政策廃止：習馬会談：人民元SDR決定		安倍談話：TPP合意	[日韓]慰安婦合意	ASEAN経済共同体
2016	AIIB設立	蔡英文総統	オバマ米大統領広島訪問	慰安婦像（釜山）	南シナ海仲裁裁判決：[米]トランプ大統領
2017	（中共十九全大会）				

索　引

【事項】

あ行

愛国主義 ······································ 7, 66
愛国主義教育 ······························ 4, 7, 13
愛国主義教育基地 ································· 7
愛国主義教育実施綱要 ··························· 7
アイデンティティ ··············· 8, 123, 175, 187
アジア金融危機 ································· 89
アジア主義 ································· 89, 128
アジアNIEs ······································ 3
ASEAN ································· 3, 102, 130
新しい教科書をつくる会 ···················· 4, 11
安倍談話＝70年談話 ···························· 11
アヘン戦争 ································· 24, 196
アロー戦争（第二次アヘン戦争）········· 24
慰安婦（少女像）＝従軍慰安婦（問題）
·································· 4, 9, 170, 175, 198
一党独裁 ····································· 24, 36
イデオロギー
············· 8, 23, 52, 76, 90, 157, 177, 188, 193
SNS ··· 14
エスニック・アイデンティティ ··········· 177
「越境アジア」············ 123, 126, 127, 130-132
NGO ·· 102

か行

改革・開放 ······························ 7, 29, 193
階級闘争 ·· 27
「外交に関する調査」·························· 13
華夷思想 ······································ 165
華夷秩序論 ···································· 102
開発主義 ··· 3
核なき世界 ···································· 144
革命史観 ······························· 21, 23, 192
過渡期の総路線 ································ 65
漢　奸 ·· 202
韓国挺身隊問題対策協議会（挺対協）········· 5
基本的人権 ····································· 37

救国会 ··· 38
「九五暫綱」································ 9, 183
教科書問題 ································ 4, 174
共同綱領 ···································· 51, 71
去中国化 ······································ 174
義和団事件 ···································· 195
近隣諸国条項 ······························ 4, 175
国　恥 ···································· 8, 190
グローバリゼーション ················ 125, 186
グローバルヒストリー ······················ 203
計画経済 ·· 43
権威主義体制 ···································· 3
原爆投下 ································ 13, 135
玄洋社 ··· 95
五・三〇運動 ··································· 24
五・四運動 ································ 24, 38
江華島条約 ···································· 164
高句麗史 ·· 10
皇国史観 ······································ 178
向ソ一辺倒 ····································· 70
光緒新政 ·· 24
河野談話 ··· 4
国民参政会 ····································· 57
黒竜会 ··· 95
55年体制 ·· 10
国共内戦 ····························· 7, 24, 46, 53, 71
コミンテルン ··································· 53
コミンフォルム ································ 53

さ行

山東出兵 ······································ 195
サンフランシスコ講和条約 ··················· 73
自虐史観 ································ 175, 178
自国中心主義 ································· 156
資本主義 ······················· 62, 65, 69, 191
社会主義 ···················· 43, 53, 62, 69, 202
自由主義史観 ································· 176
十大関係論 ····································· 82

「10＋1」(ASEAN＋中国),「10＋3」(ASEAN＋日中韓) ································ 131
熟議民主主義 ······························ 49
植民地帝国 ······························· 157
辛亥革命 ····························· 24, 97
『新月』 ··································· 38
清仏戦争 ·································· 24
人民政治協商会議＝人民政協 ········ 45, 46, 51
人民民主独裁 ······························ 58
スターリン批判 ···························· 82
スミソニアン原爆展論争 ················· 136
征韓論 ································ 99, 169
正当性(正統性) ···················· 21, 51, 192
世界遺産 ··································· 4
世界記憶遺産 ······························· 4
世界反ファシズム戦争 ····················· 12
全国人民代表大会＝全人代 ············ 46, 52
戦後レジーム ······························ 11
戦争責任 ··························· 92, 170, 175
双十協定 ·································· 55
総力戦 ································ 36, 73

た 行

大アジア主義 ························ 101, 194
第一次世界大戦 ·························· 106
第三世界 ·································· 69
対ソ一辺倒＝向ソ一辺倒 ·············· 58, 71
大中国史観, 中華中心主義 ········· 176, 191
大東亜共栄圏 ······························ 94
大東亜戦争 ································ 92
太平天国 ····························· 24, 192
台湾海峡危機 ······························ 78
台湾本土史観 ···························· 176
脱亜論, 脱亜入欧 ················ 95, 96, 187
小さな政府 ································ 46
チェンマイ・イニシアティブ ············· 130
中華人民共和国憲法 ······················ 52
中華文明 ···························· 127, 194
中華民国憲法 ······························ 56
中国化 ··································· 177
中国共産党＝中共 ················ 7, 21, 25, 51
中国国民党＝国民党 ······· 8, 23, 36, 55, 176, 188
中国人民抗日戦争勝利記念日 ············· 5

中国民主同盟(民盟) ······················ 38
中国モデル ······························ 130
中ソ友好同盟相互援助条約 ··············· 73
朝貢体制＝朝貢システム＝冊封朝貢体制
 ······························· 76, 159, 186
朝鮮戦争 ······················· 72, 74, 195
朝鮮併合 ································ 164
青島占領 ································ 195
デモクラシー＝民主主義 ··················· 36
天安門事件 ··························· 4, 29
東京裁判 ······················ 92, 149, 170
東京裁判史観 ······················ 170, 175
韜光養晦 ··································· 4
統制経済 ·································· 43
東南アジア条約機構(SEATO) ············· 78
東北辺疆歴史与現状系列研究工程 ········ 10
独立自主 ····························· 70, 190
土地改革 ·································· 44
土地革命 ·································· 60

な 行

ナショナリズム ······ 4, 7, 90, 115, 127, 178, 186
南京大虐殺殉難者国家追悼日 ·············· 5
21カ条要求 ······························ 101
日米安保条約 ······························ 73
日露戦争 ····················· 95, 98, 106, 196
日韓併合 ·································· 95
日清戦争 ···················· 24, 95, 106, 159, 194
日中戦争(抗日戦争) ······· 7, 24, 40, 100, 189
二・二六事件 ······························ 97
『認識台湾』 ···························· 8, 176

は 行

排外主義 ·································· 14
売国奴 ··································· 202
大きな政府 ································ 44
反右派闘争 ································ 38
ハンガリー事件 ···························· 82
半植民地半封建(社会) ··············· 27, 190
バンドン会議＝アジア・アフリカ会議
 ······························· 69, 79-81, 90
バンドン十原則＝平和十原則 ············· 82
東アジア共同体 ······················ 89, 123

索　引　**217**

ひまわり学生運動 ・・・・・・・・・・・・・・・・・・・・・ 183	村山談話 ・・・・・・・・・・・・・・・・・・・・・・・・・・・・・・・ 4
封じ込め ・・・・・・・・・・・・・・・・・・・・・・・・・・・・・・・・ 73	毛沢東思想 ・・・・・・・・・・・・・・・・・・・・・・・・・・・・ 54
ブルジョアジー ・・・・・・・・・・・・・・・・ 26, 57, 62, 80	
プロレタリアート ・・・・・・・・・・・・・・・・・・・・ 26, 80	**や 行**
(プロレタリア)文化大革命＝文革 ・・・・・・・ 29, 36	靖国(問題, 神社参拝) ・・・・・・・・・・・・・ 4, 169, 199
米華相互防衛条約 ・・・・・・・・・・・・・・・・・・・・・・・ 78	UNESCO ・・・・・・・・・・・・・・・・・・・・・・・・・・・・・・・・ 5
米日和親条約 ・・・・・・・・・・・・・・・・・・・・・・・・・・ 163	洋務運動 ・・・・・・・・・・・・・・・・・・・・・・・・・・・ 24, 191
平和共存 ・・・・・・・・・・・・・・・・・・・・・・・・・・・・ 69, 90	ヨーロッパ中心主義 ・・・・・・・・・・・・・・・・ 158, 191
ベトナム戦争 ・・・・・・・・・・・・・・・・・・・・・・ 137, 167	
変法運動 ・・・・・・・・・・・・・・・・・・・・・・・・・・・・・・・ 24	**ら 行**
ボアオ・アジアフォーラム ・・・・・・・・・・ 131, 199	立憲主義 ・・・・・・・・・・・・・・・・・・・・・・・・・・・・・・・ 37
法 治 ・・・・・・・・・・・・・・・・・・・・・・・・・・・・・・ 37, 202	リベラリズム ・・・・・・・・・・・・・・・・・・・・・・・・・・・ 31
法 統 ・・・・・・・・・・・・・・・・・・・・・・・・・・・・・・・・・ 56	琉球処分 ・・・・・・・・・・・・・・・・・・・・・・・・・・・・・・ 166
ポーランド事件 ・・・・・・・・・・・・・・・・・・・・・・・・ 82	領土紛争 ・・・・・・・・・・・・・・・・・・・・・・・・・・・・・・ 188
ポツダム宣言 ・・・・・・・・・・・・・・・・・・・・・・・・・ 138	領土問題 ・・・・・・・・・・・・・・・・・・・・・・・・・・・・・・ 188
本土化 ・・・・・・・・・・・・・・・・・・・・・・・・・・ 8, 174, 177	冷 戦 ・・・・・・・・・・・・・ 46, 69, 90, 103, 128, 141, 187
	歴史教育 ・・・・・・・・・・・・・・・ 6, 157, 171, 174, 184, 191
ま 行	歴史修正主義 ・・・・・・・・・・・・・・・・・・・・・・・ 13, 178
マルクス・レーニン主義 ・・・・・・・・・・・・・・ 43, 52	歴史的連続性 ・・・・・・・・・・・・・・・・・・・・・・・・・・ 31
満洲国 ・・・・・・・・・・・・・・・・・・・・・・・・・・・・・ 96, 120	歴史(認識)問題
満洲事変 ・・・・・・・・・・・・・・・・・・・・ 12, 24, 106, 197	・・・・・・・・・・・・ 5, 6, 156, 170, 174, 182, 184, 199
南満洲鉄道株式会社(満鉄) ・・・・・・・・・・・・・・ 109	歴史の語り ・・・・・・・・・・・・・・・・・・・・・ 5, 6 14, 156
民国史観 ・・・・・・・・・・・・・・・・・・・・・・・・・・・・ 21, 23	盧溝橋事件 ・・・・・・・・・・・・・・・・・・・・・・・・・・・・ 12
民主主義革命(旧)(新) ・・・・・・・・・・・・・・・・ 25, 27	ロシア革命 ・・・・・・・・・・・・・・・・・・・・・・・・ 54, 192
民主化 ・・・・・・・・・・・・・・・・・・・ 8, 29, 36, 51, 157, 175	
民主集中制 ・・・・・・・・・・・・・・・・・・・・・・・・・・・・・ 46	**わ 行**
民主党派 ・・・・・・・・・・・・・・・・・・・・・・・・・・・・ 24, 55	ワイマール憲法 ・・・・・・・・・・・・・・・・・・・・・・・・・ 38
民進党 ・・・・・・・・・・・・・・・・・・・・・・・・・・・ 8, 183, 188	ワシントン体制 ・・・・・・・・・・・・・・・・・・・・・・・ 119
民族主義 ・・・・・・・・・・・・・・・・・・・・・・・・・・・・ 89, 187	日韓基本条約 ・・・・・・・・・・・・・・・・・・・・・・・・・・・ 9
民族統一戦線 ・・・・・・・・・・・・・・・・・・・・・・・・・・ 56	

【人 名】

あ 行	岡倉天心 ・・・・・・・・・・・・・・・・・・・・・・・・・・・・・・ 93
安倍晋三 ・・・・・・・・・・・・・・・・・・・・・・・・・・・・・ 135	尾崎秀実 ・・・・・・・・・・・・・・・・・・・・・・・・・・・・・・ 93
家永三郎 ・・・・・・・・・・・・・・・・・・・・・・・・・・・・・ 178	オバマ, B ・・・・・・・・・・・・・・・・・・・・・・・・・ 12, 135
石橋湛山 ・・・・・・・・・・・・・・・・・・・・・・・・・・・・・・ 94	
ウー・ヌー ・・・・・・・・・・・・・・・・・・・・・・・・・・・・ 79	**か 行**
内村鑑三 ・・・・・・・・・・・・・・・・・・・・・・・・・・・・・・ 99	魏京生 ・・・・・・・・・・・・・・・・・・・・・・・・・・・・・・・・ 49
袁世凱 ・・・・・・・・・・・・・・・・・・・・・・・・・・・・・ 24, 165	北一輝 ・・・・・・・・・・・・・・・・・・・・・・・・・・・・・・・・ 97
王造時 ・・・・・・・・・・・・・・・・・・・・・・・・・・・・・・・・ 38	キッシンジャー, H ・・・・・・・・・・・・・・・・・・・・ 145
大川周明 ・・・・・・・・・・・・・・・・・・・・・・・・・・・・・・ 93	金学順 ・・・・・・・・・・・・・・・・・・・・・・・・・・・・・・・・・ 9
	幸徳秋水 ・・・・・・・・・・・・・・・・・・・・・・・・・・・・・・ 98

康有為	127, 192
胡喬木	51
顧頡剛	203
胡適	38, 47, 203
後藤新平	111
近衛文麿	98

さ　行

蔡英文	8
西郷隆盛	98
周恩来	65, 72, 74, 90
習近平	12
蔣介石	12, 24
蔣経国	8
スカルノ	90, 129
スターリン	53, 71
スティムソン, H.	137
スハルト, H.	130
宋教仁	97
孫文＝孫中山	24, 97, 127

た　行

チトー, J.	53
張学良	116
陳水扁	8
丁文江	40
デューイ, J.	39
鄧小平	4, 7
トランプ, D.	144
トルーマン, H.	137

な　行

ナセル, G.	90
夏目漱石	167
ネルー, J.	79

は　行

バーリン, I.	47

ハイエク, F.	46
馬英九	8, 12
朴槿恵	12, 170
潘基文	12
プーチン, V.	11
フェアバンク, J. K.	39
福沢諭吉	95, 96, 194
ブッシュ, G.	145
フルシチョフ, N.	75, 80

ま　行

マレンコフ, G.	73
ミコヤン, A.	59
宮崎滔天	93
村山富市	10, 145
毛沢東＝毛	7, 24-26, 28, 36
モロトフ, V.	74

や　行

吉野作造	94

ら　行

ラスキ, H.	38
羅隆基	38
李鴻章	190
李登輝	8
劉少奇	57, 62
梁啓超	165, 192
林則徐	192
レーニン	62, 69, 72
ローズベルト（ローズヴェルト）, F.	47, 138

わ　行

ワヒド, A.	130

21世紀の東アジアと歴史問題
―― 思索と対話のための政治史論

2017年4月10日 初版第1刷発行

編　者　田中　仁
発行者　田靡純子
発行所　株式会社 法律文化社

〒603-8053
京都市北区上賀茂岩ヶ垣内町71
電話 075(791)7131　FAX 075(721)8400
http://www.hou-bun.com/

＊乱丁など不良本がありましたら，ご連絡ください。
　お取り替えいたします。

印刷：共同印刷工業㈱／製本：㈱藤沢製本
装幀：前田俊平
ISBN978-4-589-03840-1
©2017 Hitoshi Tanaka Printed in Japan

JCOPY　〈(社)出版者著作権管理機構 委託出版物〉
本書の無断複写は著作権法上での例外を除き禁じられています。複写される
場合は，そのつど事前に，(社)出版者著作権管理機構（電話 03-3513-6969,
FAX 03-3513-6979, e-mail: info@jcopy.or.jp）の許諾を得てください。

坂本治也編
市 民 社 会 論
―理論と実証の最前線―
A5判・350頁・3200円

市民社会の実態と機能を体系的に学ぶ概説入門書。第一線の研究者たちが各章で①分析視角の重要性，②理論・学説の展開，③日本の現状，④今後の課題の4点をふまえて執筆。3部16章構成で理論と実証の最前線を解説。

姜 尚中・齋藤純一編
逆 光 の 政 治 哲 学
―不正義から問い返す―
A5判・236頁・3000円

近現代の政治思想家たちが何を「不正義」として捉えたか，それにどう対応しようとしたかに光を当てる書。「逆光」とは「ネガ」のメタファーで，思想家たちが何を問題としたかを逆説的にクリアにするものである。

菊池一隆著
東アジア歴史教科書問題の構図
―日本・中国・台湾・韓国，および在日朝鮮人学校―
A5判・380頁・6000円

日・中・台・韓・在日朝鮮人学校の歴史教科書は史実にどのようにアプローチし，いかなる論理構成で評価を与えているか。各国の特色や共通性／差異を示し，東アジア史の中での日本の位置と相互の有機的関連を構造的に考察する。

田中 仁・菊池一隆・加藤弘之・日野みどり・岡本隆司著
新・図説 中国近現代史
―日中新時代の見取図―
A5判・290頁・2900円

「東アジアのなかの中国」という視点で構成・叙述し，必要かつ重要なキータームをおさえつつ現代中国を立体的に捉える。「東アジアの転換」「両大戦と中華民国」「現代中国の軌跡」の3編13章125項構成。台湾，香港にも言及。

丸川哲史著
中国ナショナリズム
―もう一つの近代をよむ―
四六判・236頁・2400円

特異な近代化過程をたどり経済発展の原動力となっている中国ナショナリズムを通史的に俯瞰し総合的に考察。革命や党，帝国的な統治といった社会基盤や政治指導者の思想を手がかりに，現代中国国家形成の独自性を原理的に解明する。

髙良沙哉著
「慰安婦」問題と戦時性暴力
―軍隊による性暴力の責任を問う―
A5判・232頁・3600円

日本の植民地支配との関係や裁判所・民衆法廷が事実認定した被害者・加害者証言の内容，諸外国の類似事例との比較などから，被害実態と責任の所在を検討する。単なる「強制の有無」の問題でなく「制度」の問題であることを衝く。

―――― 法律文化社 ――――

表示価格は本体(税別)価格です